리더십 천재가 된 김팀장

팀을 하나로 만드는 마음매니지먼트

리더십 천재가 된 김팀장

김성완 지음

도서출판 물푸레

지은이 | 김성완

중앙대학교 대학원에서 행정학과 석사 과정을 마쳤으며 미국 텍사스대에서 Organization Development Internal Consultant Course를 수료했다. 사단법인 한국경영기술컨설턴트협회에서 경영지도사(인적자원개발 분야)자격을 취득했으며, MBTI고급과정((주)한국MBTI), 코치양성전문과정(한국코칭센터)을 마쳤다. LG전자와 LG인화원에서 혁신/조직문화 교육 과정 개발과 인사/연수/노경 및 조직개발 프로그램 개발 및 강의를 했으며, 현재 LG디스플레이 HRD현업지원 팀에서 근무하면서 조직개발 및 조직문화 진단 및 컨설팅, 비전/리더십/팀 빌딩 기획 및 강의, 인적자원육성체계개발 및 경력개발 프로젝트 기획, 팀장 리더십 및 커뮤니케이션 코칭 기획 등을 수행을 하고 있다. 현재 (사)한국조직경영개발학회 이사를 맡고 있다.

리더십 천재가 된 김팀장

지은이 | 김성완

펴낸이 | 우문식

펴낸곳 | 도서출판 물푸레

1판 1쇄 인쇄 | 2009년 4월 22일

1판 1쇄 발행 | 2009년 4월 25일

등록번호 | 제 1072-25호

등록일자 | 1994년 11월 11일

경기도 안양시 동안구 호계 1동 950-51

전화 | (031)453-3211

전송 | (031)458-0097

홈페이지 | www.mulpure.com

책에 관한 문의는 mpr@mulpure.com으로 해 주시기 바랍니다.

값 13,000 원

ISBN: 978-89-8110-272-2 03320

contents

1장 팀장으로 거듭나기

2장 마음으로 다가가기

3장 팀 방향 설정하기

4장 문제와 헤엄치기

5장 팀워크 형성하기

6장 성공 체험 만들기

■ 등장 인물

김성실 팀장: 한국전자 장비3팀의 팀장으로 차장 3년차에 임명되는 초보 팀장. 업무에 대한 성실성과 추진력을 인정받으며 사람들과 원만한 대인관계를 형성하고 있다. 신임 팀장 초기에 조직 내 어려움을 극복하고 마음매니지먼트를 통해 팀을 성공적으로 이끈다.

박달성 상무: 한국전자 3공장장이며 상무. 공장 엔지니어로 출발하여 공장에서 20년간 잔뼈가 굵어진 공장맨이다. 목표는 항상 높게, 결과는 초과달성을 자랑으로 여긴다. 화통하고 시원한 성격으로 정확한 판단력과 빠른 의사결정이 탁월하다. 김성실 팀장의 보이지 않는 후견인 역할을 한다.

이혜성 팀장: 한국전자 생산3팀장, 생산공장에서 16년간 근무하였으며 강한 카리스마의 소유자. 김성실 팀장과 보이지 않는 라이벌 의식을 가지고 있다. 자기 팀을 챙기려는 경향이 강하며 사람들이 대하기 어려워한다.

나최고 과장: 한국전자 인재개발팀 과장으로 조직개발 분야의 전문가. 분석력과 커뮤니케이션이 뛰어나며 회사에서 조직개발과 리더십 전문가로 활동하고 있다. 김성실 팀장에게 마음매니지먼트 방법론에 대한 전문 지식을 코칭한다.

이것만 과장: 장비3팀 장비기획파트의 파트리더로 일하는 과장 2년차. 기획력과 상황조절 능력이 뛰어나며 김 팀장을 도와 팀의 분위기 혁신과 조직 변화를 돕는다.

조급해 대리: 장비3팀 장비기획파트에서 일하는 대리 2년차. 성격이 쾌활하며 실제 자신의 능력 이상으로 나서기를 좋아한다. 다소 급한 성격이지만 다른 사람 돕기를 좋아한다. 김치국 대리와 보이지 않는 경쟁의식이 있다.

이뻐요 사원: 장비3팀 장비기획파트에서 일하는 팀의 유일한 홍일점이자 막내. 밝고 쾌활한 성격으로 업무 수행 능력도 뛰어나며, 팀 문제에 대해 솔직하게 제기하는 스타일. 팀의 다른 남자사원에 비해 차별 대우를 받는다고 생각한다.

사오정 차장: 장비3팀 장비유지파트의 파트리더. 차장 2년차로 김성실 팀장과 동갑이다. 직장생활 14년으로 1년 진급 누락의 경험을 가지고 있다. 고집이 세고 경쟁에서 지기 싫어하는 스타일로 김성실 팀장과 갈등을 겪는다.

이청명 대리: 장비3팀의 장비유지파트의 엔지니어로 대리 3년차. 장비팀 최고의 엔지니어이며 장비에 대한 전문 지식과 원만한 대인관계를 가진 인재이다. 팀 내 문제해결에 적극적으로 참여하고 앞장선다.

김치국 대리: 장비3팀의 장비유지파트의 엔지니어로 대리 2년차의 경력사원 출신. 한국전자의 근속년수는 2년으로 동료 사원들과 잘 융화가 되지 않아 갈등의 원인을 제공한다.

나똑똑 사원: 장비3팀의 장비유지파트원이며 사원 3년차. 논리적이고 분석력이 뛰어나며 답답한 것이 있으면 이야기해야 직성이 풀리는 솔직하고 우직한 스타일.

■ 들어가며

당신은 구성원의 마음을 움직이는 리더!

성공하는 조직과 실패하는 조직의 차이는 무엇인가? 답은 명확하다. 성공하는 조직은 성과를 창출하고 실패하는 조직은 성과를 내지 못하기 때문이다. 그렇다면 그 차이는 어디에서 발생하는가? 경제이론에 따르면 기업은 토지, 노동, 자본에 의해 이윤을 창출한다. 여기서 성과를 만드는 궁극적 요인은 바로 땅도 돈도 아니요, 바로 사람의 노동이다. 사람의 노동이 제대로 작동해야 토지도 자본도 가치를 창출할 수 있기 때문이다.

오늘날 지식경제사회에서 사람의 중요성은 더욱 커지고 있다. 특히 조직의 팀장은 성과창출을 위한 사람관리가 핵심능력으로 강조되고 있다. 초보 팀장의 경우 그 동안 조직에서 많은 프로젝트와 업무 수행을 통해 탁월한 성과창출 능력을 쌓았다. 그러나 20명이 넘는 많은 팀원을 이끌면서 상황은 달라진다. 그 동안의 일 관리와는 차원이 다른 문제에 직면하게 된다. 바로 사람의 문제이다.

'과제가 한 달이 되어가는 데도 팀원들로부터 보고가 없다.'

'사장님 보고가 이틀밖에 남지 않았는데 아직도 구체적인 해결방

안을 내놓지 못한다.'

'출장을 간 팀원들은 어디서 무엇을 하는지 아직 아무 소식이 없다.'

'회의를 해도 팀원들의 반응이 없다. 모두 꿀 먹은 벙어리인가?'

이 때 팀장들은 망연자실해진다. 보고서를 들고 오는 팀원의 표정을 보면 보고서의 질이 보인다. 자신이 없고 시간에 쫓겨 마지못해 올라온 보고서에 울화가 치밀 때가 한두 번이 아니다. 하나씩 가리키면서 수정해 나가는 것도 하루 이틀이지 그렇게 해서는 조직의 다양한 업무를 수행할 수가 없다.

그렇다면 어떻게 할 것인가? 해답은 팀원들 스스로가 업무의 주체가 되어 일하는 조직을 만들어야 한다. 팀장은 팀원들이 일할 수 있는 분위기와 동기를 제공해야 한다. 조직의 성과는 구성원들의 능력과 리더의 동기부여에 좌우된다. 조직에 들어온 사람들의 능력이 비슷하다고 할 때, 결국 조직의 성공 요인은 리더의 동기부여에 달려 있다. 바로 팀원들이 스스로 일을 통해 성과를 창출하는 마음 매니지먼트에 달려 있다. 당신은 구성원들의 마음을 움직이는가?

특히 초보 팀장의 경우, 부임 100일 이내에 리더로서의 자질이 결정된다. 초기에 구성원들과 어떤 관계를 형성하느냐에 따라 팀원의 사기와 조직의 성과에 결정적인 영향을 미친다. 부임 100일 동안이 향후 조직 성공을 결정짓는다. 조직에서 많은 사원들이 팀장이 되고자 하지만 제대로 준비하는 경우는 드물다. 또한 팀장 역시 바쁘다는 핑계로 자신이 어떤 리더십을 확보할 것인가에 대해 고민하지 않는 경우가 많다.

얼마 전 평소 알고 지내던 A팀장으로부터 메일이 왔다.

'오랜만입니다. 한 가지 상의드릴 것이 있어 메일을 보냅니다. 제가 A팀으로 부임한 지 3개월이 되었는데 최근 2명이 퇴사하고 또 2명이 이직의사를 밝히고 있습니다. 제가 뭘 잘못했는지 모르겠습니다만, 팀원들의 갑작스런 퇴직에 무척 당황스럽습니다. 저희 팀의 이러한 상황에 대해 팀 진단을 요청합니다.'

메일을 받고 A팀장과의 미팅을 가졌다. 그는 자신이 처음 팀장이 된 지 얼마 되지 않아 이런 일을 겪게 되어 무척 당혹스럽다는 이야기를 몇 번이나 했다. 본인 역시 파트장의 역할은 수행했지만 팀장으로서의 준비는 부족했다고 했다. 또한 바쁜 연구활동으로 제대로 팀원들과 면담을 못했다고 고백했다.

컵 속의 물은 엎질러진 뒤에는 담을 수가 없다. 어떻게 하면 엎질러지는 물을 최소화하고 다시 물컵에 물을 채우는가가 중요하다. 또한 모든 일은 첫 만남, 첫 대면의 순간에 어떻게 하느냐가 중요하다. 신임 팀장으로 역할을 맡거나 조직을 이동하여 다른 팀을 맡게 되면 빠른 시간 안에 팀을 장악해야 한다. 첫 순간에서 팀을 장악하지 못하면 팀원과의 깊은 신뢰를 쌓기가 어려울 뿐더러 팀의 생산성을 높이는 데도 어려움이 있다.

이 책은 신임 팀장으로 부임할 때, 혹은 기존 팀장들이 팀원들의 사기가 떨어졌거나 팀원들 간의 갈등으로 팀이 위기에 직면했을 때, 겪게 되는 문제를 최소화하고 조직의 생산성을 높이기 위해 '마음매니지먼트' 의 방법을 제시한다. 지난 십여 년 동안 리더십과 조직개발 분야의 교육을 개발하고 실시하면서 어떤 팀장들이 성과를 많이 내고 어떤 팀장들은 왜 성과가 낮은지를 연구하였다. 조직에서 성과가 높은 그룹의 팀장들과 인터뷰 및 관찰한 결과를 토대로 성공하는 팀장의 특징을 파악하였다. 그들은 팀원들의 마음을 사로잡고 있었으며, 팀원들은 팀장에 대해 전폭적인 신뢰를 보냈다. 고성과 조직의 팀장들은 마음매니지먼트의 탁월한 정수를 보여 주었다. 성공하는 팀장들이 보여 준 마음매니지먼트의 4가지 핵심 요인은 다음과 같다.

첫째, 팀원들의 이야기를 경청하며 때로는 자신의 논리를 설득시키는 신뢰 형성이다. 둘째, 고객의 정의를 토대로 조직의 사명, 역할 및 목표를 정립하는 팀 방향 설정이다. 셋째, 조직 내 갈등과 문제해결 그리고 협력을 통한 팀워크의 구축이다. 끝으로 팀 구성원들과 성과를 창출하고 관리하는 성공체험이다. 이러한 마음매니지먼트의 핵심 요인을 중심으로 이야기를 구성하였다. 이 핵심 요인들을 어떻게 실천하느냐에 따라 조직에서 성공하는 리더로 남을 것인지가 결정된다.

이 책에서는 마음매니지먼트의 4가지 핵심 요인을 스토리텔링 형식으로 구성하여 읽으면서 자연스럽게 그 실천 방법까지 이해할 수 있도록 하였다. 여기서 등장하는 인물과 사건들은 가상의 내용이다. 주인공인 김성실 팀장은 한국전자(LCD 제조업체)의 장비팀장으로 임명되었다. 부임 초 100일 동안 겪은 사건들을 통해 어떻게 마음매니지먼트를 실행해 가는가를 보여 준다. 또한 각 장의 말미에는 팀장들에게 도움이 될 수 있는 실천 방법이나 프로그램을 간략하게 요약하였다. 실제 적용에서 유용한 도움이 되리라 믿는다. 여기서 제시한 프로그램들은 기본적인 것이므로 상황과 경험에 따라 내용과 방법을 보완하여 적용하면 더욱 효과적일 것이다.

이 책의 주요 대상은 조직의 리더 특히 팀장과 팀장을 준비하는 모든 직장인들이다. 또한 조직을 연구하는 분들에게는 조직과 팀장의 리더십을 이해하는데 유용한 자료가 될 것이라 확신한다. 또한 이 책이 일선 현장에서 묵묵히 성과를 창조하는 리더들에게 사람관리의 가이드 북이 되고, 모든 예비 리더들에게 성공하는 팀장으로 우뚝 서는데 도움이 되길 희망한다. 부족한 내용이나 잘못 기술된 것은 모두 저자의 책임이다. 아울러 독자나 일선 팀장님들의 조언과 제안을 기대한다.

이 책을 만들기까지 도움을 주신 많은 분들이 있다. 무엇보다 먼저 글을 쓸 수 있는 영감과 준비된 리더들로부터 배울 수 있는 행운을 준 LG디스플레이 권영수 사장님과 많은 선배 동료들에게 감사드린다. 아울러 경영/경제분야의 신예 작가에게 출판의 기회를 주신 물푸레 출판사의 우문식 사장님, 그리고 지금까지 HR전문가로서 성장할 수 있도록 지도해 주신 LG전자와 LG인화원의 선배 동료들을 비롯한 많은 분들에게 깊은 감사를 전하고 싶다. 또한 글을 쓰는 동안 든든하게 지지해 주신 부모님, 사랑하는 아내 이현주와 두 아이 윤환과 유민에게 한없이 고마울 따름이다.

끝으로 이 책이 경제위기 속에서 생존과 도약을 위해 치열하게 살아가는 이 시대의 리더와 직장인들에게 조직을 살리는 마중물이 되었으면 한다.

2009년 4월

김성완

1장

팀장으로 거듭나기

밤에 온 전화

기회는 소리 없이 다가온다. 준비된 리더는 기회를 성공으로 이끌지만
준비되지 않은 리더는 자신뿐 아니라 조직을 위기에 빠뜨린다.

"팀장 중에서 가장 골 때리는 팀장이 누군 줄 알아?"

"글쎄, 무능력한 팀장이겠지."

"아냐, 무능력하면 제 한 몸 다치면 그만이지. 아니면 팀원들 의견을 들어가며 운영하면 되지만 준비 안 된 팀장은 구제불능이야. 그뿐 아니라 아예 팀을 말아먹는다니까."

화장실에서 볼일이나 보고 갈 것이지, 아침부터 느닷없이 소란스럽다.

"야, 이번 인사발령 난 것 봤어?"

"봤지, 이번 인사에는 능력도 안 되는 팀장이 수두룩해. 사람이 없어서 그런 것인지."

"왜 그러겠어? 사업부 조직을 강화한다고 조직 늘리고 난리지."

"그럼 사업부나 강화할 일이지 팀은 왜 그리 많이 만드는 거야.

야, 신임 팀장 중에는 이제 과장 3년차밖에 되지 않는 놈들도 있더라. 복도 많지."

"복은 무슨 복, 이제 고생길이 훤하지. 야, 말이야 바른 말이지. 요즘 팀장하면 뭐하냐. 잘하면 본전이고 못하면 제일 먼저 날라가는 신세가 팀장이야."

"하긴 임원은 줄이라도 있지. 요즘 팀장은 하라고 해도 안 하지, 고생은 고생대로 하지, 일은 일대로 많지, 팀원들은 말 안 듣지. 불쌍해서 못 봐주겠더라."

"말 조심해, 누가 듣겠다."

"듣긴 누가 들어. 그리고 들으면 어때서. 우리가 잘못했어? 사실대로 말한 것뿐인데."

소변기 물 내리는 소리와 함께 서둘러 걸어가는 발걸음 소리가 타일을 울린다. 삼삼오오 화장실에 와서 이번 조직개편에 대해 한 마디씩 수군거리고 간다.

'하긴 나도 사원 시절에는 그랬지. 팀장 아무나 하나.' 김성실 팀장은 자신의 옛날을 떠 올리며 화장실 문을 열고 나왔다.

3일 전이었다. 밤에 전화가 오면 대개 좋지 않은 일이거나 비상상황이 발생한 것이다. 그날도 밤 10시가 지난 시간이었다. 오랜만에 집에 들어와 가족들과 늦은 저녁을 먹고 일찍 잠자리를 준비하던 참이었다.

그때 핸드폰이 울렸다. 한국전자 목표 달성의 일인자 박달성 상무였다. 그는 '목표는 항상 높게, 결과는 초과 달성' 을 자랑하는 공장맨이었다. 공장 엔지니어로 시작해서 라인 돌아가는 소리가 이 세상 최고의 음악이라고 자랑스럽게 말하는 진짜 공장사람이었다. 그런 오버가 그리 좋지는 않지만, 그래도 회사에서 존경받는 공장장이었다. 김성실 팀장은 지금까지 그의 밑에서 3년을 일해 왔다.

'웬일일까? 밤 10시가 넘었는데, 또 무슨 사고가 터진 모양이구나.'

불안한 마음으로 핸드폰을 받았다.

"예, 상무님!"

"어, 김 차장."

"예, 상무님. 근데 이 밤에 어떤 일로 이렇게 전화를?"

"왜, 전화하면 안 되나? 지금 몇 시인데 벌써 밤 타령이야. 김 차장, 이번 신규 라인에서 별문제 없나?"

"예, 상무님. 아직은 별다른 문제없이 잘 돌아가고 있습니다. 신규로 들어온 노광기가 큰 문제없이 작동하고 있습니다. 담당자에게 셋업이 완료될 때까지 특별 관리 지시를 내려놨습니다."

"그래, 잘 하고 있구먼. 내가 전화한 것은 다른 게 아니고 며칠 후 조직개편 있는 거 알지?"

"예, 조직개편이 있을 거라는 이

야기는 들었습니다."

"이번 조기 조직개편은 신규 공장이 신설되면서 기존과는 다른 형태의 조직을 만들 예정이네. 공장조직을 사업부 직속으로 개편하면서 사업부제를 강화하여 책임경영과 자율경영을 실현하는 것이지."

"예, 그럼 변화가 많겠습니다."

"단순한 변화가 아니라 대폭적 변신이지. 그래서 기존의 장비팀을 사업부 산하 공장조직의 3개 팀으로 재편성하였네. 그래서 장비1팀은 이준교 부장, 2팀은 박착해 차장이 그대로 맡고, 3팀은 새롭게 김 차장, 당신이 맡아 줘야겠어. 미리 축하하네, 김 팀장."

"예? 제가 팀장으로……."

"왜 싫어? 싫으면 관둬. 문제 일으키기 전에 관두는 것이 상책인지도 모르지."

"아뇨. 싫다는 것이 아니라, 단지 아직 준비가 되지 않았는데 벌써 팀장이라니……."

"무슨 소리야. 차장 3년차면 준비가 되어 있어야지. 그리고 내가 보기엔 자네는 그럴만한 재목이 되었어. 이제 팀장으로 자네의 능력을 새롭게 발휘해 보게."

"예, 알겠습니다. 맡겨 주시면 최선을 다해 꼭 성공해 보이겠습니다."

"그래 그렇게 나와야지. 하여튼 축하하고 잘 이끌어 주게. 곧 인사이동 발표가 날 걸세."

"예, 감사합니다."

"그래 수고하시고. 아니지 잘 쉬시고. 내일 봅시다."

전화는 긴 통화음을 남기고 끊겼다. 항상 이런 식이다. 갑자기 오더를 떨어뜨리거나 폭탄 선언으로 공장 산하의 멤버들을 정신없게 만든다.

'팀장이라. 내가 팀장이 된다?'

김성실 팀장은 한편으로는 기분 좋지만, 한편으로는 걱정이 앞섰다. 팀장이란 조직을 움직이는 실질적인 리더이다. 그 막중한 책임이 이제 김성실 팀장에게 부여되었다.

어제 먹은 술에 아직도 정신이 멍했다. 아침부터 속이 좋지 않아 화장실에 앉아 있는데, 볼 일은 안 보고 이런 저런 잡생각들이 머리를 떠돌았다.

'팀장 중에 제일 골치 아픈 팀장이 준비 안 된 팀장이라고?'

갑자기 술이 확 깬다. 김 팀장은 급히 손을 씻고 사무실로 돌아갔다.

'어떤 놈이 그런 소릴 했지. 목소리가 익숙했는데…….'

기러기와의 대화

조직에서 리더는 기러기처럼 앞장서서 무리가 나갈 방향을 알려 주며
힘찬 날갯짓으로 무리를 보호해 주어야 한다.

눈을 뜨니 목이 말랐다. 도대체 얼마나 마신 것일까? 3차까지 간 것은 기억이 나는데 그 다음은 통 기억이 나지 않았다. 오랜만에 만취한 것 같다. 김 팀장은 그 동안 술을 먹더라도 속도를 조절하여 좀처럼 취하지 않았다. 그런데 어제는 왜 그냥 정신을 놓은 것일까? 물론 끝도 없이 권하는 선후배들의 술잔을 거부할 수는 없었다. 더구나 신임 팀장이니 각오는 했었다.

몇 시쯤 된 것일까. 용하게도 집까지 기어왔다. 다행히 집이라는 느낌에 푸근함이 느껴졌다. 머리맡에 놓인 시계를 집어 들었다. 2시였다. 집은 조용했다. 천천히 이불을 걷고 거실로 나갔다. 다들 어딜 간 것일까? 식탁에 쪽지가 놓여 있었다.

'여보, 잘 잤어요? 왠 술을 그렇게 먹었어요. 식탁 위에 놓인 밥과 국을 데워서 드세요. 아시죠, 오늘이 당신 장인 생신인 거? 친정 식

구들과 같이 점심식사가 있어서 먼저 갑니다. 당신은 회사 출근했다고 할게요. 맛있게 드세요.'

항상 고마운 아내다. 일하고 늦게 들어와도, 술 먹고 정신이 없어도 아내는 언제나 옆에서 지켜 주었다. 어쩌면 지금까지 올라올 수 있었던 것도 모두 아내 덕인지 모른다. 아직 갈 길이 먼데 몸은 점점 처지는 느낌이다. 폭주한 다음 날은 점점 늦어지고 있다.

세면을 하고 밥을 먹는 둥 마는 둥 하고 체육복을 갈아 입었다. 술 깨는 데에는 달리기가 최고다. 11월의 찬 공기가 오후의 태양을 얼게 한다. 아직도 나무에 매달려 흔들리고 있는 낙엽이 가을임을 입증할 뿐이다.

땀이 난다. 땀이 나면서 살아있음이 느껴진다. 헐떡이는 숨은 이제 턱까지 차오른다. 어느새 볼이 빨개졌다. 체육복 상의 틈 사이로 찬 공기가 스며든다. 갑자기 강 건너편에서 한 무리의 새 떼가 날아올랐다. 한강 하류의 철책선 안은 그야말로 새들의 천국이다. 이름 모를 새들까지 합치면 족히 수만 마리는 될 것이다. 그나마 저 철책이 새들의 안전한 생활 터전을 보전해 주었다.

오늘따라 붉은 태양을 배경으로 날아가는 새들의 군무가 아름답고 신비롭다. 순식간에 날아오르더니 방향을 바꾼다. 일사불란한 움직임이 누가 지휘를 하는 듯하다. 김 팀장은 날아오르는 새들을 바라보며 생각했다.

'누군가 지휘를 하지 않고서는 저렇게 일사불란하게 움직일 수

없지.'

그런데 저 새들의 군무에서는 리더가 보이지 않는다. 그래도 똑같이 정확하게 무리를 지어 날아오르고, 다시 되돌아 난다. 하늘로 날아오르는 데는 그리 긴 시간이 걸리지 않았다.

반대편 하늘 위로 기러기 떼가 무리를 지어 날아가고 있다. 특히 저녁놀을 배경으로 날아가는 풍경은 언제 봐도 한 폭의 그림과 같다. 오늘따라 기러기 떼가 더욱 길어 보인다. 기러기는 다른 새들의 군무와는 다르다. 언제나 맨 앞에 리더 새를 두고 그 뒤를 2개의 편대로 나뉘어 날아간다.

기러기는 새들 중에서도 우정과 사랑이 가장 깊다. 만약 날아가다가 한 마리가 낙오되면 꼭 한 마리가 함께 남아서 돌본다. 그래서 다 나으면 같이 날아간다. 또한 목제 기러기 한 쌍이 결혼식 예물로 사용될 만큼 기러기는 금슬도 좋다. 기러기의 세계는 무리를 이루어 사회생활을 하는 짐승들의 표본과 같다.

군무를 추는 새들은 낮은 곳에서 자유로운 비행을 한다. 그러나 그 속에서도 질서가 있고 방향이 있다. 기러기는 자신의 무리를 최대한 넓혀서 효율적인 비행을 한다. 앞서 나는 새에 비해 뒤에 나는 새는 공기의 저항을 30% 정도 적게 받는다고 한다. 나이 어린 새나 병약한 새들을 보호하면서 장거리를 비행하기에 적합한 시스템이다.

김 팀장은 가쁜 숨을 고르기 위해 잠시 멈춰 섰다. 그리고 하늘로

날아오르는 기러기 떼를 바라보며 생각했다.

'기러기는 서로를 배려해 준다. 리더는 저 기러기처럼 앞장서서 무리가 나갈 방향을 알려 주며 자신의 힘찬 날갯짓으로 무리를 보호해 주어야 한다. 그리고 낙오된 놈이 있으면 치유해 주고 돌봐 주어야 한다. 그것이 바로 기러기에게서 배워야 할 배려의 리더십이다.'

몸에 한기가 느껴졌다. 다시 달렸다. 거친 숨을 몰아 쉬며 뛰고 또 뛰었다. 머릿속은 저 기러기와 같은 조직을 만들어야겠다는 생각으로 가득 찼다. 어느새 집으로 가는 갈림길에 들어섰다.

수첩에서 찾은 팀장

수첩을 보면 살아온 역사가 느껴진다.
그 속에서 벌어진 희로애락의 파노라마가 밀물처럼 다가온다.
아직도 펄떡거리며 가슴 뛰게 하는 리더가 있다.

사무실로 올라가는 엘리베이터 앞에 섰다. 아직 사람들이 출근하지 않은 7시 40분, 엘리베이터의 3층 벨을 눌렀다. 팀장으로서의 첫 출근, 항상 출근하던 길인데 새삼스럽게 느껴졌다. 자리에 앉아 PC를 켰다. 익숙한 몸놀림으로 세팅을 하고 다이어리를 편다. 오늘 할 일과 시간을 확인한다. 몇몇 사람에게 인사도 하고 새롭게 구성될 팀에 대해 상무님과 이야기도 나눠 봐야 한다.

다이어리의 뒤 편을 넘기자 눈에 익은 전화번호가 들어왔다. 거기에는 지금까지 함께 했던 동료들과 선배들의 연락처가 적혀 있었다. 이제는 대부분이 회사를 그만두고 나름대로의 삶을 살아가고 있었다. 연락을 한 지도 오래되었다. 빛 바랜 종이의 색깔만큼 친근함이 느껴지는 동료들과 선배들이었다.

김성실 팀장의 첫 팀장은 조뚝심 부장이었다. 작은 키에 볼록 나온 배, 그러나 항상 여유 만만하며 자신감이 넘쳐 있었다. 그래도 한때는 동기들 중에서 가장 먼저 진급하면서 승승장구했었다고 늘 이야기했다. 또한 인생은 새옹지마라며, 높이 올랐다고 자만하지 말고 나락으로 떨어졌다고 절망하지 말라는 가르침을 주었다. 항상 자신의 할 일을 충실히 하라고 충고를 아끼지 않았다.

"회사생활에서 중요한 게 뭔지 알아? 사람에게 충성하지 말고 회사에 충성해! 사람은 배신해도 조직은 배신하지 않아. 항상 자신과 타인 모두를 위해 성실과 열정으로 일하는 것이 중요해."

조뚝심 부장은 항상 조직인의 바람직한 모습과 사원으로서의 책무를 강조했다. 특히 신입사원이던 시절에 '막내는 팀장이 챙겨야 한다' 며 특별한 관심을 가져 주었다. 그러다가 회사가 합병이 되면서 조직통폐합의 회오리 속에서 쓸쓸히 떠났다. 그러나 지금은 어엿한 중소업체를 차려서 나름대로의 경영 수완을 발휘하고 있다.

다이어리 다음 장에는 몸사림 팀장의 연락처가 보였다. 몸사림 팀장은 대리 시절 함께 했던 팀장이었다. 몸사림 팀장은 팀원들에게 인기가 없었다. 팀원들은 그의 앞에서는 그를 칭송하지만 돌아서서는 술판의 단골 안주로 씹곤 했다. 상사 앞에서는 비굴할 만큼 챙기면서 팀원들의 잘못이나 문제에서는 냉혹할 만큼 가혹했던 사람이었다. 문제가 생기면 담당자를 호되게 호통치면서 자신의 불만을 토로하곤 했다.

조직 안에는 그와 같은 스타일의 팀장들이 많다. 특히 문제가 발생하면 자신의 감정을 억제하지 못하고 화를 내거나 큰 소리로 야단을 치는 팀장이 있다. 옆 부서의 팀원들마저 불안해할 정도다. 특히 제일 얄미운 것은 어려운 일은 다른 부서로 미루고 자기 부서는 피해 가려는, 흡사 미꾸라지 같은 습성을 가진 팀장이다.

사람들은 이런 스타일의 팀장을 싫어한다. 그런데 이런 사람들이 조직에서 빨리 출세하는 경향이 있다. 왜 그럴까? 그것은 상사의 요구사항에 맞춰 철저하게 실행하기 때문이다. 상사의 말에는 어떤 반대도 없다. 무조건 예스다. 그래서 부하사원들도 그렇게 하는 것을 당연하게 여긴다.

언젠가 몸사림 팀장은 이런 말을 했었다.

"김성실 대리, 조직생활에서 중요한 것은 자신을 알아주는 상사를 위해 몸바쳐 충성하는 것이야. 그러면 멀지 않아 그 공덕이 자신에게 돌아오지. 어때 자네도 한번 날 믿고 따라오지 않겠나?"

"예, 팀장님! 팀장님이 말씀하는 것이라면 무슨 일이라도 하겠습니다. 맡겨만 주십시오."

"그렇지, 역시 김 대리야, 난 자네만 믿어."

"…… ."

그때는 아무 말도 할 수가 없었다. 몸사림 팀장이 자신을 인정해 준 것인지, 아니면 그냥 떠 본 것인지 알 수 없었기 때문이다. 일을 할 때마다 그는 칭찬을 아끼지 않았다. 그러나 왠지 그를 신뢰할 수 없었다. 김 대리 역시 그 앞에서는 바른말을 할 수가 없었다. 왜 그랬을까 생각해 보면, 굳이 바른말을 할 필요성을 느끼지 못했기 때문이었다. 신뢰가 가지 않는 사람에게 바른말을 하는 것처럼 어려운 일은 없다. 더구나 조직 내에서 직속상사에게 바른말을 한다는 것은 쉽지 않은 일이다. 완전히 신뢰하거나 대등한 위치까지 가기 전까지는 거의 불가능하다.

지금 몸사림 팀장은 조직 내에서 승승장구하여 임원이 되었다. 아직도 구성원들은 그 앞에서는 아무 말도 못했다. 온통 돌아오지 않는 메아리만 그 조직을 맴돌 뿐이었다.

수첩을 보면 살아온 역사가 느껴진다. 그 속에서 벌어졌던 희로애락의 파노라마가 밀물처럼 달려온다. 아직도 펄떡거리며 가슴 뛰게 하는 또 한 명의 리더가 있다. 오명쾌 팀장이다. 오 팀장은 조뚝심 팀장 후임으로 온 팀장이었다. 오명쾌 팀장은 조뚝심 팀장과 함께 한 파트리더였다. 그러다가 조뚝심 팀장이 퇴사하면서 혼자 생산팀을 이끌어 온 팀장이었다. 그는 논리가 명쾌하며 한 번 의사결정을 하면 끝까지 최선을 다해 성공을 만들어 내는 의지의 사나이였다. 김 대리와도 죽이 잘 맞았다. 유유상종이라고 할까, 사실 상사와 코드가 맞으면 다 좋아 보인다. 그도 역시 김 대리를 좋아했다. 조직에서 인간적으로 좋아한다는 것은 최고의 신뢰를 의미한다. 지금도 어렵고 힘들 때면 가끔 생각이 난다. 10년이 지난 지금까지도 가끔씩 연락을 하며 산다.

오명쾌 팀장은 능력과 친화력을 가진 지장형의 스타일이었다. 그러나 그의 올곧은 성품 때문에 타협을 모르는, 자기 주장이 강한 사람으로 소문이 났다. 그래서 오팀장에 대한 적대감을 가진 이들도 있었다. 사실 사람이 다 좋을 수는 없다. 그는 원칙과 정도를 즐겨 말하며 스스로 솔선수범하여 일하는 스타일이었다. 그래서 팀원들 중에도 그를 좋아하는 사람과 싫어하는 스타일로 양분되는 경향이 있었다. 자신의 일에 너무 몰두할 때도 많았다. 팀장이면서 실무를 직접 하면서 많은 것을 챙겼다. 그러다 보니 꼼꼼하고 일에 철두철미했다. 하루는 이런 말을 했다.

"리더는 디테일에 강해야 해. 리더가 팀의 업무를 파악하지 못하고 제대로 할 수 없다면 리더로서 자질이 없는 거야. 출근해서 결재서류에 도장만 찍는 팀장은 이제 살아 남을 수 없어. 그러기 위해서는 부단히 공부하고 여러 사람들과도 만나야 해."

"팀장님께서 실무도 하시고 문제해결도 같이 하시면 힘들지 않으세요?"

"물론 힘들지. 그러나 내가 실무를 하지 않으면 점점 실무 감각이 없어지고. 구성원들의 생각과 아이디어에만 의존하게 되지. 바로 빨간 펜 선생님이 되는 것이지. 난 이것 고쳐라 저것 고쳐라 하는 식의 앵무새 팀장이 되기는 싫어."

"그렇지만 구성원들은 팀장님의 일하는 방식에 대해 힘들어하는 사람도 있습니다. 대강해서는 안 되지만 그래도 중요도와 효과가 떨어지는 업무는 그냥 넘어갈 수 있는 것 아닌가요?"

"물론 넘어갈 수 있지. 그렇지만 작은 일을 소홀히 하는 사람이 큰 일을 잘할 수 있을까? 대체로 작은 일을 잘 처리하지 못하는 사람이 큰 일도 못하는 경우가 많지."

오명쾌 팀장은 김성실 팀장에게 많은 영향을 주었다. 사람이 사람을 좋아하고 따르게 되면 어느 사이엔가 그 사람의 스타일을 따라 하는 경향이 있다. 일종의 복제라고 할까. 그렇게 되고 싶다고 생각하면 은연중에 그러한 모습으로 갖추어짐을 느낄 수 있었다.

최근의 연락처로 옮겨 오면서 눈에 띄는 팀장이 있다. 얼마 전 조직을 떠나신 우유부단 팀장이다. 그는 아는 것이 많고 생각이 깊은 사람이었다. 어쩌면 학교 쪽으로 갔으면 더욱 잘할 수 있었던 스타일이었다. 생산팀장이 생각이 많고, 의사결정의 타이밍을 놓치고, 사람들과의 관계가 원만치 않으면 힘든 자리였다. 결국 그는 조직을 떠났지만, 그가 조직에 미친 영향은 컸다.

영향은 좋은 것만 아니라 나쁜 것도 급속히 전파된다. 가장 큰 문제는 '기다린다' 는 것이다. 자신이 결정할 수 있는 문제도 임원의 결정을 기다리거나 명쾌한 해답 없이 줄줄이 사탕처럼 얼기설기 얽히는 경향이 많았다. 그는 어느 자리에서나 적극적으로 나서서 말을 하는 체질이 아니었다. 답답할 만큼 자신을 낮추고 듣는 스타일이었다. 생산에서 문제가 터져도 담당자의 보고를 기다리며 어떻게 조치해야 할지 명쾌하지 못한 때가 많았다. 그는 이렇게 말했다.

"야, 못해 먹겠다."

그때 김성실 팀장은 아무런 대답도 할 수가 없었다. 리더가 팀원들 앞에서 그렇게 넋두리를 한다는 것은 팀원들에게 심각한 영향을 미친다. 팀원들의 의견을 즉각적으로 처리하지 못하고 계속 상사의 눈치를 보면서 일을 처리하다 보면, 팀원들은 그에 대한 자신감과 믿음을 잃는 경우가 많다. 지금 그가 어디에 있는지 모른다. 사랑의 반대는 증오가 아니라 무관심이라는 말이 떠오른다.

김성실 팀장은 다이어리를 덮으면서 스쳐 지나가는 많은 사람들을 떠올려 보았다.

'오늘의 나는 바로 그 분들과의 관계 속에서 형성된 것이다. 내 안에 있는 또 다른 나는 내게 어떤 팀장이 되라고 이야기하는 걸까?'

김 팀장은 급히 다이어리를 덮고 2층으로 내려갔다. 거기에는 인재개발팀이 있다.

팀 진단 의뢰

팀에 대한 객관적이고 정확한 분석이 중요하다.
왜냐하면 문제에 대한 정확한 진단없이
제대로 된 처방이 나올 수 없기 때문이다.

김 팀장은 계단을 내려가던 중 어지럼증을 느꼈다. 갑자기 머리가 쑤시면서 다리에 맥이 풀렸다. 재빨리 계단 난간을 잡고 털썩 주저앉았다. 양손으로 천천히 머리를 눌렀다.

'왜 이러지? 간밤에 잠을 설쳐서 그런가?'

지난 3일 동안 하루에 3시간밖에 자지 못했다. 며칠 동안 골몰히 생각해도 묘안이 떠오르지 않았다. 장비3팀의 평균 퇴사율이 25%를 넘어섰다. 최근 1년 동안 특히 2년 미만자의 퇴사율이 30%에 육박했다. 또한 팀원들 간의 갈등이 심하고, 직무 몰입도마저 떨어져 있었다. 그리고 장비 고장건수와 불량률이 꾸준히 높아지고 있었다. 며칠 동안 이 팀을 어떻게 이끌어 갈지 해답을 찾던 중이었다.

'벌써 쓰러져서는 안 된다. 이제 시작인데…….'

바닥의 차가운 냉기가 머리까지 전해 왔다. 그래서인지 조금씩 정신이 맑아졌다. 난간을 잡고 다시 일어섰다. 그 순간 2층 출입구 문이 열리면서 한 사람이 나왔다. 인재개발팀 나최고 과장이었다. 과장은 조직심리학을 전공한 뛰어난 인재였다. 그가 반갑게 인사하며 말을 건넸다.

"안녕하세요. 팀장님! 축하인사가 늦었습니다."

"뭘, 고마워! 다들 바쁠 텐데."

"근데 팀장님, 얼굴 안색이 좋지 않습니다. 혹시 어디 아프신 것은 아닌지요?"

"아냐, 조금 피로해서 그런 모양이야."

"혹시 제가 도와 드릴 일 있으면 언제든지 연락 주세요."

"고마워. 참 어딜 가는 길이야?"

"예, 제조1팀 배아성 팀장님이 보자고 하셔서요."

"갑자기 배 팀장이 자넬 왜?"

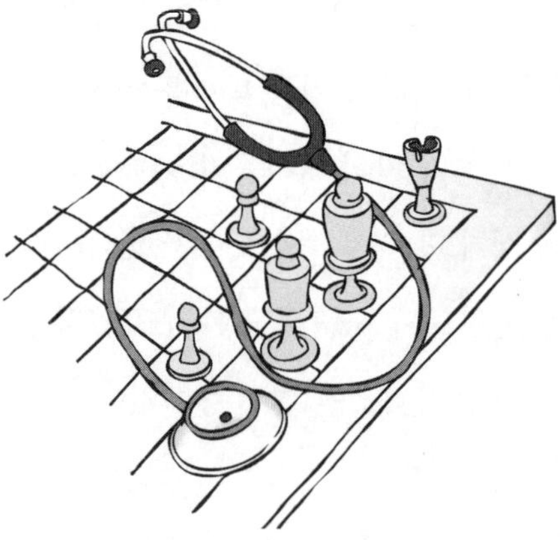

"최근에 팀의 사기가 좀 떨어진 것 같다며, 현재 팀 분위기를 파악해서 알려 주면 고맙겠다고 하셔서요."

"그래 자네가 그런 일도 다 하는가?"

"제 역할이 조직개발이지 않습니까."

"아, 그랬구나. 다음에 우리 팀에 대해서도 같이 한번 봐 줘!"

"알겠습니다. 그럼 다음에 또 뵙겠습니다."

나 과장은 인사를 꾸벅 하고 서둘러 1층으로 내려갔다.

'갑자기 내가 왜 우리 팀을 도와 달라고 했지? 저런 햇병아리가 무슨 조직개발은!'

김 팀장은 3층 문을 열고 들어갔다. 자리에 앉아 다시 노트북을 열었다. 화면 보호기의 암호를 입력했다. 매일 하는 일이었지만 오늘따라 세 번이나 반복한 뒤에 들어갈 수 있었다. 조금 전 나최고 과장이 말한 내용이 계속 머리를 맴돌았다.

'배 팀장이 자기 팀의 조직 분위기를 파악해 달라고!'

'그래, 지금 우리 팀도 문제에 대한 객관적이고 정확한 분석이 필요한 시점이야. 어쩌면 우리 팀이 아닌 외부 사람의 객관적인 시각이 도움이 될지도 모를 일이지!'

서둘러 나 과장의 전화번호를 검색했다. 전화번호를 눌렀다. 여러 차례 신호가 갔는데도 나 과장은 전화를 받지 않았다. 다른 사람도 전화를 받지 않았다. 김 팀장은 다시 컴퓨터에서 사내 인트라넷에 들어갔다. 나 과장에게 들어오면 연락 달라는 메일을 보냈다. 벌써 읽어야 할 메일이 눈처럼 수북이 쌓여 있었다.

김 팀장은 새 메일 쓰기 버튼을 눌러 나 과장에게 메일을 썼다.

나 과장!

조금 전 보여 주었던 호의와 축하에 감사합니다.
새로 팀장을 맡고 보니 이것저것 해야 할 일들이 많네요.
특히 최근 어려운 경기 여건 속에서 장비3팀의 퇴사율이 상승하고 있고,
팀원들 상호 간의 분위기도 약간 냉냉한 것 같네요.

그래서 한 가지 부탁을 요청할까 합니다.
그 동안 장비3팀의 조직상 문제가 무엇인지에 대해 진단과 처방을 부탁합니다.
그리고 신임 팀장이 처음 팀을 맡았을 때 어떻게 해야 하는지에 대해 조언을 해 주면 고맙겠네요.

김성실 보냄

발신키를 누르는 손가락이 잠깐 멈칫했다. 애송이에게 협조를 요청하는 것이 영 마음에 내키지 않았다. 그러나 버튼을 누를 수밖에 없었다. 자존심보다 더 중요한 것은 팀의 성과이고 성과창출을 위해서라면 어떤 도움이라도 받아야 했다.

김 팀장은 그 동안 온 메일을 읽고 답장을 쓰는데 꼬박 2시간이 걸렸다. 오후의 따사로운 햇살은 벌써 창문 너머로 긴 그림자를 드리우고 있었다.

팀원에게 보내는 메일

탁월한 성과는 명확한 업무목표 수립에서 시작한다.

장비3팀으로 부임한 지 3일째 되던 날이었다. 아침부터 김성실 팀장은 열심히 자판을 두들겼다. 간밤에 얼마나 많은 생각을 했는지 그의 몸은 벌써 아침 사무실의 차가운 기운을 데울 정도였다. 또한 그의 자판기 소리는 마치 고요한 숲 속에 탱크의 캐터필러가 지나가 듯 사무실의 정적을 깨우고 있었다.

안녕하세요. 장비3팀 여러분!

오늘 여러분에게 처음으로 전체 메일을 보냅니다.

탁월한 성과는 명확한 업무 목표의 수립에서 시작한다고 생각됩니다. 목표가 구체화되어야 실행에서 성과를 낼 수 있고 또한 제대로 된 평가를 받을 수 있습니다.

저는 여러분의 평가와 보상에 대한 염려를 불식시키는 첫걸음은 정확한 업무 목표의 수립이라고 봅니다. 아직 금년도 업무실적평가가 끝나지 않았지만, 조기에 조직을 개편하고 내년도 업무를 준비하는 이상 평상시의 목표 수립 일정을 앞당겨 준비합시다.
아울러 개인별 업무 내용을 같이 기술해 주시면 개인별 업무 파악에 큰 도움이 되겠습니다. 목표기술서는 다음 주 목요일까지 작성해서 저에게 송부해 주시면 되겠습니다.

양식은 기존의 업무보고서와 목표기술서를 첨부로 보내니 참고 바랍니다. 목표 수립 시 고려할 사항은 팀 전체의 목표를 어떻게 개인의 역할과 과제에 할당하여 수행할 것인가를 고민해 주시기 바랍니다. 저 역시 팀의 역할과 목표가 개인에게 적합하게 배분되었는가를 확인토록 하겠습니다.

혹시 궁금한 사항이 있으면 메일로 회신 주시기 바랍니다.

아침부터 팀원들은 메일을 체크하면서 웅성거리기 시작했다. 업무보고는 신임 팀장이 오면 의례적으로 하는 것이라 이해는 되지만, 목표설정 기간이 아님에도 불구하고 서둘러 목표설정을 하는 이유는 무엇인지 어리둥절한 모습이었다.

개인별로 목표를 설정한다는 것은 바로 평가와 직결된다. 각 파트 단위로 내년도 업무계획이 확정되지 않았는데 목표부터 설정한다는 것이 여간 부담이 되지 않았다. 하긴 장비팀의 역할상 전년도와 차년도의 역할이 달라지는 것은 아니었다. 다만 조직의 목표를 어떻게 설정하느냐에 따라 목표 수준이 일부 달라질 뿐이었다. 더욱 중요한 것은 신임 팀장의 첫 번째 요구사항이 바로 개인별 목표

기술서 요청이어서 팀원들은 바짝 긴장하는 모습이었다.

사오정 차장이 팀원들의 의견을 취합하여 김 팀장에게 갔다.

"팀장님! 갑자기 팀원들의 업무 목표 수립을 실시하는 이유가 무엇입니까?"

사 차장은 다소 흥분되고 도전적인 말투로 김 팀장에게 이야기했다.

"오, 사 차장님, 사전에 사 차장님과 협의를 해야 했었는데 제가 먼저 메일을 발송했네요. 오해는 마시고요."

"팀원들은 정기적인 목표설정 기간보다 한 달이나 앞서 하는 이유에 대해 궁금해합니다."

"사 차장, 잘 알면서 그러십니다. 목표설정이 형식적으로 되는 경우가 많지요. 그보다는 한 발 앞서 제대로 팀원들과 면담하고 그 속에서 개인 목표를 설정하는 것이 중요해요. 시스템 입력은 그때 가서 하면 될 것입니다."

"또 하나의 문제가 있습니다. 팀의 업무계획이 확정되지 않은 상황에서 지금 업무 목표를 수립하면 계획에 변화가 있을 경우 다시 작성해야 합니다."

"그 또한 문제가 될 것이 없지요. 업무 목표 수립은 지난 10월부터 해 왔습니다. 아직 확정되지 않은 것은 사장님 결재만 나면 되는 것이고요. 변화될 것은 그렇게 많지 않아요. 또한 목표는 환경과 상황에 따라 변화하는 것이지요. 그리고 팀의 중점 과제가 각 파트별로 수립되어 있으므로 그에 따라 개인별로 업무 목표를 작성하면

될 것입니다. 팀의 목표 재설정이 필요한 경우 개인 목표 수정의 시간을 드리도록 하겠습니다.

저는 업무 목표 수립과 평가를 분기별로 실시할 예정입니다. 1년에 두 번 하는 것은 지금과 같이 급변하는 시기에는 맞지 않다고 봅니다."

사 차장은 말을 잇지 못한 채 잠시 머뭇거리다 인사를 하고 돌아섰다. 등 뒤에다 대고 김 팀장이 말했다. '팀원들이 제대로 작성할 수 있도록 사 차장과 이것만 과장이 지도해 줄 것을 당부한다' 는 말이었다.

사 차장은 돌아보지도 않은 채 짧게 '예.' 라고 대답한 다음 그 자리에서 물러났다. 사 차장은 김 팀장과 나이가 같다. 그러나 김 팀장이 1년 빨리 입사했다. 처음부터 서로 왕래가 없던 터라 그다지 친하게 지내지 못한 사이였다. 어쩌면 장비3팀에 오면서 제일 먼저 서로 친밀한 관계를 형성해야 할 상대는 바로 사 차장이었다. 팀 전체의 업무로서 관리자급 인원에 대한 만남이 약간 소홀했다.

오늘 점심은 관리자들과 함께 해야겠다고 생각했다. 김 팀장은 서둘러 점심약속 안내 메일을 보냈다. 수신인은 사오정 차장과 이것만 과장이었다.

오랜만에 순두부 정식을 잘하는 집으로 갔다. 콩비지, 순두부, 된장찌개, 녹두전 등 콩으로 된 다양한 음식이 나왔다. 셋이서 먹기에 좀 양이 많은 듯했다. 김성실 팀장이 먼저 입을 열었다.

"팀에 와서 이리저리 바쁘다 보니 서로 상견례가 늦었습니다. 다음 기회에 술 한 잔 하기로 하고 오늘은 몸에 좋은 콩으로 보신합시다."

"고맙습니다. 팀장님! 안 그래도 팀장님이 오신 이후로 언제 술 한 잔 하자고 불러 주시지 않나 기다렸습니다."

"제가 좀 그랬죠. 하여튼 많이 도와주시기 바랍니다."

"팀장님 말씀 낮추십시오. 오히려 저희가 잘 부탁 드립니다."

이 과장이 먼저 대답을 했다. 그러나 사 차장은 식탁 위에 놓인 반찬을 집어먹을 뿐 아무 말이 없다.

김 팀장은 낮술이라 어색했지만 그래도 소주 한 병은 있어야 분위기가 살 듯했다.

"아줌마 여기 소주 한 병이요."

술이 나오자 사람들에게 잔을 쳤다.

"낮술이라 좀 그렇지만 딱 한 잔 합시다. 자 앞으로 잘해 봅시다. 건배!"

다같이 건배를 하고 또 한 잔을 채웠다. 역시 우리 사회에서는 술 한 잔이 들어가야 이야기가 잘된다. 사오정 차장과 이것만 과장은 각자 파악한 팀 분위기와 팀원의 성향에 대하여 이런 저런 이야기를 했다. 김 팀장은 잠자코 그 이야기를 들었다. 김 팀장은 콩비지 찌개를 먹으면서 질문을 했다.

"그래 오늘 아침에 보낸 목표설정 이메일에 대해서 팀원들 반응은 어떤가요?"

"처음엔 웬일인가 생각하다가 이제는 다들 자신의 업무 목표와

계획을 작성하느라 정신이 없습니다. 아직 내년도 업무 분배가 되지 않은 사람들에게 신규 업무를 할당하느라 오전에 좀 바빴습니다. 혹시 사전에 귀띔을 주셨으면 업무 분장 등 준비를 했을 텐데, 이것을 같이 준비하다 보니 팀원들 간에 약간의 혼란이 있는 듯합니다."

이것만 과장이 차분하게 팀 상황을 설명했다. 사오정 차장이 말할 때와는 정 반대의 분위기였다.

"아 그렇군요. 자신의 역할과 업무가 변동이 없다는 전제와 혹시 업무 변동을 희망하는 사람들이 없는지 사전에 파악하는 것을 놓쳤네요. 제가 마음이 급했습니다."

"아닙니다. 팀장님 그런 뜻이 아닙니다. 다만 전체 일정을 확실하게 챙겼어야 했는데 저희들이 사전에 건의를 드리지 못한 불찰도 있습니다."

분위기에 맞춰 이것만 과장이 응대했다. 그래도 김 팀장은 미안한 듯 다시 술 한 잔을 권했다. 그때 사오정 차장이 잔을 거부하며 말했다.

"팀장님! 낮술이 좀 과하지 않나 싶습니다. 벌써 석 잔째입니다." 사 차장은 약간 짜증 섞인 목소리로 이야기했다.

"아, 그래요? 사 차장 미안합니다. 낮술에 제가 취했나 보네요."

김 팀장은 무안한 듯 머리를 가볍게 두드렸다. 점심을 푸짐하게 먹고 차에 올랐다. 약간의 취기가 올랐다. 운전은 이것만 과장이 했다. 이 과장도 얼굴이 불그레해졌다. 원래 술이 강하지 못한 사람이었다. 그러나 팀장이 주는 술이라 받지 않을 수도 없고 연거푸 석 잔을 마셨다. 돌아오는 길에서는 말이 없었다. 11월의 찬바람이 들판을 휘감아 돌았다.

팀장가이드

팀 효과성 진단(Team Effectiveness Diagnosis)

'측정할 수 없는 것은 개선할 수 없다.' 라는 말이 있다. 이 말은 변화와 개선을 위한 정량화의 중요성을 강조한 말이다. 조직진단은 현재 조직상태에서 바람직한 조직의 상태로 변화와 개선을 목적으로 한다. 조직을 진단하는 방법 중 하나가 설문지를 통한 조사방법이다. 이 설문지법은 정량화하기 어려운 사회적 현상을 객관적 구체적 정보로 보여 준다.

다음의 '팀 효과성 진단' 은 신임 팀장이 기존 조직이나 신규 조직의 현재 상황을 파악함으로써 바람직한 상태의 조직으로 변화 개선하기 위한 분석 도구이다. '팀 효과성' 진단은 고高성과 팀을 만드는데 가장 기본이 되는 4가지 측면, 즉 팀원 간의 신뢰형성, 팀의 방향성 설정, 팀워크 구축 및 성공체험을 통해 팀의 현 상황을 분석하는 도구이다.

이 진단은 혼자서 가능하지만 가급적 팀 전원이 함께 진단하고 응답 결과에 대해 서로의 의견을 나누어 봄으로써 개선의 요인과 방향을 찾을 수 있도록 도와준다.

1. 진단

다음 각 문항을 읽고 자신이 속한 팀의 현재 상황과 가장 가까운 사항에 체크한다.

각 항목에 대해 솔직하게 평가하며 너무 깊게 생각할 필요는 없다. 척도는 5점 기준이며 척도의 의미는 다음과 같다.

(5=매우 그렇다. 4=그렇다. 3=보통이다. 2=그렇지 않다. 1=매우 그렇지 않다.)

문항	설문 내용	응답
1	우리 팀원들은 상대방의 이야기를 귀담아 듣는다.	
2	우리 팀원들은 팀의 사명이나 역할에 의거 업무를 실행하도록 서로에게 조언한다.	
3	우리 팀원들은 우리 고객이 누구인가에 대한 일치된 의견을 가진다.	
4	우리 팀의 사명과 역할은 명확하게 설정되어 있다.	
5	우리 팀원들은 창의적으로 업무를 추진하거나 시도하는 것을 권장한다.	
6	우리 팀원들은 업무상 문제가 발생할 때, 서로가 돕는 것을 주저하지 않는다.	
7	우리 팀원들은 일상적인 팀 활동을 통해 성공을 체험한다.	
8	우리 팀원들은 각자의 능력에 부합하도록 업무가 배분되어 있다.	
9	우리 팀원들은 업무 수행 과정에서 서로에 대한 신뢰를 느낀다.	
10	우리 팀원들은 상대방의 이야기가 이해되지 않을 경우, 질문을 통해 구체화한다.	
11	우리 팀원들은 고객의 요구를 명확하게 이해한다.	
12	우리 팀의 비전 혹은 사명은 나의 비전 혹은 사명과 긴밀히 연계되어 있다.	
13	우리 팀원들은 고객 관련 문제가 발생할 때, 그것을 해결하기 위해 신속하게 행동한다.	
14	우리 팀원들은 다른 조직과 경쟁하기보다, 공동의 사명과 목표를 달성하기 위해 상호 협력한다.	
15	우리 팀원들은 현재의 업무 수행 과정에서 보람을 느낀다.	
16	우리 팀원들은 업무 수행 결과에 대해 상사로부터 적절한 피드백을 수시로 받고 있다.	
17	우리 팀원들은 상호 의견이 대립될 때, 충분히 공감할 때까지 서로 이야기한다.	
18	우리 팀원들은 동료의 업무 수행 결과에 대해 서로 칭찬해 준다.	
19	우리 팀원들은 고객만족의 중요성을 행동으로 보여 준다.	
20	우리 팀원들은 자신의 업무를 팀의 사명과 역할에 근거하여 실행한다.	
21	우리 팀원들은 문제나 과제에 직면할 때 회피하기보다는 팀 활동을 통해 해결가능하다고 생각한다.	
22	우리 팀원들은 업무 추진 과정에서 항상 충분한 협의를 거친 후에 실행한다.	
23	우리 팀원들은 현재의 업무 수행을 통해 자신이 성장할 수 있다고 생각한다.	
24	우리 팀원들은 업무 수행 결과에 대해 공정한 평가를 받고 있다고 생각한다.	

2. 결과 분석

각 문항에 기입한 점수를 아래 해당 칸에 채워 넣는다.

신뢰 형성		팀 방향 설정		팀워크 구축		성공 체험	
경청	설득	고객이해	사명수립	문제해결	협력	성과창출	성과관리
문항1 ( )	문항2 ( )	문항3 ( )	문항4 ( )	문항5 ( )	문항6 ( )	문항7 ( )	문항8 ( )
문항9 ( )	문항10 ( )	문항11 ( )	문항12 ( )	문항13 ( )	문항14 ( )	문항15 ( )	문항16 ( )
문항17 ( )	문항18 ( )	문항19 ( )	문항20 ( )	문항21 ( )	문항22 ( )	문항23 ( )	문항24 ( )
평균( )	평균( )	평균( )	평균( )	평균( )	평균( )	평균( )	평균( )
총평균( )							

진단 결과에 나온 점수들의 평균값이 의미하는 기준은 다음과 같다. 이 기준은 절대 기준으로 삼기보다는 조직변화의 참고 자료로 활용하길 바란다.

—4.3 이상 : 팀 효과성이 탁월한 수준으로, 필요한 경우 일부 항목의 개선을 시도한다.

—3.8~4.2 : 팀 효과성이 우수한 수준으로, 일부 항목에 대해 개선이 필요하다.

— 3.3~3.7 : 팀 효과성이 보통 수준으로, 다수의 항목에서 개선이 요청된다.

—2.8~3.2 : 팀 효과성이 미흡한 수준으로, 전체 항목에서 시급한 개선이 요청된다.

—2.7 이하 : 팀 효과성이 상당히 부족한 수준으로, 대대적인 혁신이 필요하다.

진단 결과 어떤 점수가 나왔는가를 떠나서 앞으로 어떤 방향으로 개선할 것인가에 초점을 두는 것이 중요하다. 왜냐하면 지금 좋은 결과가 나왔다고 항상 좋을 결과가 나오기는 어렵기 때문이다.

2장

마음으로 다가가기

팀 진단 결과

팀의 비전이나 사명이 개인의 비전 혹은 사명과 일치하지 않을 경우,
사람들은 자신의 업무에 불만족을 나타낸다.
또한 서로에 대한 신뢰 형성을 가로막는 장애요인으로 작용한다.

배부른 점심식사였다. 약간 취기도 올랐다. 김 팀장은 책상에 앉아 메일을 열었다. 벌써 수십 통의 메일이 들어와 있었다. 일일 보고, 사건사고 보고, 현황 보고로 가득 찼다.

'이것을 읽다 보면 오늘도 하루가 다 가겠구나, 어떻게 하면 메일을 줄일 수 있을까?'

푸념 아닌 푸념을 하는데 반가운 메일이 하나 있었다. 나최고 과장으로부터 온 답장 메일이었다.

안녕하세요 팀장님!

지난주에 요청하신 장비3팀의 현 상황에 대한 진단 결과와 그에 따른 팀장님의 역할에 대해 말씀드리고자 하오니 가능하신 시간과 장소를 회신해 주시면

찾아 뵙고 설명드리겠습니다.

나최고 과장 올림

김 팀장은 메일을 받고 진단결과에 대해 궁금해지기 시작했다. 김 팀장은 바로 나 과장에게 전화를 걸었다. 전화는 한 번의 신호음이 끝나기도 전에 연결되었다.

"예, 인재개발팀 나 최고 과장입니다."

"오, 나 과장! 반갑습니다. 보내준 메일 잘 받았어요. 벌써 진단결과가 나왔다고?"

"예, 지난주 요청 메일을 받고 3일 동안 간단한 설문지를 구성하여 장비3팀을 대상으로 인터넷 설문조사를 실시하였습니다. 그 결과가 정리되어 팀장님을 찾아 뵙고 설명드리기 위해 메일을 보냈습니다."

"고마워요. 나는 지금 시간이 괜찮은데, 나 과장은 어떤가요?"

"예, 저도 지금 괜찮습니다. 그럼 제가 팀장님 사무실로 올라가겠습니다."

"그럼, 우리 팀 옆 회의실 알죠? 거기에서 2시에 보도록 합시다."

두 사람은 서로 인사를 한 뒤 전화를 끊었다. 김 팀장은 자신도 모르게 가슴이 두근거리기 시작했다. 진단결과가 좋게 나올 것이라고 생각하지 않았지만 그래도 내심 기대가 되었다. 그때 나 과장이 숨을 헐떡이며 회의실 문을 열고 들어 왔다. 한 손에는 노트북을 한 손에는 유인물을 들고 왔다. 나 과장은 가볍게 인사를 한 뒤 A4용지로 잘 정리된 리포트를 김 팀장에게 건넸다. 그리고 노트북과 빔 프로젝트를 연결한 뒤 프리젠테이션을 준비했다.

준비하는 나 과장을 물끄러미 바라보면서 김 팀장이 말문을 열었다.

"나 과장, 나는 간단한 조사를 요청했는데 이렇게 설문조사까지 해 주다니 고마워요. 어디 결과를 볼까요."

"몇 분을 인터뷰하면서 설문조사의 필요성을 느꼈습니다. 많지는 않지만 전체 인원의 객관적 상황을 파악하기 위해서는 설문조사가 가장 신뢰도와 타당도가 높다고 판단되었습니다."

"그렇지. 아무래도 말로 하는 것은 개인의 주관이 개입되거나, 하고 싶은 말을 충분히 못하는 경향이 있지." 김 팀장은 짧게 맞장구를 쳤다.

"지금부터 지난주 3일 동안 장비3팀원들을 대상으로 실시한 〈팀 효과성 진단〉 결과를 보고 드리겠습니다."

김 팀장은 가만히 화면에 투영된 내용들을 눈으로 읽기 시작했다.

"보고는 설문조사 개요, 결과 종합, 각 영역별 세부 내용 순으로 설명드리겠습니다."

나 과장은 천천히 파워포인트 슬라이드를 넘기면서 설명을 이어갔다.

"먼저 설문조사 개요입니다. 총 19명 중에서 15명이 응답하여 설문 응답율은 79%입니다. 설문 문항은 4개 영역으로, 신뢰 형성, 팀 방향 설정, 팀워크 구축, 성공체험으로 총 24개 문항으로 구성하였습니다. 설문 문항은 구성원 인터뷰를 토대로 구성하였습니다. 설문의 척도는 5점 기준의 만족도를 활용하였습니다.

설문 결과, '팀 효과성' 전체 평균이 3.1점이 나왔습니다. 이것은 팀 효과성이 낮은 수준으로 전반적인 개선이 시급히 요구되는 상황입니다. 계층별로 보면 대리 계층이 가장 낮게 나왔고 다음으로 사원, 과장 순입니다."

"3.1점이라는 게 어떤 의미입니까?" 김 팀장은 굳은 표정으로 이야기했다.

"3.1점은 5점 척도에서 볼 때 보통의 수준이지만, 사회통계 기준으로 볼 때 약간 미흡한 상태이며 개선이 요구되는 상황입니다. 일반적으로 3.8은 넘어야 우수한 팀 효과성 수준이며, 적어도 3.3은 넘어야 보통 수준이라고 볼 수 있습니다."

"그러면 우리 팀은 보통 이하의 수준이라고 볼 수 있네요." 김 팀장은 낮은 신음 소리를 내며 의자 등받이 쪽으로 몸을 기댔다.

"설문 전 인터뷰에서도 구성원들은 팀의 비전에 대한 문제, 팀원들 간의 갈등, 일부 구성원들의 이직 현상, 그리고 성과 창출과 인정에 대한 어려움 등에 대한 애로사항을 이야기하였습니다. 그러한 이야기들이 설문결과에 반영되었다고 봅니다. 물론 이것은 팀장님의 부임 이전의 상태라고 볼 수 있으며 오히려 팀장님의 활동 여하에 따라 결과가 향상될 여지는 더욱 높다고 볼 수 있겠습니다."

"다음은 각 영역별 응답결과입니다. 먼저 '신뢰 형성'에 대한 결과를 보면, 5점 기준에 3.0입니다. 설문평균보다 약간 낮은 수준이죠. 특히 '팀원에 대한 상호 신뢰'와 '팀의 사명과 역할에 의한 설득' 그리고 '상호 칭찬'이 낮게 나타났습니다."

"다른 항목보다 이 세 가지 항목에서 낮게 나타난 이유가 무엇이라고 봅니까?" 김 팀장이 침묵을 깨고 질문을 했다.

〈장비3팀 '팀 효과성' 설문 결과〉

구분	설문 내용	응답
신뢰 형성	우리 팀원들은 상대방의 이야기를 귀담아 듣는다.	3.2
	우리 팀원들은 업무 수행 과정에서 서로에 대한 신뢰를 느낀다.	2.9
	우리 팀원들은 상호 의견이 대립될 때, 충분히 공감할 때까지 서로 이야기한다.	3.0
	우리 팀원들은 팀의 사명이나 역할에 의거 업무를 실행하도록 서로에게 조언한다.	2.8
	우리 팀원들은 상대방의 이야기가 이해되지 않을 경우, 질문을 통해 구체화한다.	3.2
	우리 팀원들은 동료의 업무 수행 결과에 대해 서로 칭찬해 준다.	2.9
팀방향 설정	우리 팀원들은 우리 고객이 누구인가에 대한 일치된 의견을 가진다.	3.5
	우리 팀원들은 고객의 요구를 명확하게 이해한다.	3.3
	우리 팀원들은 고객만족의 중요성을 행동으로 보여 준다.	3.1
	우리 팀의 사명과 역할은 명확하게 설정되어 있다.	3.2
	우리 팀의 비전 혹은 사명은 나의 비전 혹은 사명과 긴밀히 연계되어 있다.	2.8
	우리 팀원들은 자신의 업무를 팀의 사명과 역할에 근거하여 실행한다.	3.3
팀워크 구축	우리 팀원들은 창의적으로 업무를 추진하거나 시도하는 것을 권장한다.	3.5
	우리 팀원들은 고객 관련 문제가 발생할 때, 그것을 해결하기 위해 신속하게 행동한다.	3.5
	우리 팀원들은 문제나 과제에 직면할 때 회피하기보다는 팀 활동을 통해 해결 가능하다고 생각한다.	3.2
	우리 팀원들은 업무상 문제가 발생할 때, 서로가 돕는 것을 주저하지 않는다.	3.3

	우리 팀원들은 다른 조직과 경쟁하기보다, 공동의 사명과 목표를 달성하기 위해 상호 협력한다.	3.1
	우리 팀원들은 업무 추진 과정에서 항상 충분한 협의를 거친 후에 실행한다.	3.2
성공 체험	우리 팀원들은 일상적인 팀 활동을 통해 성공을 체험한다.	3.0
	우리 팀원들은 현재의 업무 수행 과정에서 보람을 느낀다.	2.9
	우리 팀원들은 현재의 업무 수행을 통해 자신이 성장할 수 있다고 생각한다.	2.8
	우리 팀원들은 각자의 능력에 부합하도록 업무가 배분되어 있다.	3.3
	우리 팀원들은 업무 수행 결과에 대해 상사로부터 적절한 피드백을 수시로 받고 있다.	3.1
	우리 팀원들은 업무 수행 결과에 대해 공정한 평가를 받고 있다고 생각한다.	3.2

"금번 설문은 팀 효과성의 현 수준에 대한 것으로 원인 파악은 포함하지 않았습니다. 다만 인터뷰를 통해 추측해 보건데, 지난 팀장님의 재임 동안 서로 지지 않기 위해 경쟁이 심했던 것과 상호 업무의 교류가 부족한 것도 한 원인이라고 볼 수 있습니다. 무엇보다 팀장님께서 '원 팀 플레이One Team Play'를 강조하지 않은 것이 팀 갈등을 낳은 원인이라고 생각됩니다. 팀원들은 팀장님이 이끄는 대로 따르는 경향이 강합니다."

김 팀장은 눈을 감은 채 묵묵히 답변을 듣고 있었다. 나 과장은 잠깐 숨을 고른 뒤 설명을 이어갔다.

"다음은 '팀 방향 설정' 입니다. 팀 방향 설정은 전체 평균보다 약간 높은 3.2점입니다. 여기서 낮은 항목으로는 '고객지향 실천' 과 '팀과 개인의 비전/사명의 연계성' 입니다."

김 팀장은 나 과장의 설명을 들으면서 속으로 속삭였다. '점수가 낮다는 것은 그만큼 개선의 여지가 크다. 이번 설문의 결과가 가지

는 긍정적 측면을 보자.' 생각의 바다에서 빠져 나왔을 때 나 과장은 벌써 팀워크 구축에 대해 설명하고 있었다.

"다음은 '팀워크 구축' 입니다. 조직의 기둥이 되는 '신뢰 형성' 과 '팀 방향 설정' 이 어느 정도 완비되면 구성원 간의 '팀 워크 구축' 이 성과를 만드는 중요한 역할을 합니다. 장비3팀의 팀워크 구축은 3.3점으로 전체 평균보다는 약간 높은 수준입니다. 각 항목별로 보면 '내부 협력' 보다는 '외부 협력' 의 점수가 약간 낮게 나왔습니다. 그만큼 다른 팀들과 협력보다는 경쟁의식이 강하다고 볼 수 있습니다. 이것은 다른 팀의 설문에서도 유사한 응답 결과를 보입니다."

나 과장이 잠시 설명을 멈춘 채 김 팀장을 바라보았다. 그는 아직도 무언가를 생각하는 듯 눈을 감은 채 설명 내용을 가만히 듣고 있었다. 나 과장은 설명을 계속했다.

"끝으로 '성공체험' 입니다. 전체 평균과 비슷하지만 성과창출 항목의 평균이 다른 항목 평균보다 낮은 2.9점입니다. 세부 항목을 보면, '일을 통한 직무 만족' 과 '자아 실현' 의 항목이 낮게 나타났습니다."

그 때 갑자기 김 팀장이 눈을 뜨며 자리에서 일어났다. 그리고 질문을 했다.

"성공체험도 낮은 편이지만 직무 만족과 자아 실현이 더 낮게 나타난 것은 어떤 의미인가요?"

"전반적으로 볼 때 팀에서 업무 수행에서 성공 경험을 느끼지 못하고 있으며, 업무 수행 과정에서 직무 만족이나 자아 실현을 느끼지 못하는 상태라고 볼 수 있습니다. 이것은 '팀 방향 설정' 영역 중에서 '팀과 개인의 비전/사명의 연계성' 과도 상관관계가 높은 것으로 나타났습니다."

"그래요. 팀의 비전이나 사명이 개인의 비전, 사명과 일치하지 않는다는 것이죠. 그래서 사람들이 떠나가고 구성원 간의 신뢰 형성에도 장애가 되겠네요. 이것이 문제의 핵심이라고 볼 수 있겠군요."

"저도 그렇게 생각합니다. 구성원들과의 인터뷰에서도 그런 결과가 나왔습니다. 특히 대리 사원 계층에서 자신의 비전이나 사명에 대해 고민하는 사람들이 많았습니다. 비전 혹은 사명의 불일치가 자신의 업무에 대한 불만족으로 나타나거나, 서로에 대한 신뢰 형성을 가로 막는 장애로 작용하고 있습니다. 그러나 개인의 비전이나 사명을 조직의 비전과 사명에 일치시키는 것은 쉬운 작업이 아닙니다. 또한 개인의 성향차도 크고요. 먼저 팀장님과 구성원 상호간의 신뢰 형성이 먼저 되어야 합니다. 마음의 문을 열지 않고는 비전과 사명에 대해 논의하더라도 수박 겉핥기 식으로 전개될 가능성이 많습니다."

"고마워요. 나 과장! 나 과장이 곁에 있어서 든든합니다. 세부 내용들과 개선방안에 대해서는 좀더 생각해 보도록 하지요. 오늘 저녁에 식사를 같이 하면서 어떻게 하면 우리 장비3팀을 최고 팀을 만들 수 있을지에 대해 같이 이야기해 보는 것이 어떨까요? 그리고 나 과장의 인터벤션에 대한 제안도 좋고요."

"과찬의 말씀입니다. 저는 다만 팀장님의 요청에 몇 가지 조사만 했을 뿐입니다. 그럼 오늘 저녁식사를 하면서 저의 생각을 말씀드리도록 하겠습니다."

"그래요, 7시 정도면 괜찮을 것 같네요. 장소는 어디가 좋을까? 혹시 좋아하는데 있나요?"

"팀장님 편하신 대로 하시죠."

"그럼 복어 좋아하나요? 날도 추운데 뜨끈한 국물에 소주 한 잔 합시다. 회사 근처 일품복어탕 아시죠. 거기서 봅시다." 김 팀장은 일어나면서 나 과장의 손을 맞잡았다.

"이거 정말 고생 많았습니다. 나 과장!"

"고맙습니다. 팀장님! 그럼 저녁 7시에 뵙겠습니다."

나 과장은 밝은 미소를 가득 띠며 감사했다. 나 과장이 나가는 뒷모습을 김 팀장은 한참이나 바라 보았다.

마음매니지먼트

팀원 상호 간의 신뢰와 팀워크가 최고의 팀을 만든다.

밀린 업무를 정리하니 벌써 6시 30분이 지났다. 김 팀장은 차를 몰고 근처 일품복어탕 집으로 향했다. 나 과장은 벌써 자리를 잡고 앉아 있었다.

"오, 나 과장. 벌써 와 있었구먼."

"좀 전에 왔습니다. 바쁘실 텐데 이렇게 식사까지 고맙습니다."

"아니야 내가 고맙지. 돈으로 따질 수 없는 소중한 정보를 나에게 주었는데. 오늘 서베이 결과 보고 정말 고마워요. 나에게도 많은 시사점을 주었다네."

"고맙습니다. 팀장님! 참 요즘은 어떻게 지내시는지요?"

"뭐 그렇지, 아직은 업무를 파악하는 단계라 많이 바쁘지는 않아. 내년도 살림살이 준비하면서 개인별 목표기술서도 받고 있지. 개인별로 적정 업무가 배분되었는지, 업무의 성과는 어떠한지 그리고 개인별 실적도 체크하고 있고."

"대부분의 팀장님께서 팀을 맡아서 처음 하시는 일이 바로 업무보고와 차년도 업무계획입니다. 그렇지만 팀원들은 업무도 중요하지만 팀장님이 어떤 분이신지, 앞으로 팀을 어떻게 이끌어 가실지에 대한 방향을 궁금해 하지 않을까요?"

김 팀장은 머리를 한 대 얻어맞은 기분이었다. 자신도 모르게 자신이 싫어하는 관행적인 팀장의 행동을 그대로 밟고 있었기 때문이었다.

"그렇구먼, 나도 업무보고와 업무계획만 요구했지, 구성원들의 신뢰를 쌓기 위한 활동은 하지 못했네."

"혹시 팀장님, 팀원들과의 면담 계획은 세우셨는지요?"

"모두들 업무가 바빠서 일정을 잡지 못했네. 어차피 업무보고서와 내년도 업무계획서가 들어오면 그것을 가지고 이야기할 예정이지."

"좋은 생각입니다. 업무계획서를 가지고 면담하기에 앞서, 먼저 팀원들과 대화의 자리를 만드시는 것이 중요하지 않을까 싶습니다."

"그렇겠군. 참, 우리 음식은 시켰나?"

"이야기를 하다 보니 주문하는 것을 깜빡 했습니다. 팀장님 무엇을 드시겠습니까?"

"이 집은 복지리가 맛있지. 시원한 복지리탕 하고 복튀김 한 사발 달라고 해요. 날도 추운데 뜨거운 국물과 얼큰한 콩나물무침이 술

안주에는 최고지."

나 과장이 주인을 불러 급히 주문을 하고 술을 가져왔다. 두 사람은 소주를 서로 따라 주며 오랜 벗인 양 잔을 쳤다. 잠시 두 사람은 말이 없었다. 어색한 침묵을 깨고 김 팀장이 말했다.

"나 과장, 오늘 오후의 설문 결과는 나에게 충격이었어요. 그렇게 낮은 결과가 나올 줄은 몰랐지. 정말 엉망인 팀을 맡았구나 하는 생각과 어떻게 헤쳐 갈지를 생각해 보았는데 좀처럼 갈피를 잡을 수가 없네. 어디서부터 시작하면 좋을까?"

김 팀장은 술 잔을 비웠다. 나 과장도 따라 마셨다. 그리고 천천히 김 팀장의 빈 술잔을 채웠다.

"팀장님, 제가 조금 전 팀원들과 대화의 자리가 필요하다고 제안했던 것 기억하시죠."

"그럼, 기억나지."

"팀원들과 진솔한 대화의 자리를 통해 서로가 소통할 수 있는 통로를 만들어야 합니다. 팀원들과 대화의 자리라 하면 무슨 간담회를 생각할 수 있는데, 그것보다 개인에 대한 궁금한 사항을 서로가 묻고 답할 수 있는 자리, 그러니까 팀장님 자신의 생각을 피력할 수 있는 자리입니다. 예를 들어 어시밀레이션Assimilation이라는 프로그램이 있습니다. 이에 대한 적합한 번역어가 없어 영어를 그대로 사용하고 있습니다."

"어시밀레이션?"

"어시밀레이션은 미국 GE에서 유래하였는데, 새로 부임한 임원이나 신임 리더에 대해 전 구성원들이 자연스럽게 이야기를 나누게 해서 짧은 시간 안에 새로 들어온 리더를 이해할 수 있는 신뢰 형성 프로그램입니다."

음식이 들어오고 서로의 잔을 치는 와중에도 나 과장의 이야기는 청산유수처럼 이어졌다. 나 과장은 어시밀레이션의 진행에 대해서도 자세하게 설명했다. 김 팀장은 불그레한 얼굴빛에도 그 진행 방법과 룰을 하나 하나 새겨 들었다. 이윽고 김 팀장은 자신의 술잔을 나 과장에 권하면서 말머리를 돌렸다.

"나 과장님, 이제 그대를 나의 리더십 코치로 삼아야 할 것 같군요. 부디 물리치지 마시길!"

김 팀장은 짐짓 무릎을 꿇는 모습을 취하려 했다. 그때 나 과장이 말리면서 말했다.

"아니 팀장님, 왜 이러십니까. 어찌 한낱 과장 나부랭이가 감히 팀장님의 코치가 될 수 있겠습니까?"

"아니야. 자네는 리더십 코치가 될 만한 전문 능력과 자질을 가졌어. 나를 좀 도와주게나."

"그렇게 말씀하시니, 부족한 저의 능력이지만 팀장님의 리더십 향상에 도움이 될 수 있도록 최선을 다하겠습니다."

"고마워, 어려운 청을 받아 줘서. 앞으로 도움이 필요할 때 내가 연락을 함세. 정기적으로 만나기는 어려울 것 같고. 적어도 한 달에

한 번씩은 만나자고. 같이 식사도 하고 말이야."

"알겠습니다. 필요할 때 연락 주시면 제가 찾아 뵙거나 메일을 드리도록 하겠습니다."

두 사람은 벌써 십년지기가 된 것처럼 서로를 치켜 세웠다. 다시 술잔이 돌고 홍겹게 마셨다. 다시 김 팀장이 말문을 열었다.

"오케이. 그건 그렇고. 오늘과 같은 우리 팀의 난국을 헤쳐 나가기 위해 필요한 신임 팀장의 역할은 무엇이라고 보는가?"

"제가 먼저 말씀드리기에 앞서 팀장님께서 생각하시는 신임 팀장의 역할은 무엇이라 생각하십니까?"

"글쎄, 조직의 목표가 성과창출이니까 팀장의 역할 또한 성과창출을 위한 성과관리에 초점을 두어야 하지 않을까?"

"맞습니다. 그런데 성과관리는 광범위한 내용이기에 좀더 세분화하였으면 합니다."

"그렇지, 성과관리를 세분화하면 일 관리와 사람관리로 나눌 수 있지. 일관리가 업무의 목표 설정, 실행과 확인의 프로세스와 시스템 중심이라면, 사람관리는 팀원들의 사기, 동기부여, 육성 뭐 이런 것들이 아닌가 싶네."

"역시 준비된 팀장이십니다. 팀장님이 보시기에 일관리와 사람관리 중에서 어느 것이 더 우선 사항이라고 생각하십니까?"

"글쎄, 둘 다 중요하지만 나는 일관리가 더욱 중요하다고 보네. 업무성과가 나야 조직도 있고 팀원도 있지 않을까?"

"맞습니다. 그렇지만 달리 생각해 보면, 성과는 누가 만드느냐는 것입니다."

"그것은 닭이 먼저냐 달걀이 먼저냐라는 질문과 같은 것이 아닐까?"

"다른 측면에서 질문을 드리면, 현재 장비3팀의 문제는 무엇인가 하는 것입니다. 사람 문제인가? 아니면 일에 대한 문제인가입니다."

"글쎄, 장비3팀의 실적을 보면 썩 좋은 것은 아니지. 불량발생률도 평균 이상이고, 장비고장건수도 낮은 편은 아니지. 거기에다 오늘 설문조사 결과를 보면, 구성원 간의 신뢰 형성, 팀 방향 설정, 구성원들의 직무 만족이나 자아 실현 정도는 현저하게 떨어져 있지. 사람의 문제도 중요하지만 우선 성과를 내야 하지 않을까? 팀의 성과가 만들어지고 상사로부터 인정을 받은 다음에 팀 방향이나 팀워크 등 사람에 대한 문제를 해결해야 하지 않을까?"

"팀장님께서 보시기에 팀 성과 문제의 원인은 무엇이라고 생각하시는지요?"

"장비 문제 아니면 프로세스의 문제, 혹은 사람들의 작동상의 오류겠지. 그렇구나! 장비나 프로세스 역시 사람들과 깊은 관련이 있지. 프로세스를 지키는지, 장비의 운영 규칙을 따르는지 모두 사람의 문제와 관계가 깊구먼."

"맞습니다. 현재 장비3팀의 상황을 보면 관리자가 2명이고 대리 3명에 모두 사원들입니다. 특히 입사 3년 미만의 사원들이 많습니다. 그들에게는 아직도 숙련이 더 필요하고 선배들의 관심과 지원이 필요합니다. 그러나 그렇지 못한 것이 지금까지의 상황이었습니다. 신입사원들은 방치되거나 제대로 된 훈련을 받지 못한 상태에서 업무로 몰린 경우가 많았습니다. 그러다 보니 불량이나 오작동의 문제가 발생하게 되었고요."

김 팀장은 고개를 끄덕이며 귀를 기울였다. 나 과장이 말을 이었다.

"또한 인터뷰 결과를 보면, 성과 평가에 대한 구성원 간의 갈등도 심한 상태입니다. 전임 팀장님께서 너무 성과에 집착하시다 보니 팀원들의 잔업과 주말 특근도 높은 편이었습니다. 그러다 보니 파트 간 성과에 대한 갈등이 인간적인 대립으로까지 확대된 상황이라 할 수 있습니다. 이런 문제를 종합해 보면 장비3팀의 문제는 성과보다는 사람들 간의 신뢰와 팀워크를 높이는 마음매니지먼트가 중요하다고 봅니다. 조직의 성과를 높이기 위해서는 먼저 그 사람의 마음을 사로잡아야 합니다."

"마음매니지먼트! 마음매니지먼트가 무슨 뜻인가?" 김 팀장은 천천히 한 음절씩 말하며 질문을 했다.

"마음매니지먼트는 사람을 단순한 관리의 대상으로 보는 것이 아니라, 오히려 사람의 마음을 어떻게 사로잡을 것인가에 초점을 둔 조직경영입니다. 어떤 조직도 사람의 마음을 사로잡지 않고서는 그 사람의 헌신과 몰입을 이끌어 낼 수 없습니다. 또한 구성원의 헌신과 몰입을 이끌어 내지 못하는 조직은 결코 성공할 수가 없습니다.

그러므로 리더는 구성원의 헌신과 몰입을 이끌어 내기 위해 마음매니지먼트에 총력을 기울여야 합니다. 오늘 사용한 설문지도 바로 조직 활성화 증진을 위한 마음매니지먼트 진단지입니다."

김 팀장은 마음매니지먼트라는 말을 처음 들었지만, 오늘 설문 결과가 보여 준 내용인 만큼 관심이 갔다. 김 팀장은 술잔을 옆으로 밀면서 탁자에 다가가 앉았다.

"마음매니지먼트의 핵심 요인은 네 가지입니다. 첫째, 팀원들의 이야기를 경청하며 때로는 자신의 논리를 설득시키는 신뢰 형성입니다. 둘째, 팀의 사명, 역할 및 목표에 대해 구성원들 간의 한 방향 정렬을 이루어 조직력을 형성하는 것입니다. 셋째, 조직 내 갈등과 문제해결 그리고 협력을 통한 팀워크의 구축입니다. 끝으로 팀 구성원들의 성과창출 및 성과관리에 의한 성공체험입니다. 이 4가지 요인을 통해 마음매니지먼트를 다질 수 있으며 이를 통해 구성원들의 헌신과 몰입을 자연스럽게 이끌어 낼 수 있습니다."

"마음매니지먼트가 사람의 마음을 사로잡는 것이다, 그 속에 조직의 성공이 달려 있다. 좋아! 그렇다면 우리 팀 문제에 대한 대책도 생각을 했겠구먼."

"크게 세 가지를 고려할 수 있겠습니다. 하나는 아까 말씀드린 어시밀레이션 프로그램입니다. 우선 팀장님에 대한 팀원들의 이해와 신뢰가 형성되어야 합니다. 어시밀레이션으로 신뢰가 바로 형성되는 것은 아니지만 이해의 기반을 제공할 수 있습니다. 쉽게 말씀드리면 팀장님의 코드에 대해 이해할 수 있게 되는 것이죠."

"음!" 김 팀장은 들릴 듯 말듯한 신음소리를 냈다.

"둘째는 팀 방향 설정 워크숍입니다. 팀장님께서 생각하시는 조직의 방향, 즉 사명과 역할에 대한 밑그림이 그려지면 팀원들과 함께 만드는 것이 중요합니다. 팀장님 혼자 다 만들고 선포하듯이 하

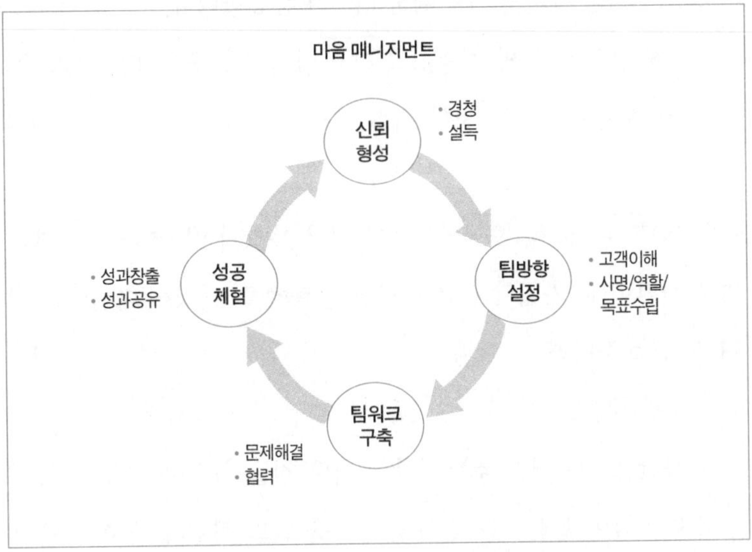

면 그것은 팀장님의 사명과 역할이 될 뿐이지 팀원들 자신의 사명과 역할로 인식하지 않을 것입니다. 팀워크 설정 워크숍을 하실 때 자료를 요청하시면 송부해 드리도록 하겠습니다."

"맞아, 나도 팀원일 때 팀장님이 만든 팀 비전 자료를 볼 때면 내 것이라는 느낌이 들지 않았지." 김 팀장은 남은 술을 천천히 마셨다. 그 사이 나 과장은 김 팀장의 잔에 술을 부으며 이야기했다.

"끝으로 중요한 것은 팀워크를 만들기 위한 팀 갈등해결 워크숍입니다. 이것은 상황을 보아가며 실시하는 것이 좋을 듯합니다. 지금 당장은 아니지만 팀장님께서 보시기에 팀의 갈등이 심화되고, 상호 간 신뢰의 벽에 금이 갈 때 실시하면 도움이 될 것입니다. 분명 효과가 있으려면 서로의 갈등이 첨예하게 드러나야 한다는 것입니다. 잘못하면 형식적인 행사로 그칠 수도 있습니다. 아울러 지속적인 동기부여와 사기 증진을 위한 대화가 중요합니다.

이렇게 신뢰와 팀 방향 형성 그리고 팀워크가 구축되면 성공체험이 쌓일 것이고 저절로 자아 실현과 직무 만족도도 향상될 것입니다."

"고맙네. 나 코치. 오늘 술 값이 전혀 아깝지 않구먼. 내가 복이 많은 사람이네. 자네와 같은 훌륭한 동료와 한 직장에 다닌다는 것이 말이야. 하하하~"

두 사람은 얼큰하게 취해서야 복어탕 집을 나왔다. 스산한 늦가을의 밤바람이 볼을 스치면서 술기운을 날려 버렸다. 몸이 오슬오슬 떨렸다. 김 팀장은 새로운 활력이 샘솟았다. '신뢰와 팀워크가 있어야 팀은 강하게 굴러갈 수 있지. 그래야 성과도 높일 수 있고.' 김 팀장의 마음은 벌써 장비3팀이 최고의 팀이 되어 다른 팀으로부터 찬사를 받는 장면이 떠 올랐다. 달은 벌써 중천에 떠 있고 두 사람은 어깨동무를 하면서 버스 정류장으로 비틀비틀 걸음을 옮겼다.

다가가기

팀원들과 같이 술 마시고 노래하며 즐긴다고 팀원들과 소통한 것은 아니다.
팀원들이 허심탄회하게 자신의 생각을 말하고 마음속의 고민들을
이야기할 수 있을 때 진실한 소통은 시작된다.

김 팀장은 아침 조회에서 오후에 전체 팀원들과 팀장의 대화의 시간인 어시밀레이션을 실시하겠다고 알렸다. 모두 어시밀레이션이 무엇인지 궁금해했다. 김 팀장은 간단하게 개념과 방법을 설명한 후, 자세한 것은 오후에 이야기하기로 했다. 우선 개인별로 팀장에게 궁금한 사항이나 질문할 것들을 접착쪽지에 정리해서 가지고 오게 했다. 팀원들은 무엇이 재미있는지 서로 킥킥거리면서 한 마디씩 내뱉었다.

오후 3시가 되어 팀원들은 3층 교육장에 모였다. 장비3팀은 총 19명으로 엔지니어 7명과 기사 12명으로 구성되었다. 7명의 엔지니어는 유지보수파트 4명과 기획파트 3명으로 구성되었다. 유지보수파트의 4명의 엔지니어는 각 3명의 장비기사들과 작업조를 구성한다.

기사들은 4조 3교대로 3명씩 돌아가면서 작업에 투입되었다. 현재 투입된 4명의 유지보수파트원을 제외하고 15명이 모였다.

김 팀장은 팀원들이 적어 놓은 질문들을 죽 읽어 내려갔다. 먼저 팀원들은 팀장에 대해 궁금한 사항들을 질문으로 제시해 놓고 잠시 자리를 비웠다. 삼삼오오 담배를 피러 가거나 화장실로 갔다. 자기들이 질문을 해 놓고도 뭐가 그리 재미있는지 웃음소리가 왁자지껄 소란스럽다.

'팀장님의 사원 시절 꿈은 무엇이었나요?'

'팀장님의 첫 키스 경험담을 듣고 싶습니다.'

'팀장님이 고속 승진하게 된 비밀이 무엇인가요?'

'팀장님은 다른 팀에 계실 때 장비3팀의 문제가 무엇이라고 생각하셨나요?'

'팀장님이 우리 팀원들에 기대하시는 사항이 있으시다면?'

'팀장님의 좌우명은 무엇입니까?'

'기존의 우리 팀원들 사이에는 보이지 않는 벽이 있습니다. 아시는지 모르지만 기획파트와 유지보수파트 사이에 보이지 않는 갈등이 있습니다. 팀장님께서는 이 문제를 어떻게 해결하고 싶으신지요?'

총 7가지의 질문이 접착쪽지에 적혀 있었다. 어디선가 바람이 들어왔는지 칠판에 붙여 둔 접착쪽지 몇 장이 떨어졌다. 창 틈으로 늦가을 바람이 제법 매섭게 불어 왔다. 김 팀장은 접착쪽지를 개인적인 질문과 업무적인 질문으로 분류하였다. 그리고 각 질문에 대해 잠시 생각해 보았다.

'어떤 질문에 대한 답을 먼저 할까?'

잠시 후 팀원들이 다 들어왔다. 김 팀장은 웃음 띤 얼굴로 질문지를 하나씩 떼어 읽어가며 이야기를 시작했다.

"먼저 개인적인 질문들에 대한 답을 먼저 하겠습니다. '팀장님의 첫 키스 경험담을 듣고 싶습니다' , 이게 궁금한가?"

"예."

일제히 와 웃으며 대답했다.

"글쎄, 언제더라. 결혼한 지가 12년째니 그전에 한 것 같은데. 아마 대학교 4학년 때로 생각나네. 지금의 아내가 그때 나와 같은 4학년이었지. 지금처럼 늦가을이었을 거야. 내가 아내를 쫓아다니던 시절이었으니까. 내가 다니던 서클 룸에 구경 갔었는데 그때가 마침 시험 때라서 그런지 서클 룸이 텅 비어 있더군."

"역사는 서클 룸에서 이뤄졌네요."

"그렇지. 한참 이야기를 하다가 둘이서 눈이 마주쳤지."

"와 불똥이 튀었네요."

사람들의 눈동자가 김 팀장에게 집중되었다.

"그때 갑자기 묘한 기운이 감돌더군. 역시 남녀 7세 부동석이야. 그때 내가 왜 그랬는지 모르겠어. 술도 먹지 않았는데. 여러분들도 그런 경험 있지?"

"예." "아뇨, 없어요." 각자 낄낄 웃으며 자신의 경험에 대해 수군거렸다.

"팀장님 그래서 어떻게 되었어요?"

"어떻게 되긴, 끝은 다 똑같지. 여러분도 그런 경험 있잖아."

"에이, 그래도 이야기해 주세요."

"오케이, 어떻게 하긴 갑자기 그녀가 여자로 보이는 거야. 그냥 막 끌려가더라고. 그래서 덥석 껴안고 뽀뽀를 했지."

"와와 멋있다." 여사원 한 명이 탄성을 질렀다.

"그럼 다음 질문으로 넘어갑시다."

김 팀장은 분위기를 바꾸려는 듯 다음 쪽지에 적힌 글자를 읽었다.

"다음 질문은 '팀장님은 사원 시절에 꿈이 무엇이었나요?' 입니다. 우리 팀원은 기사 포함해서 19명입니다. 모두 꿈이 있지요?"

"예.", "없어요." 등 여러 가지 대답이 들려왔다.

"그렇지, 있는 사람도 있고, 없는 사람도 있을 것입니다. 그러나 꿈이 있는 사람과 없는 사람의 가장 큰 차이가 뭔 줄 아세요?"

"꿈이 있는 사람은 펀드나 각종 통장을 가지고 있고, 없는 사람은 돼지저금통을 가지고 있습니다."

한 사람이 잽싸게 말했다. 모두가 와 웃었다.

"저의 사원 시절 꿈은 사장이 되는 것이었습니다. 회사라는 조직에 들어온 이상 꿈은 당연히 사장이라고 생각했습니다. 그런데 모두 그렇지가 않더군요. 물론 사장이라고 해서 다 사장이 될 수는 없겠죠. 그러나 내 일에 있어서는 내가 사장이라는 생각을 가져야 한다고 봅니다. 내 일은 사장보다 내가 더 잘 알고 더 정확하게 판단할 수 있으니까 내가 사장인 셈이죠."

갑자기 한 명이 박수를 치더니 덩달아 모두 박수를 치기 시작했다.

"세 번째 질문은 '팀장님의 좌우명은 무엇입니까?' 군요. 저의 좌우명은 진인사대천명盡人事待天命입니다. 모든 일에 성심 성의껏 최선을 다한 다음에 하늘의 결정을 따르자는 것입니다. 일을 하다 보면 즐거울 때도 있고 슬플 때도 있습니다. 일을 하면서 인정을 받을 때도 있고 그렇지 못할 때도 있습니다. 칭찬을 받기도 하고 질책을 받기도 합니다. 그러나 그 둘은 똑 같은 것입니다. 칭찬이 좋은 것이고 질책이 나쁜 것만은 아닙니다. 질책 없이 칭찬이 나올 수 없고 칭찬 없이 질책이 나올 수 없는 것입니다. 모두가 처음에는 생소하고 어렵습니다. 그것이 숙달되고 능숙하게 처리되기까지는 시간이 걸립니다. 여러분들도 그러한 경험을 하셨으리라 생각됩니다."

"와~"

모두 탄성을 지르며 박수가 터져 나왔다. 동감한다는 박수였다. 눈동자들이 점점 초롱초롱해졌다. 어느덧 팀원들은 김 팀장의 이야기에 빠져들며 한마음으로 이야기를 나누고 있었다. 어느 누구 하나 이 소중한 시간에 신임 팀장의 이야기에 빠져드는 것을 아까워하지 않았다. 그 이전까지는 어느 팀장들도 자신에 대해 말하기를 꺼려했기 때문이다.

"자, 시간이 꽤 지났네. 우리 10분 쉬었다가 계속해 볼까요?"

일제히 자리를 일어나 저마다 이야기를 나누며 흩어졌다. 그때 조급해 대리가 다가오며 꾸벅 인사를 했다.

"팀장님, 이런 시간이 참 재미있었습니다. 처음에는 바쁜데 이런 것을 왜 하나 싶었는데, 팀장님의 진솔한 이야기를 들으면서 말로만 듣던 팀장님의 모습과 다른 면을 발견하게 되었습니다."

"그래, 어떤 면이 다르다고 생각하나요?"

"다들 팀장님은 업무중심의 스타일로 스마트하고 강직한 성격의 분이라고 들었습니다."

"내가 그렇게 인식되고 있나? 하긴 그런 면도 있지. 그러나 사람은 양면을 모두 가지고 있다고 봅니다. 그러나 조직생활에서는 잘 나타나지 않을 때가 있지요. 그러나 저도 알고 보면 따뜻한 사람입니다."

조급해 대리는 다시 인사를 하고 돌아갔다. 김 팀장은 조용히 생각에 빠졌다. 그 동안 자신이 너무 업무중심으로 회사생활을 한 것은 아닌가 하는 생각이 들었다. 때로는 후배들과 사석에서 술도 마시고 노래방에서 같이 놀기도 했지만 그것이 팀원들과 진실한 소통은 아니었다. 팀원들은 팀장과 허심탄회하게 자신의 생각을 이야기하고 고민을 풀고 싶었던 것이었다. 그러나 팀장들은 너무 바쁘다.

팀원들의 이야기를 들어 줄 마음의 여유가 없었다. 사원들이 보기엔 김 팀장도 일밖에 모르는 상사로 비춰졌는지도 모른다.

경청

팀 내부의 갈등은 숨기기보다 드러내서 해결해야 한다.
갈등을 숨기면 해결되기보다는 속으로 곪아서
나중에는 터지게 마련이다.

김 팀장은 칠판을 바라보았다. 접착쪽지는 아직 4장이 남았다. 이제부터는 본격적인 업무와 관련된 이야기다. 여기서는 업무에 대한 가치관이 포함된 이야기가 될 수밖에 없다. 김성실 팀장은 쪽지에 적힌 글자를 뚫어져라 바라보았다.

'팀장님이 다른 팀에 계실 때 장비3팀의 문제가 무엇이라고 생각하셨나요?'

그가 오기 전에 장비3팀은 팀장과 팀원 간의 불화, 그리고 팀원 상호 간의 갈등으로 팀원들의 이직이 높았던 팀이었다. 특히 팀 내 파트리더인 사오정 차장과 이것만 과장 사이의 갈등은 결국 팀장과 사오정 차장 간의 갈등을 낳았고, 결국 그 일은 전임 팀장이 물러나는 계기가 되었다.

이 사실들을 어떻게 설명해야 할까? 고개를 들어 창 밖을 바라보았다. 오후의 부드러운 햇살이 차창에 드리워져 있었다. 시계는 4시를 가리키며 쉼 없이 돌아갔다. 마치 샐러리맨의 쳇바퀴 인생처럼 느껴졌다. 왜 회사에서는 저런 시계를 걸었을까? 그냥 전자식 시계여도 되었을 텐데, 웃음이 나왔다. 아직도 뾰족한 묘안이 떠오르지 않았다. 사실대로 이야기하기에는 너무 이르다. 그렇다고 사실 아닌 다른 이야기를 꺼내기도 쉽지 않다. 그때 왁자하니 떠들면서 한 무리의 사람들이 들어왔다. 실내는 사람들의 온기로 따스하게 채워졌다.

"자, 이번에 이야기할 주제는 바로 우리 장비3팀의 문제가 무엇인가 하는 것입니다. 모두 아시겠지만 모든 팀은 저마다의 사정과 문제를 안고 있습니다. 저보다도 여러분이 우리 팀의 문제를 더욱 잘 아시리라 생각됩니다. 자 우리 팀의 문제가 무엇인지 한 사람씩 같이 이야기해 볼까요?"

"팀장님!"

"예?"

"저희들은 팀장님의 생각을 듣고 싶습니다."

"제 생각을 이야기하기 전에 먼저 다같이 우리 팀의 문제가 무엇인지 서로 공유하는 것이 중요합니다."

순간 모두가 조용해졌다. 얼마나 지났을까. 불과 10여 초의 짧은 순간이었지만, 무거운 침묵은 모든 사람과 주변을 얼어 버리게 했다. 문제가 심각할수록 그러한 문제를 드러내 놓고 이야기하기란 쉽지 않다. 그리고 어떤 조직이나 주도 세력과 기득권 세력이 있기 마련이다. 19명의 작은 조직이었지만 여기도 주도 세력이 있다. 침묵은 사람들이 서로의 눈치를 본다는 것을 의미한다.

"우리 팀의 문제는 팀의 문제에 대해 서로 이야기하기를 꺼린다는 것입니다."

왼쪽 앞 줄에 앉아 있던 나똑똑 사원이 정적을 깨고 말문을 열었다. 사원 2년차로 우수한 성적으로 입사한 인재였다. 장비엔지니어 분야의 핵심 인재로 성장할 가능성이 있는 친구였다. 김 팀장은 돌아서서 칠판에 큰 글씨로 적어 나갔다.

'팀의 문제에 대해 서로 이야기하지 않는다.'

"여러 문제가 있겠죠. 편한 마음으로 같이 이야기하는 시간이니까 또 다른 의견 있으신 분 이야기해 주세요. 꼭 술을 먹어야 속에 있는 이야기가 나오는 것은 아니잖아요?"

먼저 이것만 과장이 나섰다.

"팀장님, 우리 팀에는 별문제 없어요. 괜히 다른 팀 사람들이 사소한 문제를 부풀려서 이야기해서 그렇지 별다른 문제는 없다고 봅니다."

김 팀장은 천천히 팀원들을 둘러보며 말했다.

"저는 우리 팀이 문제 있는 팀이라고 생각하지 않습니다. 다만 모든 조직이 그 나름의 문제를 가지고 있듯이 우리도 그 무슨 문제를 가지고 있을 거란 것이죠. 어쩌면 가장 큰 문제는 우리의 문제를 정확하게 잘 모른다는 것입니다. 마치 위암에 걸린 환자가 계속 자신의 병을 모른 채 술을 마시고 담배를 피우는 행위와 같은 것이죠. 몸에서 주는 신호를 무시하고 계속 술과 담배를 하다가는 급기야 손을 쓸 수 없는 지경이 되어서야 자기가 아프다는 것을 자각하는 것이죠. 그때는 너무 늦어 버린 것입니다. 치료하기에 너무 늦은 때에는 별다른 손을 쓸 수가 없습니다. 저는 우리 팀원들이 서로의 문제에 대해 허심탄회하게 이야기하고 개선하기를 바랍니다. 그것이 문제해결을 위한 지름길이죠. 그럼 먼저 아까 나똑똑 사원이 제기한 문제를 가지고 같이 이야기해 봅시다. 우리 팀 사람들은 팀 내 문제에 대해 왜 서로 이야기하지 않을까요?"

나똑똑 사원이 계속 말을 이어갔다.

"제 생각엔 의견충돌을 꺼리기 때문입니다. 서로 의견이 충돌하다 보면, 감정이 상하게 되고, 그러면 같이 생활하는데 여간 불편한 것이 아닙니다."

"의견 충돌은 주로 어떤 형태에서 많이 일어나는지요? 상하 간인가요, 아니면 동료 간의 커뮤니케이션 오류인가요?

이번에는 조급해 대리가 조용히 속삭이듯이 말했다.

"둘 다입니다."

김 팀장은 조급해 대리에게 시선을 던졌다.

"조 대리님, 혹시 예를 들어 설명해 주실 수 있나요?"

조 대리는 잠시 멈칫 했다. 이리저리 사람들의 눈치를 보다가 드디어 입을 열었다.

"상하 간의 문제 발생은 팀원들이 팀장이나 상사의 지시나 명령에 구체적인 확인 없이 시키는 대로 한다는 것입니다. 상사가 하자는 대로 하는 것이 옳을 때도 많습니다. 그러나 이 세상에 어떤 리더가 모든 문제를 모두 정확하게 인지하고 있겠습니까! 그렇게 하려면 현업에서 일어나는 모든 일들에 대해 정확하게 알고 있어야 합니다."

"조 대리님이 핵심을 잘 집어서 설명해 주셨네요. 그러면 팀 동료 간의 문제란 어떤 것이 있을까요?"

"팀 동료 간에는 훨씬 복잡합니다. 동료 간이란 같은 팀원 혹은 다른 팀원들 간의 관계입니다. 특히 그 문제가 같은 팀 내 동료 간의 문제라면 훨씬 복잡해집니다."

"무슨 의미인지 쉽게 이해가 되지 않네요. 예를 들어 설명해 주시겠어요?"

김 팀장과 조 대리 간의 주고 받기식 질의 응답은 계속 이어졌다.

"동료 간에도 트러블이 생깁니다. 내가 말한 뜻은 그게 아닌데, 상대 쪽에서는 민감하게 받아들이는 경우가 있습니다. 그럴 때는 서로 섭섭한 감정이 생기거나 감정이 폭발하는 경우도 있습니다."

"혹시 조 대리님도 그런 경우가 있나요?"

"예, 저도 있습니다. 몇 번을 이야기했는데 말뜻을 이해하지 못하는 동료에게 화를 낸 적이 있습니다. 지나고 나서 생각하니까 지금은 후회가 됩니다. 그 친구도 많이 힘들었을 텐데."

조 대리는 잠깐 지난 날을 생각하듯 말을 멈췄다가 다시 말을 이었다.

"모두 그런 경우가 있다고 봅니다. 동료 간에는 쉽게 말하기도 하고 터놓고 편하게 이야기하다가 오히려 오해를 사는 경우가 있죠. 제가 사원일 때였습니다. 옆 파트에 6개월 늦게 들어온 후배이면서 나이는 동갑인 동료가 있었어요. 저는 막 대리로 진급한 때이고 K씨는 아직 사원인 때였습니다. 저와 비슷한 업무를 하고 있었지만 옆 파트의 동료라 함부로 이야기할 수 없는 처지였습니다. 그런데 K씨가 담당하는 장비에 문제가 터진 겁니다. 저 역시 그 장비의 담당자로서 문제 발생에 따른 호출을 받고 달려갔었죠."

조대리는 실제 상황을 이야기하 듯 자세히 묘사했다.

"막 달려가 보니까 그 혼자서 이리 저리 장비를 둘러 보고 있는 겁니다. 마침 선임 사원과 파트리더가 다른 업무로 자리를 비웠고, 제가 그 장비에 대한 책임을 져야 했었죠. 저는 장비 점검 리스트를 보면서 문제가 뭐냐고 물었습니다. 그는 5번 라인 노광기의 도포작업에서 갑자기 불량이 발생했다는 것입니다. 도포작업 시 체크사항을 제대로 체크했냐고 물었죠. 그는 다 체크했다고 했습니다. 저는 믿을 수 없어 장비 체크 항목을 가져 오라고 했습니다. K씨는 금일 장비 체크사항은 다 준수했다고 하였습니다. 제가 우선 급한 불을 끄고 K씨에게 질문했습니다."

다음은 조대리와 K씨와의 일문일답 내용이다. 조대리는 약간씩 흥분하기 시작했다.

"장비를 제대로 체크한 것 맞아요?"

"제대로 했습니다."

"이제 저한테 거짓말까지 하네요. 온도 체크가 제대로 안 되어 있잖아요?"

"기존의 체크리스트를 보니 제대로 된 실측치의 값이 아니라 기존의 데이터를 그대로 옮겨 적었던데요."

"온도는 실측치를 그대로 계산해서 적어야 하잖아요?"

"실측치를 알려면 장비 꼭대기까지 올라가야 하는데, 아니 장비 꼭대기까지 올라가서 확인하는 사람이 몇이나 됩니까? 중앙 보드에 나타나는 값들을 믿고 진행하죠."

"아니, 그게 무슨 말이야? 그렇게 하는 사람이 없다니? 그렇게 하라고 규정에도 나와 있잖아!"

"아니, 조 대리님. 왜 갑자기 반말을 하십니까? 저도 배울 만큼 배우고 나이도 삼십이 넘었습니다. 아무리 잘못을 했다고 해도 그렇게 막말을 하셔도 되는 건가요?"

"뭐라고? 보세요. 제가 지금 감정적으로 일 처리를 하고 있나요? 사실이 아닌 거짓을 이야기하니까 제대로 하라고 하는 것 아닙니까?"

"설사 제가 잘못을 했다고 해도 그렇게 말씀하시면 기분 나쁘죠."

조 대리는 지난 날을 이야기하며 실제로 화가 난 듯이 보였다. 격앙된 말투에 모두들 조용히 듣고만 있었다. 안됐다는 듯이 조 대리를 보는 사람이 있는가 하면, 조 대리의 심정을 이해한다는 듯이 고개를 끄덕이는 이들도 있었다.

"그때는 한참을 서로 씩씩거렸습니다. 조금 더 나갔으면 서로 주먹을 썼을지도 모릅니다. 지금 생각해 보면 아무것도 아닌데 말입니다. 그때는 경험과 노하우가 부족해서 서로가 물러설 수 없었던 거죠."

조 대리는 자리에 앉았다. 잠시 침묵이 흘렀다. 이윽고 김 팀장이 말을 이었다.

"중요한 것은 문제의 원인이 어디에 있는지, 그것을 해결하기 위해서는 다른 사람들과 어떻게 협조해서 처리할 것인지를 생각하는 것이 중요합니다. 서로 마음을 열고, 서로를 이해해 주어야 문제를 해결할 수 있습니다. 더구나 중요한 문제에 대해서는 서로가 양보하고 서로를 인정해 주는 태도가 중요합니다. 이 때 감정은 금물이지요. 감정은 일을 망치게 하는 경우가 많습니다. 팀 내 문제는 이것 외에도 더 있겠지만, 오늘은 여기까지 하고 다음 질문으로 넘어가겠습니다."

차마 사오정 차장과 팀원들 간의 갈등에 대해서는 말을 꺼내지 못했다. 오늘은 시간 관계상 거기까지 진행하기에는 아직 뾰족한 대안이 없는 상태였다. 다만 오늘은 팀 내부의 갈등을 드러내서 공유하고 해결해야 할 필요성을 공감하는 것으로 충분했다.

설득

위기를 돌파하기 위해서는 강한 팀이 되어야 한다.
그러기 위해서 팀장은 팀원들이 자신의 일에 대한 열정과
전문성을 토대로 팀워크를 이끌어 내도록 끊임없이 이야기해야 한다.

팀원들이 두 번째 휴식을 마치고 자리에 돌아왔다. 김 팀장은 다시 진행을 시작했다.

"자, 이제 마지막 시간이네요. 저는 이런 시간을 통해 서로에 대해 이해하고 나의 업무 스타일과 가치를 공유함으로써 팀의 시너지를 높이고 팀 성과를 높이고 싶습니다. 물론 여러분 자신의 의견을 잘 말씀해 주셔야 더 많은 것을 서로 공감할 수 있다고 봅니다."

"자, 그럼 다음 질문으로 넘어 갈까요? '팀장님이 고속 승진하게 된 비밀이 무엇인가요?' 네요."

김 부장은 잠시 주위를 둘러보았다. 모두들 궁금한 듯 귀를 쫑긋 세우고 있었다. '지금 이 사람들은 간절히 나를 원하고 있는 거야.' 김 부장은 속으로 이렇게 생각하며 말문을 열었다.

"저의 승진 연수를 보면 아시겠지만 고속 승진은 아닙니다. 물론

사원에서 대리, 대리에서 과장을 달 때, 남들보다 1년은 빨랐지요. 그때는 작았던 회사 규모가 막 성장을 거듭해서 그만큼 커졌을 때였거든요. 벌써 10년 전이네요. 지금과 같은 상황과는 많이 달랐죠. 공장을 지을 때마다 일주일에 3일 정도는 공장에서 보낼 때가 많았습니다. 집에 가서는 그냥 옷만 갈아 입고 다시 공장에 출근해서 라인 셋업을 지켜보면서 밤을 지새우곤 했습니다. 물론 지금도 신규 공장을 셋업하는 분들은 고생이 많지요. 그 덕택에 조금 빨리 승진할 수 있었죠. 그 다음부터는 다른 사람들과 같이 올라 갔습니다."

"팀장님! 그래도 남들보다 2년은 빨리 가셨잖아요?"

"그렇죠. 그러나 빠른 만큼 고생도 어려움도 많았죠. 당연히 경험은 부족한데 더 많은 일들이 할당되니 몸이 엉망이 되곤 했어요. 그리고 조직생활 하다 보면 결국은 부장에서 다 만나게 돼요. 왜 당구 칠 때 당구공 알다마 다 친 뒤에 쿠션 칠 때 되면 거기서 다 만나잖아요. 1~2년 빠르고 늦는 것, 그것이 중요한 것이 아닙니다. 그 과정에서 자신이 무엇을 배우고 어떤 능력을 갖추었느냐가 중요합니다. 여러분도 직장생활에서 한해 두해 보내면서 여러분 스스로를 평가해 보세요. 내가 작년보다 어떤 능력이 탁월해졌는가를. 그렇지 못하고 작년이나 올해나 똑같은 일을 똑같은 방식으로 한다면 발전은커녕 퇴보와 같은 것입니다. 승진은 다른 사람이 시켜 주는 것이 아니라 스스로가 시켜 준다고 생각합니다. 그것이 타인중심의 삶이 아닌 자기중심의 삶을 살게 해 줍니다. 세상은 노력한 만큼 다 돌아옵니다."

갑자기 주변이 숙연해졌다. 김 부장은 말을 멈추고 칠판을 보았다. 아직도 질문이 2개나 남았다. 시간관리를 해야 하는데 하면서 새로운 질문지를 보았다. 그 곳에는 좀 긴 질문이 적혀 있었다.

'팀장님, 기존의 우리 팀원들 사이에는 보이지 않는 벽이 있습니다. 아시는지 모르지만 기획파트와 유지보수파트 사이에 보이지 않는 갈등이 있습니다. 팀장님께서는 이 문제를 어떻게 해결하고 싶으신지요?'

"여러분 이 질문은 전 시간에 했던 '우리 팀의 문제가 무엇이라고 생각하십니까' 하는 문제와 비슷하네요. 저는 우리 팀원들 사이에 벽이 있다고는 보지 않습니다. 다만 일부 사람들이 벽이라고 느낄 수도 있다고 봅니다. 이 내용이 진짜 문제라고 생각되면 그때 별도의 조치나 말씀을 드리겠습니다. 아직은 잘 모르겠네요. 혹시 누가 설명해 주실 분 계시나요?"

"……."

"꼭 적은 사람이 말하지 않아도 좋습니다. 이렇게 느끼고 있는 것은 뭔가 문제가 있기 때문입니다. 다시 한 번 이 질문과 관련된 사항에 대해 의견을 주시면 고맙겠습니다."

아무런 대답이 없었다. 그때 김 부장은 아직 팀원들이 자신에 대한 믿음이 확고하지 않다는 것을 깨달았다. '아직 갈 길이 멀구나. 신뢰는 몇 시간의 팀 활동으로 생기는 것은 아니구나.' 하는 생각을

하게 되었다.

"자, 그럼 마지막 질문으로 넘어갈까요. '팀장님이 우리 팀원들에게 기대하는 사항이 있으시다면', 좋은 질문입니다. 저는 우리 팀원들이 열정, 전문성, 그리고 팀워크, 이 3가지를 가진 사람이 되었으면 합니다. 먼저 열정은 모든 일의 근간이 됩니다. 안도현 님의 시 〈너에게 묻는다〉에 보면, 다음과 같은 구절이 있습니다.

'연탄재 함부로 발로 차지 마라. 너는 누구에게 한 번이라도 뜨거운 사람이었느냐.'

저는 이 시를 생각할 때마다 열정이란 단어의 중요성을 느끼게 됩니다. 열정은 스스로 불 붙어 활활 타오르는 것입니다. 물론 연탄도

누군가 초기에 불씨를 붙여 주어야 합니다. 그 불씨의 역할을 리더가 하는 것이라면, 그 다음 타는 것은 스스로 타야 하는 것입니다. 저도 여러분이 스스로 활활 타는 사람이 되었으면 좋겠습니다."

김 부장은 팀원들을 천천히 둘러본 다음 말을 이었다.

"다음으로 전문성입니다. 전문성은 프로정신입니다. 어떤 일을 하는데 자신의 역량이 부족하면 아무리 해도 성과에 한계가 있습니다. 또 아무리 탁월한 전문 지식이 있다고 해도 그것을 상품화하는 능력과 끈기가 없다면 소용없는 것입니다. 전문성은 지식 차원을 넘어 기술과 끈기를 합한 개념입니다."

사적인 질문을 했을 때와는 다른 진지함이 가득 차오르고 있었다. 몇 사람은 고개를 끄덕이고, 또 다른 사람들은 뭔가 결심한 듯 의지에 불타고 있었다.

"끝으로 팀워크입니다. 팀워크는 조직의 성공에 가장 중요한 요소입니다. 개인이라면 열정, 전문성만으로 성공할 수 있지만, 조직으로 일하기에는 팀워크가 필수적입니다. 능력이 좀 부족하고 인력이 적어도 성공할 수 있는 이유는 바로 팀워크가 있기 때문입니다. 팀워크가 강한 조직은 대충 일하는 법이 없습니다. 최고를 지향하고 서로의 부족한 점을 메워 주며 서로를 부둥켜 안고 같이 가는 조직입니다. 특히 사원들이 많고 중간 계층이 적은 조직의 경우 팀워크가 무엇보다 중요합니다. 오늘날 개인주의시대, 개성시대라고 하여 개인을 존중하는 것은 좋습니다. 그러나 그 개성이 자신만을 위한 이기주의적 의미라면 저는 단연코 반대합니다. 그렇다고 집단주의로 흘러서도 안 되겠지요. 개인의 개성을 존중하되 전체 팀의 시너지를 중시하는 활동이 무엇보다 중요합니다."

갑자기 한 사람이 치기 시작한 박수는 삽시간에 전체로 퍼졌다. 여기 저기서 '와' 하는 함성이 흘러 나왔다. 사실 그런 의도는 아니었는데, 오랜만에 일장 연설을 한 기분이다. 김 부장은 탁자 위의 물을 한 컵 마신 뒤에 다시 한 번 강조하듯이 말했다.

"우리는 오늘날과 같이 경기가 침체기에 빠지고 시장 환경이 악화되는 위기 상황을 극복하기 위해서는 강한 팀이 되어야 합니다. 그러기 위해서 우리 팀원들이 자신의 일에 대한 열정과 전문성을 토대로 서로 도와가며 팀워크를 이끌어 냄으로써 성과를 창출하는 사람이 되었으면 합니다. 그러면 조직은 자동적으로 성과를 창출하여 고高성과 조직으로 거듭날 수 있습니다. 저는 여러분을 믿습니다. 여기에 모이신 모든 분들이 자신의 일에 대한 뜨거운 열정을 가지고 일하고 있고, 각자 분야에서 최고의 역량을 가지고 있거나 준비하고 있는 것으로 알고 있습니다. 스스로 끊임없이 공부할 때 전문성은 더욱 빛이 납니다. 그리고 팀워크도 의심하지 않습니다. 우리가 좀더 열린 마음으로 생각하고 행동한다면 팀워크는 먼 이야기가 아니라 우리의 행동 그 자체가 팀워크라고 생각합니다. 자, 오늘 어시밀레이션은 여기까지 하는 것이 어떨까요? 혹시 다른 질문이나 궁금한 분이 계시다면?"

"팀장님, 이런 시간이 너무 좋아요. 서로의 생각을 알 수도 있고, 저희들도 팀장님에 대해 알게 된 좋은 시간이었다고 봅니다. 앞으로도 이런 시간을 더 가지실 계획은 없으신지요?"

"좋은 질문입니다. 저는 이번 한 달 동안 이런 시간을 좀 더 가지도록 하겠습니다. 오늘은 저와 여러분의 생각을 공감하는 첫 세션이었다면, 다음에는 우리 장비3팀이 가진 갈등이나 문제에 대해 팀원 여러분과 함께 고민하고 토론하는 시간을 가지도록 하겠습니다. 별다른 질문 없으시면 오늘은 여기까지 진행하고 각자 자리로 돌아가도록 합시다. 수고 많았습니다."

모두 오늘의 워크숍에 만족한 듯 힘찬 박수소리가 울려퍼졌다. 사람들은 자리를 일어서며 각자의 책상과 의자를 원래의 위치로 정리했다. 그리고 말도 하지 않았는데 자신이 가져 온 과자나 음료수는 스스로 치우기 시작했다. 김 팀장은 돌아가는 사람들의 표정과 행동을 유심히 보았다. 그 속에서 이 사람들의 변화와 가능성에 대해 다시 한 번 확신하게 되었다.

사람들은 한 번의 워크숍으로는 마음을 터놓지 않았다. 그러나 조금씩 서로의 생각을 이해하면서 마음의 문을 열기 시작했다. 오늘의 워크숍을 통해 신뢰는 상대방의 이야기를 온 몸으로 들어 주는 경청과 상대방의 마음을 움직이는 설득의 과정을 통해서 형성됨을 깨달았다.

김 팀장은 아직은 모두가 이런 생각은 아니겠지만, 한두 명씩 늘어나다 보면 모두가 한마음으로 움직여 줄 것이라 확신했다. 3시간 동안의 집중에 따른 피로가 창 너머 노을처럼 밀려들기 시작했다.

팀장회의

카리스마의 시대는 지나갔다.
이제 서로 소통하는 마음매니지먼트가
탁월한 성과를 만든다.

잿빛 하늘에 찬바람이 겨울을 더욱 재촉한다. 낙엽은 어느덧 거리의 천덕꾸러기가 되고 쌓이는 즉시 청소부 아저씨의 빗질에 쓸려간다. 외투 깃을 한껏 올려도 찬바람의 냉기가 생생하게 느껴지는 아침이다. 사무실에 올라와 시계를 보니 7시 20분이었다. 잠깐 몸을 녹이고 바로 공장장실로 이동했다. 매주 월요일 7시 30분에 3공장 산하 팀장회의가 있는 날이다. 팀장회의는 각 팀 별로 주요 업무를 보고하고 주요 이슈 상황을 공유하며 문제 사안에 대해 협의하는 회의이다.

금주 업무보고 자료를 챙기고 공장장실로 들어서니 벌써 생산관리 3팀 안대로 팀장, 생산3팀 이혜성 팀장, 품질3팀장인 최고다 팀장이 자리에 앉아 있었다. 모두 한쪽에는 다이어리, 반대편에는 주간업무보고 자료와 커피가 놓여 있었다. 박 공장장만은 찻잔을 앞에 놓고 이야기를 나누고 있었다. 서로 인사를 한 뒤 박 공장장이 말문을 열었다.

"오, 신임 팀장 오셨구먼. 그래 부임 1주일이 되었는데 우선 김성실 팀장의 1주일을 보낸 소감부터 들어 봐야지."

"고맙습니다. 공장장님 이하 세 분 팀장님께서 많은 협조와 조언을 해 주셔서 잘 적응하고 있습니다. 그리고 팀원들로부터도 업무보고를 통해 업무를 파악하는 중입니다."

"참, 장비3팀에서 지난주에 어시밀레이션이라는 프로그램을 했다지요?"

"그렇습니다. 팀원들과 함께 약 3시간 동안 저에 대해 궁금한 사항을 토대로 같이 이야기하고 공유하는 시간이었습니다."

"팀원들 사이에 반응이 좋았다지요? 공장에서도 벌써 소문이 자자하더군요."

"예, 반응이 좋았습니다. 서로 알고 싶은 내용을 허심탄회하게 이야기하다 보니 팀원들과의 벽이 사라지고 의사소통이 조금씩 원활해진 것 같습니다. 팀원들의 마음을 열기 위한 첫 번째 워크숍입니다."

"그런데, 어시밀레이션이 무엇입니까?"

잠자코 듣고 있던 생산3팀장이 질문을 던졌다. 그는 팔짱을 끼고 있었는데, 그는 의심이나 불만이 생기면 무의식적으로 팔짱을 꼈다. 의심이 깊어지면 다리를 꼬고 팔짱을 끼며 의자 등받이에 몸을 묻곤 했다. 장비3팀이 잘하고 있다는 소문에 역시 색안경을 끼고 보았다. 공장에서 카리스마라면 이 카리스마라고 불려오지 않았던가!

“예, 어시밀레이션이란 신임 팀장이나 임원 등 신임 리더들이 좀 더 빨리 조직에 적응하도록 하기 위한 프로그램입니다. 구성원들과 한자리에 모여 신규 리더에 대해 궁금한 사항을 질문하고 대답하는 형식으로 진행하는 미팅을 말합니다.”

“그래요? 별로 대단한 것도 아니네. 그냥 신임 팀장과의 대화 뭐 이런 것 아닙니까?”

생산3팀장은 역시 빈정거리듯 말했다. 그냥 질 수 없는 김성실 팀장이었다.

“예, 기존의 신임 팀장과의 대화와 비슷한 성격이지만, 진행 방식은 전혀 다릅니다. 기존의 방식이 일방적으로 묻고 답하거나 하는 리더중심의 방식이었다면, 어시밀레이션은 구성원 중심의 방식으로 그들의 궁금한 사항을 풀어줌으로써 리더가 조직에 빨리 적응할 수 있도록 도와주는 방식입니다.”

“김 팀장님.” 생산3팀 이혜성 팀장이 눈을 내리깔면서 이야기했다.

“무슨 소리야, 팀원들 궁금한 사항을 들어준다고! 애들을 좀 풀어주면 기어 오르고, 좀 잘해 주면 만만하게 보는 것이 요즘 애들이야! 첫 만남에서 애들 기 팍 죽여야 하지 애들 기 잘못 살려 주다간 팀장 하는 동안 고생이라니까. 아직 김 팀장은 팀장 역할을 좀더 해봐야 내 말이 무슨 뜻인지 알겠구먼.”

이혜성 팀장의 카랑카랑한 목소리가 회의실을 뒤덮었다. 김성실 팀장은 뭐라 할 말을 찾지 못하고 그냥 이혜성 팀장을 부릅뜬 눈으로 바라볼 뿐이었다. 무거운 분위기를 안대로 팀장이 녹여 주었다.

"이 팀장님이 너무 심하게 말하는게 아닌가 모르겠네. 요즘 친구들을 그렇게 막대했다간 다 나갈 걸, 요즘은 예전과 달라. 얼마나 귀여움 받으면서 좋은 것 먹으면서 큰 사람들인데. 조그만 말에도 상처받는 것이 요즘 세대라고. 세대가 달라지면 리더십의 방법도 달라지는 것이지. 나는 김성실 팀장의 말에도 일리가 있다고 봅니다.

그리고 신임 팀장이 부임했을 때 구성원들과 이야기하는 것은 좋은 시도라고 봅니다. 요즘과 같은 시대에는 신세대 구성원들의 취향을 반영하여 쌍방향의 커뮤니케이션을 활성화할 필요가 있습니다. 김 팀장님, 언제 그런 다양한 조직활성화 기법을 알고 계셨나요?"

"예, 좀 도움을 받고 있는 사람이 있습니다. 우리 인재개발팀의 나최고 과장이 그 분야에 대해서는 꽤 많은 방법론과 노하우를 가지고 있습니다. 저도 그 친구한테 많은 정보와 지식을 배우고 있습니다."

"그래요, 저도 알지요. 우리 회사의 연수 프로그램은 조직 성과에 기여하는 것이 많지요. 또 나최고 과장이 조직활성화 프로그램에도 전문가라고 하더군요."

박 공장장은 찻잔을 받쳐 들면서 말했다.

"좋습니다. 장비3팀의 새로운 시도가 팀의 성과 향상과 연결되고 팀장의 조직 장악에 도움이 되길 바랍니다. 그럼 업무회의로 넘어갈까요?"

팀장들은 자세를 바로잡고 모두 진지해졌다.

"벌써 12월 둘째 주입니다. 올해는 예년보다 조직 개편을 일찍 단행한 만큼 각 팀별로 올해 실적을 토대로 내년도 계획 수립에 만전을 기해 주시기 바랍니다. 그럼 각 팀별로 주요 업무와 이슈 사항을 공유토록 합시다."

보통 발표 순서는 생산관리팀, 생산3팀, 품질3팀 그리고 장비3팀의 순으로 진행되었다. 그런데 오늘따라 공장장은 역순으로 장비3팀부터 먼저 하자고 제안했다. 김성실 팀장은 주간 주요 업무를 보고한 뒤 금주 이슈로 고질 불량 해결 현황을 설명하였다.

각 팀별로 주간 업무와 주요 이슈를 공유한 뒤 각자 팀으로 돌아갔다. 역시 시간은 정확히 8시 20분이었다. 8시 30분 업무 시작을 위해 모든 회의는 50분 이내로 끝내는 운동을 추진하고 있다. 리더그룹부터 솔선수범하는 것이 구성원 전파에는 최고다. 김 팀장은 조금 전 이혜성 팀장의 말이 계속 귀에 맴돌았다. '좀 잘해 주면 만만하게 보는 것이 요즘 애들이야, 첫 만남에서 기를 팍 죽여야 해.' 그러나 김 팀장은 그러고 싶지 않았다. 그런 강압적인 카리스마가 아니더라도 서로 소통하는 마음매니지먼트로 성과를 높일 수 있다고 확신했기 때문이다.

팀장가이드2

어시밀레이션(Assimilation)

어시밀레이션은 우리말로 '동화同化' 라고 한다. '동화' 의 사전적 의미는 '개인 또는 집단이 다른 개인이나 집단의 태도나 감정을 취득하여 경험이나 전통을 공유共有하기에 이르는 사회과정, 또는 이러한 사회과정에서 생겨나는 사회관계의 균형상태' 를 말한다.

이러한 어시밀레이션의 개념을 기업에서 처음 사용한 회사가 바로 미국 GE사이다. GE는 신규 조직 책임자가 새로 부임해 왔을 때 1~3개월 이내에 리더와 구성원이 참여하여 구성원의 기대사항, 관심 및 궁금증에 대해 리더에게 답변 기회를 제공함으로써 상호 이해를 통해 팀워크를 형성하기 위해 실시했다.

어시밀레이션이 성공하기 위해서는 첫째, 필요에 근거한 적절한 상황과 시기를 선택한다. 둘째, 리더와 구성원의 열린 마음과 적극적인 자세가 필요하다. 셋째, 퍼실리테이터의 원숙한 진행 스킬이 중요하다.

어시밀레이션의 진행 프로세스 및 운영 규칙은 다음과 같다.

1. 진행 프로세스

구분	내용		시간
사전 준비	–리더와 사전미팅 실시: 프로세스를 설명하고 리더의 커미트먼트commitment를 확보		D-2주
Assimilation 실시 (D-day)	구성원의 의견 취합	–참석자 전원 입장 하에 취지 및 그라운드 룰 설명 –리더 퇴장 후 리더에 대한 질문/의견 취합 및 게시	90분
	리더의 검토	–구성원 퇴장 후 리더 입장 –구성원 의견에 대한 리더의 답변 준비	30분
	리더의 답변	–구성원 의견에 대한 리더의 답변 –구성원 보충 질문 및 리더의 답변	90분
사후 관리	–모니터링 및 개선: 심층 면담을 통해 보완 및 신규 조직 대상 추가 실시		D+1개월

2. 구성원들의 주요 질문 내용

1) 신임 리더에 대해서 이미 알고 있는 사항은?

2) 신임 리더에 대해 잘 모르고 있거나 알고 싶은 사항은?

3) 신임 리더가 구성원(팀)에 대해 알아야 할 사항은?

4) 신임 리더에 대한 구성원의 기대는?

5) 신임 리더에 대한 구성원의 관심 사항은?

3. 진행 규칙

1) 리더는 특정 의견의 질문자가 누구였는지 물어 보지 않는다.

2) 리더는 부정적인 정보를 환영해야 한다.

3) 리더는 특정 질문에 대해서 답변하지 않을 수 있다.

4) 참가 구성원은 모든 질문에 1개 이상의 의견을 내도록 한다.

5) 참가 구성원은 모든 질문에 솔직하게 답변한다.

마음매니지먼트 원칙 1

신뢰는 상대방의 이야기를 온몸으로
들어 주는 경청과 상대방의 마음을 움직이는
설득의 과정을 통해 형성된다.

3장

팀 방향 설정하기

사직서

사람 관계에서 어려움과 조직에 대한 비전이나
사명의 상실은 이직으로 연결되는 방정식이다.

"팀장님, 잠시 드릴 말씀이 있습니다."

점심 식사 후 자리에 앉기 무섭게 김치국 대리가 면담을 신청했다. 김 팀장은 힐끔 김치국 대리의 눈을 바라보았다. 김 대리는 눈을 피해 창 쪽을 바라보았다. 약간 초조한 표정과 뭔가 숨기고 있는 낌새가 예사롭지 않았다. 갑작스런 팀원들의 면담 요청에 팀장들은 가슴이 철렁 내려앉는다.

"그래 무슨 좋은 일이 있어? 오랜만에 휴게실에 가서 커피 한잔 할까? 마침 배도 부르네."

김 팀장은 짐짓 태연한 척 했다. 김 대리가 무슨 말을 하던 편안한

분위기를 만들기 위해 애를 썼다. 휴게실은 넓은 칸막이 사무실을 지나 중앙의 통로 맞은쪽 모퉁이에 있다. 최근 사원만족을 위해 회사에서 현대식 휴게실로 리모델링을 했다. 사방에 나무를 배치해서 딱딱한 사무실 공간에 밝은 자연풍의 분위기를 자아내게 했다. 또한 세련된 디자인의 컬러풀한 의자는 마치 카페의 한 면을 옮겨 놓은 듯한 분위기를 연출했다. 이 사무실 속의 자연 속에서 두 사람은 말없이 자판기의 커피를 뽑아 모퉁이 의자에 앉았다. 아직 몇몇 테이블에서 사람들이 사무실로 돌아가지 않은 채 이야기꽃을 피우고 있었다. 먼저 김 팀장이 말문을 열었다.

"요즘 하는 일은 어때, 바쁘지 않아?"

"괜찮습니다. 사 차장님께서 많이 배려해 주셔서……."

김치국 대리는 머리를 긁으면서 김 팀장의 눈길을 피했다.

"그래, 내게 무슨 할 말이 있다고 그랬지. 무슨 일이 있나?"

김치국 대리는 안주머니에 손을 넣어 흰 봉투를 꺼냈다. 그리고는 탁자 위에 봉투를 올려 놓았다. 흰 봉투에는 어설픈 한자로 '辭職書' 라는 글자가 적혀 있었다. 팀장 발령 3주 만에 들어온 사직서였다. 머리를 망치로 한 대 얻어 맞은 기분이었다. 두 사람은 잠시 아무 말이 없었다. 김 팀장이 파트리더 시절에 이직 의사를 밝힌 팀원들을 경험한 적이 있었다. 그 때는 팀장에게 보고하기 전이어서 술을 먹거나 이리 저리 회유를 하기도 했다. 파트리더 선에서 처리하지 못하면 팀장에게 보고를 해서 팀장이 처리하곤 했다. 그 때와 지금은 다르다. 지금은 팀장인 김 팀장이 마지노선이었던 것이다. 팀장에게 사직서를 제출한다는 것은 벌써 마음을 굳게 먹고 다 결정한 후인 경우가 많다. 이것은 일방적인 통보이지 면담이 아닌 것이었다. 김 팀장은 솟아 오르는 화를 억누르고 이야기를 이어 갔다.

"사 차장과는 사전에 이야기를 했나요?"

"아직 못했습니다. 미처 이야기를 나눌 틈이 없었습니다."

"그래요. 급하게 퇴직해야 할 특별한 사유가 있었나요?"

"그 동안의 시간이 제게는 무척이나 힘든 시기였습니다."

"무엇이 힘들었다는 것인지. 우리 회사의 문화, 주어진 업무, 아니면 사람들과의 관계인가요?"

"일이 늦게 끝나는 것은 힘은 들어도 참을 만합니다. 그리고 팀 사람들의 보이지 않는 벽과 차별은 견디기 힘든 때도 있었습니다. 그러나 무엇보다 힘들었던 것은 장비엔지니어로서 비전이 보이지 않았다는 것입니다. 저의 꿈은 장비개발 연구원이 되는 것이었습니다. 새로운 장비나 기술을 개발하여 그것을 상용화해서 사람들이 사용하고 행복해하는 것을 꿈으로 삼아 왔습니다. 그러나 장비엔지니어라는 공장 장비의 유지 보수 역할에는 만족을 느낄 수가 없었습니다."

김 팀장은 잠시 말을 잊었다. 사람 관계에서 어려움과 조직에 대한 비전 상실은 이직으로 연결되는 방정식이다. 둘 중에 하나만이라도 큰 이유인데 두 가지가 겹치면 백약이 무효하다. 어찌할 것인가? 보낼 것인가, 잡을 것인가? 김 팀장은 그냥 보낼 수가 없었다. 팀장이 된 지 채 한 달도 되지 않은 자신에게 이것은 용납할 수 없었기 때문이다. 자신에게 아무런 기회를 주지 않은 김 대리가 야속하기까지 했다.

김 팀장은 주머니 속에서 핸드폰을 꺼냈다. 천천히 번호를 눌렀다. 2시로 예정된 팀 내 불량대책 회의에 참석이 어렵다고 이야기했다. 그리고 이것만 과장에게 금일 회의를 진행하게 했다. 김 팀장은 짧은 시간이지만 온전히 김 대리 이야기에 집중하고 싶었다. 조직에서 사람에 대한 문제보다 더 중요한 일은 없기 때문이었다.

김 팀장은 천천히 핸드폰을 주머니에 넣으면서 생각했다.

'김치국 대리의 지난해 고과는 B였다. 아직 2년이 지나지 않았기 때문에 더 이상은 알 수가 없다. 이전의 회사에서도 그렇게 탁월한 실적을 냈다고는 볼 수 없었다. 어쩌면 아직 김 대리의 진짜 실력을 보일 수 있는 기회가 없었을 수도 있었다. 그 동안의 생활을 보면 파트리더인 사오정 차장이나 다른 팀원들로부터 두터운 신임을 얻지는 못했다. 그렇다고 왕따를 당한 것도 아니다. 어쩌면 스스로의 자격지심인지도 모를 일이다. 다시 김 팀장은 이야기를 이어갔다.

"김 대리, 그 동안 결정하는 과정에서 마음 고생이 많았을 거라 생각됩니다. 앞으로 무엇을 할 계획입니까?"

"현재 규모는 작지만 장비개발 연구원으로 오라는 회사가 있습니다. 12월까지 근무하고 다음 1월에 출근하라는 통보를 받았습니다."

역시 결정이 난 뒤의 통보였다. 그러나 여기서 물러설 김 팀장이 아니었다. 꼬인 문제는 하나씩 풀어가야 했다.

"개발 연구원이라면 김 대리가 원했던 업무이네. 그렇지만 어떤 회사라도 지금과 같은 위기 상황이나 경영환경이 급변하는 상황에서는 언제 어떻게 될지 모르지. 그 회사에 대한 경영상황에 대해 좀 더 알아 볼 필요가 있다고 봅니다. 더구나 급여나 복리후생 측면에서 편익도 계산해 봐야 할 것입니다."

"물론 여기보다 급여가 적습니다. 그러나 과장 진급과 개발 업무를 할 수 있는 연구원이라면 무엇보다 큰 장점이라고 생각합니다."

"물론 내가 그것을 무시하는 것은 아닙니다. 개발 연구원의 꿈을 실현할 수 있다는 것은 큰 것이라고 생각합니다. 그러나 회사가 있어야 개발 연구도 할 수가 있습니다. 가고자 하는 회사의 상황을 보다 면밀하게 살펴본 후에 결정해도 늦지 않다고 봅니다."

김 대리는 무언가 골똘히 생각하는 모습이었다. 아무 말 없이 듣고만 있었다.

"김 대리, 내가 알기로는 우리 회사에 입사할 때 개발 연구원이 아니라 장비엔지니어로 채용된 것으로 알고 있는데, 맞나요?"

"예." 김 대리는 마지못해 대답했다.

"나는 김 대리의 결정을 막거나 부정하고 싶은 생각은 없습니다. 다만 김 대리가 인생의 후배이고, 나의 동료이기 때문에 몇 가지 이야기할게요. 어떤 회사든지 3년은 버터야 합니다. 1년은 배우면서 보내고, 2년은 있는 대로 따라 하면서 보내고, 3년은 되어야 자신의 방식대로 일 처리를 할 수 있다는 말이 있습니다. 아마 내 기억으로는 지난번 회사에서도 2년 정도 근무한 것으로 기억합니다. 여기서 또 자리를 옮긴다면 어쩌면 계속 회사를 옮겨 다닐지도 모릅니다. 어렵고 힘들더라도 한번 부딪쳐 보고 거기서 성과도 만들어 보고 이만하면 됐다라는 판단이 설 때까지 밀고 가는 것입니다. 그렇지 않다면 다시 한 번 재고해 봐야 하지 않을까요?"

"팀장님 말씀은 고맙습니다. 그리고 짧은 시간이었지만 팀장님에 대한 신뢰도 느꼈고요. 얼마 되지 않은 시간 속에서 갑작스럽게 이런 말씀을 드리게 된 점은 죄송하게 생각합니다. 그러나 저의 인생과 꿈을 위해 내린 결정에 대해 도와주셨으면 합니다."

김 팀장은 말이 막힐 수밖에 없었다. 김 대리는 자신의 방어막 속에서 옴짝달싹도 하지 않았다.

"김 대리 이번 결정에 대해 와이프나 가족, 친구나 주변의 동료들과 이야기를 나눴나요?"

"아내와도 많은 이야기를 했습니다. 100%는 동의하지 않았지만 저의 결정을 존중해 주었습니다."

"그렇군요. 아내가 100%로 동의하지 못한 이유에 대해 생각해 보았으면 합니다. 그리고 주변의 사람들과도 좀더 이야기해 보고요. 조금 전에도 이야기했지만 가고자 하는 회사에 대해서는 면밀히 파악해 보아야 합니다. 위기의 상황 속에서는 언제 어떻게 될지 아무도 모르기 때문입니다."

김 팀장은 말없이 책상 위의 흰 봉투를 다시 김 대리에게 밀면서 이야기했다.

"오늘은 이만하고 일주일 뒤에 다시 한 번 이야기해 봅시다. 김 대리도 그 때까지 한 번 더 생각해 보고요. 가더라도 절대로 후회하지 않을 것이라는 확신이 들면 그 때 다시 이야기합시다. 이것은 김 대리를 위해서 하는 말입니다. 그리고 이 봉투 본 적이 없는 것으로 할게요. 그리고 퇴직은 말로 하면 되지 이런 것 쓸 필요가 없습니다."

김 팀장은 일어서면서 김 대리의 어깨를 다독였다. 두 사람은 물끄러미 서로의 얼굴을 마주 보았다. 잃어버렸던 미소가 다시 두 사람의 얼굴에 감돌기 시작했다. 김 대리는 봉투를 다시 집어 들었다. 김 팀장이 책상 위의 컵을 주웠다. 황급히 김 대리가 자신이 정리하겠다고 했지만 김 팀장은 팔을 저었다. 커피 컵을 휴지통에 버리고 두 사람은 말없이 휴게실을 나섰다. 휴게실 밖 사무실은 벌써 업무의 열기로 후끈 달아 있었다.

한 방향 정렬

팀원들의 마음속에 팀의 사명과 역할이 공감되지 않는다면,
힘의 벡터가 한 방향으로 강하게 나가지 못하고
사방으로 지리멸렬해질 것이다.

김 팀장은 자리로 돌아와 앉았다. 다시 컴퓨터의 화면보호기 암호를 넣었다. 깜박이는 커서의 자리를 말없이 응시했다. 시계는 3시 5분을 가리키고 있었다. 건너편 회의실에서는 팀원들이 뭔가 열띤 토론을 하고 있었다. 2시에 시작한 불량대책회의였다. 평소에는 김 팀장이 주관하는 회의였지만 오늘은 이것만 과장이 대신 진행하고 있었다. 아직도 김 팀장은 컴퓨터의 바탕화면에서 더 이상 다른 화면으로 넘어가지 않고 있었다. 뭔가 골똘히 생각하고 있었다.

'보내 주는 것이 맞는가? 본인의 비전이 개발 연구원이라고 하는데……, 장비엔지니어가 꿈이 아니라면 굳이 잡아야 할까? 오히려 김치국 대리의 꿈을 접게 하는 것은 아닐까? 나의 욕심인지도 모른다. 그렇다면 왜 장비엔지니어인 줄 알면서 우리 회사에 들어왔을

까? 단순히 돈 때문인가? 다른 갈 곳이 없었기 때문인가?'

김 팀장은 미처 질문하지 못한 것들에 대한 아쉬움이 컸다. 장비3팀에 오기 전에도 이 팀에 팀원들의 사기가 떨어져 있고 팀 내 갈등이 있다는 이야기는 들었지만 막상 그 한가운데 자신이 서 있으니 막막할 따름이었다. 보내 줄 수도 그렇다고 붙잡을 수도 없는 진퇴양난의 상황이었다. 조직의 비전과 개인의 비전이 불일치할 경우처럼 어려운 경우는 없다. 비전이 다른 경우는 결국 조직을 떠나는 경우가 태반이었다. 그렇지만 모든 조직인들이 자신의 비전을 따라서만 생활하는 것은 아니다. 어떤 일을 하면서 비전을 찾는 경우도 많기 때문이다. 김 팀장은 인사 데이터 룸으로 화면을 옮겼다. 김치국 대리의 인사기록카드를 열었다.

1남 1녀의 장남으로 한국대학교 대학원 기계공학과를 우수한 성적으로 졸업했다. 그 해 D전자 개발팀에서 근무했다. 전자 장비의 기구물을 개발했다. 근무평점은 평균 B+로 보통이었다. 그 회사에서도 20개월을 근무했다. 그 때 이직 동기는 회사의 문화와 자신의 가치관이 달라 이직하였다고 했다. 자신의 장래 희망은 전자장비 개발자로 적혀 있었다.

개발 연구원을 꿈꾸는 친구가 개발이 아닌 장비의 유지관리를 담당하는 부서에 배치된 것부터가 아이러니였다. 우수한 자원이지만 자신의 비전과 조직의 비전이 맞지 않으니 떠나려고 하는 것은 당연한 일인지도 모른다. 그렇지만 최종 결정은 본인이 했던 것이다. 그것은 장비엔지니어로서의 역할을 수행하겠다는 의지가 아닌가. 그리고 그 시점이 지금이 아닐 수도 있다고 생각했다.

이전 팀장이 뽑았으나 그는 지금 없고 대신 파트리더인 사오정 차장에게 물을 수밖에 없었다. 마침 불량대책회의를 마치고 팀원들이 자리로 돌아왔다. 모두 심각한 표정이었다. 불량대책회의 자체가 대책이 없는 경우가 많다. 원인을 파악한 경우보다는 원인 불명의 불량들이 터지기 때문이다. 이러한 불량을 분석하고 원인을 파악하는데도 며칠이 소요되는 경우도 있다.

김치국 대리는 이미 현장으로 내려가 있었다. 김 팀장은 사 차장을 불렀다. 두 사람은 다시 회의실로 들어갔다. 김 팀장은 항상 예의 깍듯하게 존칭어를 사용했다.

"사 차장님, 오늘 회의는 잘 끝났습니까?"

"오늘은 지난 가을에 도입한 신규 노광기의 불량 발생에 대해 이야기를 나눴는데, 그것이 장비의 문제인지 아니면 장비 오퍼레이션상의 문제인지 아직 원인을 파악하지 못한 상태이네요."

그렇지 않아도 김 대리의 일로 마음이 언짢은 상태인데 회의결과 보고 투가 불만이 가득한 말투였다. 김 팀장은 솟아오르는 노여움을 누르고 본론으로 들어갔다.

"사 차장님, 김치국 대리가 이직을 신청했습니다. 혹시 사전에 알고 계신 것이 있습니까?"

"아니요. 그 녀석이 드디어 사고를 쳤고만요. 내 그럴 줄 알았습니다. 영 일하는 것이 시원찮고 하는 일마다 사고를 쳤지요. 한 달 전쯤에 단단히 혼을 냈지요. 장비에 불량이 발생한다고 아무런 보고도 없이 혼자 멀쩡한 장비를 뜯어서 분해하고 있지 뭡니까. 모든 불량이 장비 불량으로 판단된 것도 아닌데 혼자 판단해서 장비를 뜯었지요. 그래서 분해 조립하다가 고장이 생기면 어떡하냐고 단단히 혼을 내 주었지요. 그런 일이 한두 번이 아닙니다. 6개월 전에도 한번 그래서 야단을 쳤는데. 뭐 자신이 보기에는 장비 결함이라고 판단했다고 하지만 정확히 여러 사람의 의견을 들어서 처리하는 것도 아니고 독단적으로 판단해서 처리하지 뭡니까. 그런 친구는 조직에 융화할 수 없는 친구니까 빨리 보내는 것이 사전에 사고를 방지하는 경우가 될 수 있을 것입니다."

사 차장은 씩씩거리며 김 대리의 태도와 업무방식에 대한 불만을 터뜨렸다. 아직도 화가 풀리지 않은지 사 차장은 연방 김 대리를 나무라듯이 이야기했다. 김 팀장은 왜 김치국 대리가 떠나려고 하는지 이제야 감이 왔다. 관리지향적인 사 차장과 호기심 많고 꿈이 많은 김 대리는 맞지 않을 수밖에 없었다. 김 팀장은 사 차장의 말을 손을 들어 중단시킨 뒤 질문을 했다.

"사 차장님, 김 대리와 장비 불량과 분해에 대해 진지하게 이야기를 해 보셨습니까?"

"아니, 이야기할 게 뭐가 있습니까? 제 멋대로 행동한 것이 명백히 잘못했음에도 불구하고 잘못을 시인하기는커녕 자신의 행동에 대해 합리화하고 잘못한 것이 없다는 투로 이야기하는 녀석에게 무슨 말이 필요합니까? 그 녀석이랑 말이 통하지 않아요. 그것은 우리 팀원 전부가 아는 사실입니다."

"팀원 전부가 아는 사실이라고요?"

"예, 지난번 팀장님 하신 어실밀……, 뭡니까? 예, 어시밀레이션, 그 때도 조 대리와 김 대리가 서로 얼굴을 붉혔잖아요. 다 이유가 있습니다. 뭐랄까. 자신만의 세계에 빠져 다른 사람의 이야기는 듣지 못하는 친구죠. 왜 전임 팀장님이 그 녀석을 뽑았는지 알다가도 모를 일입니다. 아마 다른 팀에서 받지 않으니까 우리 팀에서 받은 것이 아닌가 추측해 봅니다."

사 차장은 다시 입에 거품을 물고 이야기했다. 자신의 파트원인 김 대리를 옹호하는 발언은 한마디도 없었다. 이런 리더 밑에서 김 대리의 고충도 이해가 될 만도 했다. 파트원의 정서를 한번도 생각해 주지 않는 리더 밑에서 일한다는 것은 정말 힘들 수밖에 없다.

사 차장은 김 대리가 자기 발로 나가는 것이 오히려 우리 팀을 위해 좋다고까지 말했다. 김 팀장은 알았다고 말했다. 그리고 아직 1주일의 말미를 주었으니 그 때까지는 아무런 내색을 하지 않았으면 좋겠다고 말했다. 사 차장은 일어서 나가면서 말했다.

"팀장님, 지금까지 자기 발로 나가겠다고 말한 녀석치고 돌아온 녀석을 보지 못했어요. 그런 놈들은 빨리 보내는 것이 다른 팀원들 물들지 않게 하는 것이라고 생각합니다. 오히려 남아 있는 사람들에게 이상한 바람이나 넣고 다니지요. 하여튼 김 대리가 제게 물어오거나 팀장님이 결정하면 제 의견을 이야기토록 하겠습니다."

사 차장은 통보하듯이 이야기하고 문을 닫고 나갔다. 김 대리의 말투나 행동은 흡사 사 차장의 것과 너무나 비슷했다. 혼자 결론을 다 내린 뒤에 통보하듯이 말하는 것이며, 대화를 하지 않고 일방적으로 선언하는 행동까지도 서로를 닮았다. 어쩌면 김 대리의 행동은 사 차장과의 관계 속에서 묻어 나온 것인지도 모른다.

김 팀장은 적막에 쌓인 회의실에서 홀로 앉아 있었다. 해결책을 찾기 위해 사 차장을 찾았으나 그 역시 그를 보내야 한다고 오히려 강변했다. 김치국 대리와 사 차장의 보이지 않는 갈등과 원인을 파악할 수 있었다는 게 수확이었다. 김 팀장은 이번에 이것만 과장을 불렀다. 이 과장은 말없이 자리에 앉았다. 회의실의 분위기가 무거운 것을 팀장의 얼굴을 보면서 직감했다.

"이 과장, 오늘 불량대책회의 갑자기 주재하느라 고생이 많았습니다."

"아닙니다. 팀장님! 팀원들이 서로 준비를 잘해 줘서 별 다른 어려움은 없었습니다. 다만 불량의 원인을 파악하지 못한 신규 노광기의 건은 좀더 유심히 분석하라고 하였습니다. 그런데 팀장님, 무슨 일이 있으신지요?"

"하여튼 회의내용은 보고서로 정리 부탁합니다. 한 가지 의논할 일이 있어서요. 혹시 김 대리가 떠난다는 이야기를 들은 적이 있었는지요?"

"아니요. 참, 4~5일 전 김 대리가 찾아와 술 한 잔 사달라고 하기에 같이 먹은 적이 있었습니다. 아마 사 차장님께 심한 야단을 맞은 것 같았습니다. 더 이상 사 차장님과는 일하기 힘들다며 파트를 옮겼으면 좋겠다고까지 하길래 좀더 참고 견뎌라, 아직 2년도 하지 않았는데 벌써 옮기는 것은 나중을 위해서도 좋지 않다고 이야기해 주었습니다. 그 건이 결국 퇴사까지 발전되었네요."

"그런 일이 있었군요. 하여튼 저의 부덕입니다. 미리 알고 챙겼어야 했는데……."

"아닙니다. 팀장님 오히려 제가 죄송합니다. 다만 사 차장님과 김 대리가 잘 처리하기를 바랐었는데 그것이 원활하지 못했던 것 같습니다."

"김과장은 김 대리의 이직신청을 어떻게 생각합니까?"

"어떻게 생각하냐라는 말씀은 그를 보낼 것인가 잡을 것인가의 문제인지 아니면 잡을 방도가 없느냐의 말씀이신지요?"

"저는 솔직히 후자 쪽에 비중을 더 두고 있습니다."

"결론부터 말씀드리면 잡기는 쉽지 않을 듯합니다. 우선 팀장님께 그런 사실을 통보했다는 것이 결론을 뒤집기가 본인의 자존심이 허락하지 않을 듯하고요. 그 친구 자존심이 상당히 강한 친구입니다. 자신의 이야기에 반대의견을 내면 엄청나게 공격적으로 돌변하는 경향이 있습니다. 둘째는 잔류하더라도 사 차장님과의 관계개선이 쉽지 않을 듯합니다. 그렇다고 기획파트로 옮긴다는 것은 현실적으로 어렵구요. 장비유지파트에 보낼 사람이 있어야 하는데 모두 가려고 하지 않습니다."

"첫 번째는 저도 동감합니다. 그런데 두 번째 말은 이해가 가지 않네요. 사 차장님과 일하기가 거북한 모양이지요?"

"아, 그 정도는 아니구요. 팀원들이 사 차장님을 어려워하는 것은 사실입니다. 사 차장님의 말투가 지시조이고 일이 잘못되면 질책이 심하거든요. 저도 깨진 경우가 많습니다. 그런데 다른 팀원들이야 오죽하겠습니까. 아마 유일하게 사 차장님으로부터 질책이 없는 사람은 이청명 대리밖에 없을 것입니다. 이 대리야 워낙 자신의 업무에 정통하고 성실하게 일하니까 별 다른 질책을 받을 이유가 없지요. 그러나 이청명 대리도 대리 초년차일 때는 사 차장님으로부터 엄청 깨졌습니다. 사 차장님의 깨는 스타일은 정평이 나 있습니다. 사람이 있든 없든 간에 그 자리에서 박살이 납니다. 사원들이 꼼짝을 못합니다. 우리 이뻐요 사원도 사 차장님께 야단맞아서 울고 불고 난리가 난 적이 있었지요. 이것까지 말씀드리기는 뭐하지만 전임 팀장님하고도 언성을 높인 적이 몇 번 있었습니다. 사 차장님도 절대 지지않는 성격이지요."

"그렇군요. 고맙습니다. 이 과장의 이야기를 들으니 어느 정도 분간이 가네요. 그렇지만 이런 문제를 개인의 성격이나 업무 스타일의 문제로 치부할 수는 없다고 봅니다. 업무 중 문제가 있거나 잘못을 했으면 마땅히 문책이 있어야 한다고 봅니다. 다만 그것이 사람의 감정을 상하게 하거나 이해할 수 없는 수준이 되어서는 안되겠지요. 일단 저도 사 차장을 두둔하거나 김 대리를 나무라고 싶지는 않습니다. 문제를 객관적으로 보고 올바른 해결책을 찾는 것이 중요하다고 봅니다. 김과장의 생각에는 김 대리가 사 차장과의 관계에서 문제가 발생했다고 생각합니까? 혹시 김 대리의 비전에 대해서는 들은 것은 없습니까?"

"뭐 자신의 꿈은 장비개발자라는 이야기는 들은 것 같습니다. 그것은 모든 엔지니어들이 개발자가 되고 싶어하는 일말의 꿈은 모두 있다고 봅니다. 다만 자신이 지금 하는 업무가 장비유지관리 업무이기 때문에 내색을 하지 않고 일하고 있다고 봅니다. 공돌이 치고 개발자가 되고 싶지 않은 친구는 없다고 봅니다. 다만 배치를 장비팀으로 받다 보니 여기서 일하는 측면도 없지 않다고 봅니다."

"그건 좀 다르다고 봅니다. 자신의 꿈은 모두가 다를 수가 있다고 봅니다. 그러나 우리가 장비개발팀이 아니라 공장의 장비유지관리를 담당하는 팀이라면 그 팀의 미션과 역할에 대해 모두가 숙지를 하고 공감해야 한다고 봅니다. 그렇지 못하면 팀워크가 형성이 될 수 없겠지요."

"좋은 말씀입니다만, 지금 우리팀의 미션과 역할은 기존 팀장님이 업무 분장도를 만들면서 작성한 정도입니다. 우리 팀원들의 생각과 정서가 반영된 것은 아니라고 봅니다. 물론 다른 팀들도 대동

소이하지 않을까 생각됩니다."

"그렇지요. 저도 동감합니다. 작은 팀이지만 회사가 조직을 만들 때는 그 나름의 사명과 역할이 있다고 봅니다. 그 사명과 역할이 회사에서 바라는 것만이 아니라 구성원 스스로가 동감할 수 있도록 함께 만드는 작업이 중요하다고 봅니다.

이번 일을 계기로 우리 팀의 사명과 역할 그리고 목표를 만드는 작업을 하도록 하겠습니다. 이번 김치국 대리의 이직 건이 다른 팀원들에게도 영향을 미치겠지요. 우리 팀원들의 마음에 장비팀의 사명과 역할이 공감되지 않는다면 구성원들의 힘의 백터가 한 방향으로 강하게 나가지 못하고 사방으로 지리멸멸해지겠지요."

"저도 팀장님의 생각에 동감합니다. 김 대리는 잠재능력이 충분히 있는 친구라고 생각됩니다. 다만 본인의 개성이 뚜렷하고 자신의 생각이 조직에 반영되지 않기 때문에 반대급부로 불만의 형태로 나타나지 않나 생각됩니다. 제가 알기로는 아직 뚜렷한 다른 대책이 있지는 않은 것 같습니다. 아직 젊은 친구이기에 혈기에서 그렇게 나왔을 수도 있다고 봅니다. 제가 한번 다시 이야기해 보도록 하겠습니다."

"고맙습니다. 하지만 먼저 이야기를 걸어 오기 전에는 쉽게 표현하지는 마시고요. 일단 다른 팀원들에게도 함구 부탁합니다. 제가 1주일의 생각할 시간을 주었습니다."

"알겠습니다. 팀장님."

이 과장은 인사를 하고 회의실을 나갔다. 회의실의 시계는 벌써 5시를 넘고 있었다. 김 팀장은 다시 창 밖을 바라보았다. 공장의 정경이 한 눈에 들어 왔다. 건물 밖에는 제품을 실을 화물차들 몇 대가 공장을 왔다 갔다 했다. 기존에 비해 현저히 줄어든 숫자였다. 벌써 경기 악화의 징후가 곳곳에서 나타나고 있었다. 공장의 가동률도 전 분기 대비 대폭 떨어지고 있는 추세였다. 제품의 반출과 신규 장비의 반입은 회사가 생생하게 돌아가고 있다는 반증이다. 바깥을 응시하던 김 팀장이 핸드폰을 꺼내 인재개발팀 나최고 과장에게 전화를 했다. 신호음이 두 번을 넘지 않아 나 과장이 전화를 받았다. 언제나 밝고 경쾌한 목소리로 응답해 왔다.

"예, 팀장님! 나 과장입니다."

"오, 나 과장, 잘 있었나요?"

"예, 팀장님 덕택에 잘 지내고 있습니다. 요즘은 신규 인력 모집 건으로 좀 바쁜 편입니다. 내년도 1월에 입사자들의 최종 면담을 준비하고 있습니다. 그런데 갑자기 경기 악화로 신규 입사 건이 올스톱 되었습니다. 좋은 사람들이 많은데 그들을 뽑지 못하는 것이 안

타깝네요. 빨리 경기가 좋아져야 하는데 걱정입니다. 그렇다고 그들을 다른 곳을 알아보라고 할 수도 없고 문제입니다. 참, 그런데 어쩐 일이신지요?"

"아, 다름이 아니라 지난번 이야기했던 조직의 방향성 정립을 위한 이야기 있었지요. 그것을 이번에 해야겠어요. 조직의 사명과 역할 그리고 목표를 설정하는 방법에 관한 자료가 있다고 들었는데. 나도 몇 번을 해 보았지만 그래도 전문적인 진행 가이드 자료가 있다면 보다 쉽게 하지 않을까 싶네요. 혹시 있으면 메일로 송부 바랍니다."

"예, 조직의 비전과 관련된 자료 세트가 있습니다. 그 중에서 요청하신 조직의 사명과 역할 그리고 목표 수립 워크숍에 대한 자료를 보내 드리도록 하겠습니다. 참, 그 진행가이드는 사내 지식경영 포털에 올라와 있습니다. 그것을 보시면 다른 팀에서는 어떻게 하셨는지도 참고하실 수 있을 것입니다."

"하하, 고마워요. 나 과장! 언제나 많은 도움을 주네요. 그럼 수고하시고."

"네, 팀장님도 날씨가 추워지는데 건강 조심하시구요. 감사합니다."

전화는 긴 통화음을 남기고 끊겼다. 한동안 김 팀장은 전화를 들고 있었다. 나 과장의 밝고 명랑한 목소리가 다시 들리는 듯했다. 그래 이런 사원이 우리 팀에도 있다면 하는 생각이 들었다. 아니 우리 팀에도 있다. 다만 김 팀장 자신이 발견하지 못하거나 자신이 여지를 만들지 못했기 때문이라는 자책이 들었다. 김 팀장은 이번주 금요일 오후에 시간을 내어 조직의 사명과 역할 그리고 목표 수립에 대한 한 방향 정립 워크숍을 진행해야겠다고 생각했다. 이것은 김치국 대리를 위해서도 그리고 우리 팀 전체의 방향성 정립을 위해서도 꼭 필요한 것이었다. 이제 김 팀장은 자리에서 일어났다. 2시간 동안의 치열했던 고민의 문을 열고 회의실을 나갔다. 벌써 창밖은 어둠이 내리고 있었지만, 사무실은 하루 일과를 마무리하는 분주한 손들이 빛을 발하고 있었다.

우리 팀의 고객 찾기

고객다이어그램은 우리가 생산한 재화나 서비스를
사용하는 사람이 고객이며, 고객의 기대사항을
충족시켜 주는 것이 우리의 역할임을 보여 준다.

금요일 오전 근무를 마치고 장비 3팀원들은 서둘러 점심을 먹었다. 1시에 출발해서 3시부터 워크숍을 시작할 예정이었다. 예약한 버스를 타고 오랜만에 외부로 떠나는 여행이었다. 팀원들에게는 회사를 떠난다는 그 자체가 여행처럼 여겨졌다. 물론 워크숍이라는 토론의 주제와 아웃풋이 중요하지만 모두들 떠난다는 설레임을 느끼고 있었다. 삼삼오오 떠들며 웃던 사람들이 시간이 좀 지나자 하나 둘 꿈나라로 들어가기 시작했다. 금요일 오후, 한 주의 피로가 밀물처럼 몰려오는 시간이었다.

어디쯤 왔을까. 하늘은 높고 푸르며 군데군데 구름만이 하늘의 외로움을 달래고 있었다. 차창에 서린 성애는 겨울을 더욱 을씨년스럽게 했다. 드디어 콘도 입구에 도착했다. 겨울철 성수기이지만 이곳은 한적하고 작은 콘도였다. 스키장이나 별도의 유락시설을 갖추지 않아 학습과 토론의 장소로 안성맞춤이었다. 각자 예약한 방에 짐을 내려놓고 서둘러 교육장으로 내려갔다. 약간의 다과와 차가 그들의 잠든 몸을 풀어 주었다.

3시 정각에 김성실 팀장은 교육장에 들어갔다. 모두 화기애애한 분위기 속에 다과를 먹으며 담소를 나누고 있었다. 자리는 직급과 파트를 섞어서 3개 조로 나누어 배치하였다. 가급적 서로 다른 일을 하는 사람들의 의견을 주고받기 위해 자리를 섞어서 배치했다. 한 팀이지만 다른 파트와 많은 이야기를 하지 못하는 현실이었다. 김 팀장은 팀원을 쭉 둘러본 뒤 운을 띄웠다.

"여러분, 이렇게 야외에 나와서 워크숍을 하니까 어때요?"

"좋습니다. 가끔씩 나와서 서로 이야기도 나누고 좋은 해결안도 가져갔으면 합니다."

뭐가 좋은지 서로 보며 계속 키득거리는 사원들도 있었다. 김 팀장은 금일 워크숍의 목적과 일정을 간단히 소개했다.

"오늘 제가 팀장을 맡고 새롭게 출발하는 의미에서 팀 방향 설정 워크숍을 시작하도록 하겠습니다." 김 팀장은 자신어린 목소리로 이야기했다.

"우리 모두는 저마다 자신의 꿈이 있습니다. 꿈은 다를 수 있습니다. 그러나 우리가 조직인으로 일하는 이상 조직의 사명이 있고 그 사명은 구성원 사명으로 자리를 잡아야 견실한 힘을 낼 수 있습니다. 이번 기회에 우리 팀의 사명과 역할 그리고 목표를 함께 만들어 봅시다. 그것을 통해 개인의 꿈을 다시 한 번 살펴보고 향후 조직과 자신의 미래에 대해 생각해 보는 시간이 되었으면 합니다. 그러나 금번 워크숍에서는 개인의 미래 비전에 대해서는 다루지 않습니다. 그것은 자신이 만들어 가야 합니다. 이번에는 조직의 방향성 수립을 위해 우리 팀의 사명과 역할 그리고 목표 설정에 초점을 두어 진행하겠습니다. 자, 금번 워크숍의 주제에 대해 이해가 가십니까?

"예!" 모두 한 목소리로 대답했다.

"그럼, 조직의 사명은 어디에서 출발한다고 생각하십니까? 조직의 사명은 누가 주는 것인가요?"

이번에는 꿀 먹은 벙어리다. 모두 서로의 얼굴을 쳐다보거나 하늘을 응시하며 생각에 잠겼다. 이뻐요 사원이 손을 들었다.

"저는 사장님이나 공장장님이 주신다고 생각합니다. 그 분들이 조직을 설계하시니까, 그 분들이 사명을 부여하는 것이 옳다고 생각합니다. 그렇다면 굳이 이런 워크숍을 따로 할 필요가 있는지도 의문이 생깁니다."

이번에는 이것만 과장이 손을 들었다.

"물론 이뻐요씨의 말도 맞습니다만 사장님이나 공장장님 역시 사명을 부여할 수는 있지만 구체적으로 우리 팀이 무엇을 해야 한다고까지 말씀을 하시지는 않습니다. 다만 우리 회사의 비전과 사명이 있습니다. 그것을 실천하는 것이 우리의 역할이라고 봅니다. 여기서 우리가 우리의 사명과 역할을 만든다면 우리의 고객들이 우리를 어떻게 생각하고 요구하느냐를 정확하게 파악해야 사명과 역할을 제대로 만들 수 있다고 봅니다."

모두 와 하고 감탄사를 연발했다. 역시 이 과장이구나 하는 느낌들이었다. 김 팀장도 물끄러미 쳐다보다 박수를 치기 시작했다. 모두 따라 박수를 쳤다. 김 팀장이 드디어 말문을 열었다.

"맞습니다. 이것만 과장의 말이 맞습니다. 물론 이뻐요씨의 이야기도 틀린 것은 아닙니다. 다만 이 과장의 말이 답변이 되지 않았나 싶고요. 그래서 금번 워크숍은 3단계로 진행이 됩니다.

첫째, '팀의 고객을 찾아라.' 이것은 고객다이어그램이라는 기법을 활용하여 같이 작성하고 발표해서 최종 확정 지을 예정입니다. 시간은 약 90분 정도 소요될 예정입니다. 다음은 '고객의 기대사항을 파악한다.' 이것은 확정된 고객들을 대상으로 그들의 우리 팀에 대한 기대사항을 정리해 봅니다. 물론 사전에 인터뷰한 자료가 있고 평상시 그들과 일하면서 느낀 점들을 토대로 요약해 봅시다. 이 또한 약 90분이 걸릴 예정입니다. 그러면 6시에서 7시까지 저녁식사를 한 뒤 마지막 세션인 사명, 역할, 목표 수립의 순서로 진행할 예정입니다. 마지막 세션은 3시간 진행할 예정입니다. 물론 진행하면서 예정 시간을 준수해야 하지만 논의의 정도를 감안하여 운영하겠습니다.

혹시 금일 진행에 대해 궁금하거나 문의할 사항이 있으신 분?"

약간의 정적이 흐른 뒤, 조급해 대리가 손을 들었다.

“팀장님, 너무 딱딱하게 진행하는 것 아닙니까? 애써 여기까지 왔는데 워크숍만 하고 갈 수 있나요? 같이 술도 한 잔 하고 좋은 추억도 만들어야죠.”

“예, 그 시간은 10시 이후부터 진행할 예정입니다. 밤을 새지는 않을 거구요. 새벽 1시까지로 통제하겠습니다. 내일 아침엔 뒤에 있는 산을 등반할 예정입니다. 꼭대기까지 갔다 내려오는 시간이 약 3시간 정도 소요된답니다. 아침 먹고 9시부터 출발할 예정입니다.”

여기 저기서 볼멘 목소리가 터져 나왔다. 그 때 사오정 차장이 거들고 나섰다. 오히려 말하지 않았으면 더욱 좋을 법했다.

“오늘 우리가 놀러 온 거야? 조금 전 팀장님께서 강조하셨듯이 금번 워크숍은 우리 팀이 나갈 방향을 수립하는 팀 방향 설정 워크

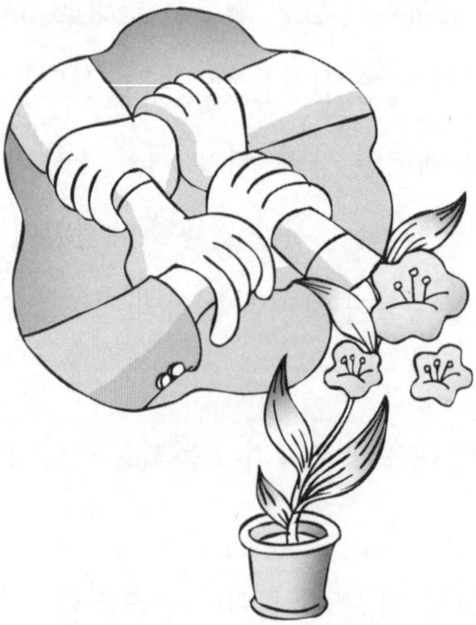

숍이라구. 이번 기회에 확실하게 정리하고 뜨겁게 술 한 잔 하면서 보내면 되는 거지. 무슨 소리가 그렇게 많아."

갑자기 주변이 조용해졌다. 불만의 목소리는 어디 가고 긴장감마저 돌았다. 김 팀장은 사 차장의 얼굴을 응시한 뒤, 어색한 분위기를 깨기 위해 다시 이야기를 이어갔다. 그러나 팀원들의 표정은 수동적인 느낌을 지울 수가 없었다. 김 팀장은 팀원 상호 간의 팀워크 증진을 위한 게임을 통해 분위기 반전을 도모했다. 약간 어색했던 분위기는 게임을 시작으로 워크숍의 몰입 분위기를 만들어 갔다. 사람들은 다시 흥미를 느끼고 게임에 참여했다. 역시 몰입과 흥미를 유발하는 데는 게임만한 것이 없다.

"그럼 본격적인 세션1의 '팀의 고객을 찾아라' 팀 토론에 들어가도록 하겠습니다. 먼저 고객다이어그램의 사용법에 대해 간단히 설명드린 뒤 팀 토론과 작성을 시작하겠습니다."

김성실 팀장은 고객다이어그램의 작성법을 설명한 뒤 예시를 들어 설명하였다. 모두들 신기한 듯이 고객다이어그램의 도표를 바라보았다. 고객다이어그램 작성의 목적은 팀원들에게 우리가 생산한 재화나 서비스를 사용하는 사람이 고객이며 그들의 기대사항을 충족시키는 것이 우리의 역할임을 강조하기 위함이다. 특히 내부 고객의 경우 친밀감을 형성하여 일하는 사람들도 있으나 그렇지 못한 경우도 많이 있었다. 서로가 동료이면서 바로 고객 관점을 강조하여 업무처리에서 고객마인드의 실천을 강조하였다.

또한 외부 고객의 경우, 장비를 공급하는 고객과 부품 등 유지보수를 지원하는 고객으로 크게 3등분하여 분석할 것을 요청했다. 이것은 고객에 대한 미시(MECE: Mutually Exclusive, Collectively Exhaustive, 중복되거나 빠짐이 없이 분석하는 기법)의 관점에서 누락과 중복을 최소화하는 분석 기법이다. 유지보수를 도와주는 협력사들이 고객이냐라는 볼멘소리도 있었다. 역시 그들도 고객임을 분명히 했다. 그들이 좋은 부품을 제때에 공급해 주지 않으면 우리의 작업 지연은 불 보듯 뻔한 일이다. 그럼에도 불구하고 기업의 입장에서 그들은 하청 협력업체에 불과하다는 안이한 인식이 팽배해 있다. 그들에게 요구할 것은 명확히 하되 고객으로서 대우하고 처신하는 것의 중요성을 강조하였다.

40분 정도 팀별로 토론한 것을 정리한 결과를 발표하면서 공유하였다. 역시 비슷하였으나 2조가 가장 세밀하고 정확하게 분석한 것으로 결론지었다. 2조는 역시 이것만 과장과 나똑똑 사원, 김치국 대리가 포진해 있는 조였다. 김 팀장은 김치국 대리의 행동을 유심히 관찰했다. 언제 퇴사한다고 말했냐는 듯 열심히 토론에 참석했다. 그리고 자신의 주장도 일목요연하게 말했다. 자신이 부담스러워하는 일이나 사람관계를 극복할 수만 있다면 유능한 사원의 자질을 갖춘 친구라고 느껴졌다. 정리가 잘된 2조의 분석을 토대로 나머지 조의 작성본에서 포함할 부분을 추가하여 장비3팀의 고객 다이어그램을 완성하였다.

〈고객 찾기〉

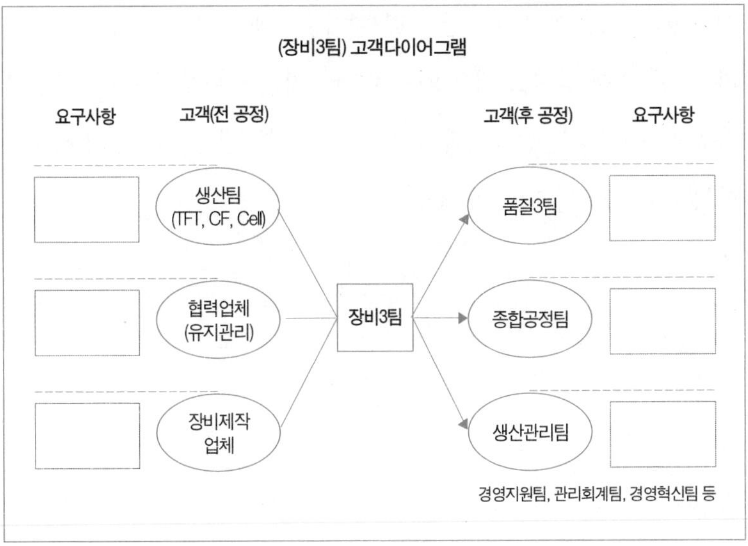

장비3팀의 전 공정 고객으로는 생산팀이 가장 큰 고객이며, 이는 TFTThin Film Transistor 제조계, CFColor Filter 제조계, Cell 제조계로 구성되어 있다. 다음으로 유지관리 관련 협력업체와 장비제작업체가 있다. 그리고 후 공정 고객으로는 품질3팀, 종합공정팀, 생산관리팀이 우리 팀의 주요 고객이었다. 그 외에 경영지원팀, 관리회계팀, 경영혁신팀 등이 있었다.

이렇게 그림을 그리고 보니 우리 팀과 관계가 강한 고객이 있고 관계가 약한 고객 등으로 나누어지는 것을 알 수 있었다. 또한 이 고객들의 요구사항 역시 각기 다른 것으로 다음 시간에 그들의 기대사항에 대해 분석하기로 했다.

전체 고객다이어그램을 보는 팀원들의 얼굴이 점점 진지해지기 시작했다. 그들의 기대사항을 벌써 머릿속에 떠올리는 사람도 있었다. 또한 혹시 빠진 고객은 없는지 헤아리는 사람도 있었다. 무엇보다 그들이 고객의 중요성과 우리의 주요 역할임을 인식하기 시작했다는 것이 중요한 변화의 징조였다.

고객의 기대사항 파악하기

고객 관점은 구성원 스스로의 자발적인
참여와 솔선수범을 바탕으로 업무를 수행하도록
도와주는 나침반과 같다.

첫째 세션인 '팀의 고객을 찾아라' 에서 팀의 고객다이어그램을 작성하였다. 이를 토대로 두 번째 세션은 '고객의 기대사항 파악' 이다. 김 팀장은 잠깐의 쉬는 시간 동안 팀원들과 이야기를 나눠 보았다.

사람들은 고객의 요구사항을 모두 들어 줄 경우, 고객이 잘못해서 문제를 발생시킨 것까지 우리 팀에서 해결하기는 한계가 있다. 특히 내부 고객의 경우 품질이나 수율의 문제가 터지면 장비의 가동률을 높이거나 장비 점검의 시간을 줄여서 물량을 생산하는 데 중점을 둔다. 그러다 장비가 고장나면 그 때도 우리에게 책임을 전가한다.

사람들은 경험을 통해서 내부 문제의 경우 우리의 잘못이기보다는 타 부서의 잘못으로 귀책시키는 경향이 많다. 물론 사실이 그런 경우도 있지만, 누구의 잘못인지 판정하기 어려울 때가 많다. 사람들은 정말 고객의 관점이란 고객의 온갖 뒤치다꺼리를 다하는 것으로 이해할 수 있다.

그러나 고객의 관점이 고객의 온갖 문제들을 모두 해결하는 것은 아니다. 다만 고객의 관점이란 고객의 요구사항을 파악하고 해결하는 것에 우선순위가 있다. 또한 고객의 요구사항이 부당하고 불합리할 경우에는 고객에게 그 사유를 말하고 안 되는 이유를 설명해주어야 한다. 고객 관점은 구성원 스스로의 자발적인 참여와 솔선수범을 바탕으로 업무를 수행하도록 도와주는 나침반과 같다. 그렇지 않을 경우 고객 관점은 말만 요란한 경구에 불과하다는 것을 강조했다.

김 팀장은 두 번째 세션 주제를 칠판에 크게 적었다.

'고객의 기대사항을 파악하라!'

"이번 시간은 지난 시간을 이어서 진행합니다. 고객다이어그램 속에 나타난 각 고객들의 요구사항을 파악해 봅시다. 지금 여러분의 책상 위에는 지난번 각 고객별 인터뷰 사항들이 정리되어 있는 리포트가 있을 것입니다. 또한 이번 시간은 그 동안 여러분들의 경험들을 활용하셔도 좋습니다. 각 고객별 요구사항을 고객다이어그램의 고객명 하단에 간단하게 기입해 봅시다."

과제를 제시한 뒤 김 팀장은 각 조에서 토론하는 모습을 죽 둘러보았다. 각 조마다 열심히 토론을 하며 주요 내용을 다이어그램에 기록해 갔다. 역시 2조의 내용이 알차 보이는 듯했다. 그것은 고객관점에서 업무를 많이 보아왔다는 반증일 것이다.

팀별 작성이 끝난 뒤 발표를 거쳐 하나로 모으는 작업을 수행했다. 예상했던 대로 2조의 작성본을 토대로 나머지 조의 내용을 보완하여 작성을 완료했다.

대체로 보면 후 공정 고객의 요구사항은 빨리 정리가 되었으나 전 공정 고객의 요구사항은 정확하게 정리되지 못했다. 그만큼 우리가 요구하는 부서나 협력업체, 제조업체에는 관심이 적다는 반증이었다. 반면 후 공정 고객의 요구사항에 대해서는 자기들끼리 정리하면서 불만과 어려움들을 호소하였다. 아래에 기술된 고객다이어그램 고객의 니즈는 앞으로 장비3팀이 풀어가야 할 숙제와도 같았다.

〈고객의 기대사항 파악하기〉

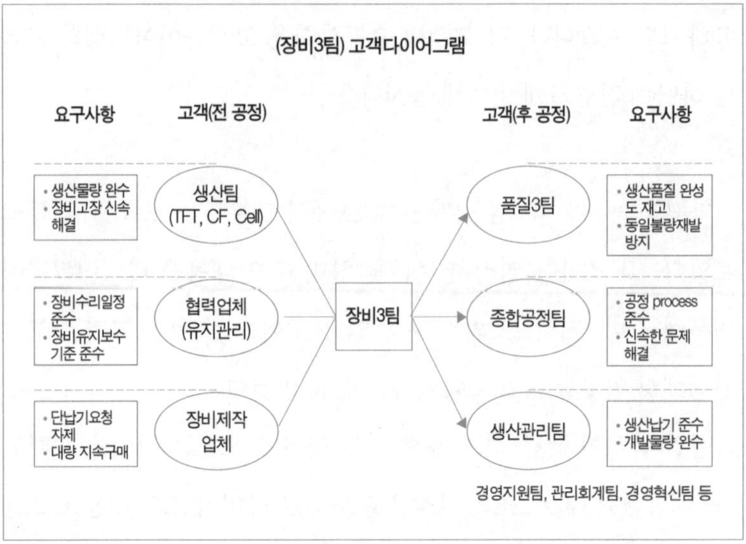

팀원들 사이에서 조금씩 힘들어 하는 사람들이 생겨나기 시작했다. 토론이란 지속적인 집중력을 요구한다. 특히 자신이 잘 모르는 내용이거나 관심이 떨어지면 알찬 토론을 하기가 힘들다. 아직까지는 팀원 전체가 참가한 워크숍이라서 그런지 팀원들의 참여가 높았다. 그러나 지속적인 몰입은 역시 육체적 한계가 있는 법이다.

여기까지 오후 작업을 마무리 하고 다같이 저녁식사를 하러 식당으로 내려갔다. 식당에 들어서서는 언제 그랬느냐는 듯이 표정들이 다시 밝아지기 시작했다.

팀의 사명, 역할과 목표 수립

사명은 말이 하니라 행동이다.

저녁식사를 마치고 조별로 컵 족구를 했다. 게임은 팀워크를 다지기에도 좋으며 토론으로 지친 몸의 긴장을 푸는 데에도 효과가 있다. 컵 족구는 실내에 약간의 라인을 그리고 의자 두 개를 이어서 중간 선을 만든다. 그리고 그 선 위로 컵을 차서 바닥에 떨어뜨리지 않으면 이기는 게임이다.

이번 게임에서는 1조가 이겼다. 1조는 사오정 차장과 조급해 대리, 그리고 기사 3명이 포진한 팀이었다. 역시 현장에서 단련된 솜씨는 타의 추종을 불허했다. 컵 스파이크는 족구의 스파이크를 방불케 하는 솜씨였다. 이렇게 게임을 통해 약간의 땀도 흘리면서 몸과 마음의 긴장을 이완시키고 식후의 나른함도 함께 불식시킬 수 있다.

마지막 세션에 들어가기에 앞서 팀원들의 참여 반응을 살펴 보았다. 오후 동안의 토론이 기존의 작업과는 달리 팀 전체가 참여해서 그런지 진지했고 의미가 있었다고 한다. 무엇보다 고객의 관점을 새롭게 하고 우리 고객의 요구사항에 대해 고민하는 계기가 되었다는 반응들이 많았다.

김 팀장은 이제 마지막 세션의 주요 내용을 소개하며 방법을 안내했다.

"이번 시간은 오늘의 하이라이트입니다. 우리 팀의 사명과 역할을 앞에서 정리한 고객의 요구사항을 토대로 정리해 봅시다. 지금까지 사명과 역할에 대해 많이 만들어 보았을 것입니다. 벽에 붙어 있거나 문서 페이지를 채우기 위한 활동이 아니라 정말 우리가 일상 활동 속에서 '아, 이것이구나!' 하는 느낌이 나는 그런 내용을 만들어 봅시다. 그리고 역할은 고객이 원하는 일들을 우리가 어떻게 해야 할 것인가를 정리한다고 볼 수 있겠습니다."

그 때 지금까지 묵묵히 참여해 왔던 김치국 대리가 한 마디 했다.

"팀장님! 저는 조금 전 이뻐요씨가 이야기한 것이 타당하지 않나 생각됩니다. 사명은 회사의 사명이 있지 않습니까. 회사의 사명으로 우리의 사명을 대신할 수도 있다고 봅니다. 각 조직마다 사명을 만들어야 한다면 오히려 조직 전체의 사명에 혼돈이 올 수도 있을 것입니다. 그냥 역할과 목표를 논의하는 것이 적합하지 않을까 생각됩니다."

상당히 설득력 있는 의견이었다. 김 팀장은 빙그레 웃으면서 대답했다.

"여러분은 김치국 대리의 의견에 대해 어떻게 생각하시나요?"

이번에도 이것만 과장이 응했다.

"필요 없을 수도 있겠지만 그래도 조직의 사명을 토대로 팀의 사명을 구체화한다면 큰 문제는 없을 것이라 생각됩니다. 조직마다 다 있을 필요는 없겠지만 상부 조직과 하부 단위의 사명이 다른 경우가 많습니다. 팀 마다 구체적 사명을 가진다면 조직의 다양성과 주도성이 더욱 강조되리라 생각합니다."

다시 김치국 대리가 이야기를 했다.

"팀 마다 사명이 다를 수도 있습니다. 그러나 그 사명은 조직 전체의 사명과 위배되어서는 안 됩니다. 또한 조직의 사명을 토대로 진행을 하면 그것이 바로 팀을 위한 사명의 역할을 한다고 봅니다."

두 사람의 대화를 들으면서 김 팀장은 빙그레 웃었다. 서로의 생각을 떳떳하게 이야기하는 분위기는 자신이 유도했던 것이었다. 조직내 계층과 직급이 달라도 자신의 의사를 분명하게 이야기할 수 있는 조직이 바로 수평적인 조직문화이며 살아 있고 생동감 넘치는 조직이기 때문이었다. 김 팀장은 두 사람의 대화를 정리하면서 이야기했다.

"우리가 지금 만들고자 하는 사명은 이것만 과장이 이야기하는 사명입니다. 조직의 사명은 분명하고 그것을 팀 단위의 사명으로 구체화하는 작업은 의미있는 작업입니다. 오히려 팀 단위 사명을 구체화함으로써 조직의 사명을 튼실하게 실천할 수 있습니다. 자 이렇게 정리하면 김 대리 이해가 되지요?"

"알겠습니다. 그런 범위라면 저도 동의합니다."

김 팀장은 사명의 의미와 수립 방법에 대해 설명을 이어갔다.

"사명은 조직의 사명을 기반으로 해야 하며 우리 팀의 특성을 반영해야 합니다. 그리고 고객의 요구사항을 가장 잘 반영할 수 있어야 하고 우리 팀원들이 보았을 때 가슴 설레게 할 수 있어야 합니다. 먼저 사명에 포함될 키워드를 선정합시다. 고객의 요구사항 중에서 중요한 용어들을 찾아 봅시다."

다양한 용어들이 쏟아져 나왔다. 그 중에서 핵심 용어 5가지를 선정하여 그것을 기초로 사명을 작성토록 하였다. 주어는 장비3팀이고 끝은 행위동사로 끝을 내도록 한다. 각 조별로 가슴 설레는 사명을 각 2개씩 추천하도록 했다. 안내가 진행 중인데도 아이디어가 좋은 사람들은 벌써 자신들이 생각한 아이디어를 내놓기 시작했다.

각 조별로 선정된 사명을 모두 칠판에 적었다. 도합 6개의 사명이 경쟁을 벌였다. 회사의 사명을 참조해서인지 기풍은 회사의 사명을 닮았다. 또한 고객의 요구사항을 받아들여서인지 그 느낌도 많이 살아 있었다. 그 중에 가장 멋진 아이디어를 닮고 있는 하나를 전체

투표로 선정했고, 그것을 중심으로 팀의 사명을 정리했다.

장비3팀의 사명

'장비3팀은 고객의 요구에 적기에 대응하며
LCD장비의 최적 효율성을 달성한다.'

칠판에 최종적으로 정리하고 보니 가슴 설레게 하는 것인가에 논의가 모아졌다. 보다 생기발랄했으면 좋겠다는 의견도 있었다. 사명은 한 번으로 끝나는 작업이 아니었다. 우리가 보고 또 보면서 더 적합한 팀의 사명으로 갈무리해 가는 연속적인 작업이었다. 김 팀장은 다시 토론을 이어갔다.

"다음은 우리 팀의 사명을 토대로 우리가 수행해야 할 역할에 대해 정리해 봅시다. 조금 전 사명 작업과 마찬가지로 이 역시 고객의 요구사항을 토대로 작성하며 내부 고객과 외부 고객의 요구사항을 토대로 각 2~3개씩 작성해 봅시다. 전체 역할이 5~7개 정도가 최적의 양입니다. 조별로 시작하도록 합시다.

여기서 역할의 중요성은 잘 아시겠습니다만, 우리가 일상 업무에서 행동하는 판단의 근거 기준이 됩니다. 이것이 우리의 미션과 역할에 부합하는 활동인가, 미션과 역할에 나와 있는 활동임에도 불구하고 우리가 간과하고 있는 것은 아닌가? 등 우리 행동의 기본방침이 되는 사항이니 잘 작성하여 실천할 수 있도록 합시다."

이번엔 이상하리만치 조용했다. 행동의 기본방침이라고 엄포를 놓아서 그런지 선불리 아이디어를 제시하지 않았다. 그래도 역시 2조가 토론에 들어가면서 다른 조들도 작업에 돌입했다.

일반적으로 역할은 대부분 고객의 요구사항을 토대로 품질Quality, 원가Cost, 납기Delivery, 서비스Service의 4가지 차원에서 작성한다. 또한 이 역할을 토대로 수행해야 할 목표를 정량적이며 구체적으로 수립한다.

장비3팀의 역할

- 고객의 요구에 적기에 대응하여 문제를 해결한다.
- 장비의 최적 상태를 유지하며 개선활동을 적극적으로 수행한다.
- 장비의 효율성을 최대화하여 공장 지표 달성에 앞장선다.

역할 역시 각 팀별로 작성된 안을 각 요인별로 유목화해서 최종 선정하였다. 그래도 사명과 역할을 구체화하고 보니까 그럴 듯한지 모두들 피곤한 기색 속에서도 뿌듯함을 느꼈다. 모두의 얼굴에 다시 화색이 돌고 이것이 우리의 역할인가 하며 다같이 큰소리로 사명과 역할을 읽어 보았다.

"약간의 브레이크 시간을 갖고 마지막 목표 수립에 도전해 보겠습니다. 10분간 휴식하겠습니다."

한 두 명씩 쓰러져 잠을 청하는 사람도 있고 찬바람에도 불구하고 담배를 피우러 가는 사람들 등 삼삼오오 교육장을 빠져 나간다. 김 팀장은 빈 컵에 물을 채우기 위해 휴게실로 나갔다. 벌써 몇 명이 커피를 뽑아 들고 이야기하고 있었다.

아직도 팀원들은 이런 사명과 역할이 제대로 현업에서 활용될 수 있는지 의문스러워했다. 몇몇 팀원들은 공개적으로 질문을 하며 지금까지는 그렇지 못해왔다고 우려를 나타냈다. 그 중에는 사 차장도 포함되어 있었다. 조직의 리더가 팀원들의 불만을 부채질하는 입장이었다. 김 팀장은 어쩌면 사 차장이라는 산을 넘지 못하면 이 조직을 이끌기가 쉽지 않다는 것을 직감했다. 김 팀장은 말없이 물을 채운 뒤 휴게실 문을 닫고 나왔다.

사람들의 이야기도 일리는 있다. 지금까지 사명과 역할을 액자에서 본 적은 있어도 행동으로 느껴 본 적은 드물었기 때문이다. 그리고 사명과 역할 수행을 지속적으로 강조하는 리더도 드물었다. 일상생활에서 사명과 역할이 어떻게 발현되는가를 느껴 보지 못한 사람들에게 그것이 중요하다고 아무리 강조해도 와 닿지 않았다. 김 팀장은 갑자기 답답함이 느껴졌다. 저 밤하늘의 어둠처럼 답답함이 밀려왔다. 이 어둠 속을 비추는 한줄기 빛을 찾는 작업이 바로 사명과 역할, 목표 수립인데 첫 고비부터 심상치가 않았다. 그 때

한줄기 바람이 몰아쳤다. 겨울바람은 벌거벗은 나무를 때리고 윙하며 스쳐 지나갔다. 그 찬바람이 김 팀장의 목덜미를 감더니 속삭이듯 말했다.

'사명은 말이 아니라 행동이다.'

김 팀장은 무릎을 탁 치며 속으로 외쳤다.

'그래 사명과 역할을 액자에 갇히게 하는 것과 실천하게 하는 것은 바로 우리 행동에 달렸지. 그것이 실천으로 어떻게 나타나느냐에 따라 사람들의 생각은 달라지는 거야.'

김 팀장은 서둘러 교육장으로 돌아갔다. 팀원들도 벌써 와 있었다. 10분의 휴식이 지친 몸에 생기를 불어넣었다.

"자, 이제 마지막 세션의 마지막 시간입니다. 벌써 시간이 9시를 넘었네요. 자, 조금만 더 힘을 내고 다같이 술 한 잔 하러 갑시다. 아마 우리들 중에는 이런 작업들이 어떤 의미가 있느냐고 생각하는 분들도 있을 것입니다. 그 생각이 틀린 것은 아니라고 봅니다. 다만 우리가 만든 사명과 역할 그리고 목표를 액자 속의 그림으로 규정짓느냐 아니면 현장에서 살아 움직이는 것이 되느냐는 우리들의 마음 그리고 우리들의 행동에 달려 있다고 봅니다. 바로 말이 아니라 행동이 중요한 것이지요."

모두 말없이 쳐다보면서 눈만 껌뻑껌뻑했다. 김 팀장은 다시 열을 내어 설명을 이어갔다.

"지금 만들 목표는 여러분이 지금까지 작성한 것의 최종본이며 행동을 통해 달성해야 할 그 무엇입니다. 그것은 여러분들이 작성한 고객다이어그램, 고객 기대사항, 사명과 역할을 정량적으로 구체화한 것입니다. 아마 지금까지 사명이나 역할의 수행에 대해 궁금해 하셨던 분들도 이 목표 속에서 사명과 역할이 녹아 있다고 생각하시면 됩니다. 목표란 성과 목표뿐 아니라 지금까지 여러분이 작성한 사명과 역할의 내용들이 구체적으로 팀의 목표에 기술되어야 합니다.

목표설정은 일반적으로 'SMART' 원칙에 의거하여 작성합니다. 구체적이어야 하며(Specific), 측정 가능해야 하며(Measurable), 진취적이고 달성 가능해야 하며(Aggressive yet Achievable), 결과지향적이며(Result), 달성기간(Time-bounded)이 명시되어야 합니다. 이러한 SMART 원칙에 따라 작성된 목표가 가장 명확한 목표라고 할 수 있습니다."

목표 설정에 대한 안내를 마치고 조별 활동에 들어갔다. 역시 이번에도 침묵을 지키는 시간이 있었다. 이것은 우리 모두가 달성해야 하는 것이므로 약간의 긴장감이 감돌기 시작했다. 김 팀장은 팀 활동을 지원하며 각 조별로 팀의 목표에 대해 구체화해 갔다.

각 조별 팀 목표 설정 수립이 완료된 뒤 발표에 들어갔다. 각 조별

수립된 목표의 항목은 비슷했다. 장비관련 사고 발생률, 장비유지비 절감, 고객문제 대응시간 감축, 장비 기인 품질불량률 등이었다. 어느 하나 쉬운 것이 없음에도 불구하고 각 조에서는 도전적인 목표를 세웠다. 물론 각 조마다 목표 수치에는 차이가 있었다. 그러나 협의와 합의의 과정을 통해 장비3팀의 목표는 다음과 같이 정했다.

장비3팀의 목표

1. 장비 사고발생 Zero 달성
2. 장비유지비 전년대비 15% 절감
3. 고객 문제대응 12시간 이내 조치 완료
4. 장비 기인 품질불량 Zero 달성

특히 장비유지보수의 성격상 품질불량과 원가 절감의 중요성에 대해 많은 토론이 있었다. 혁신적인 원가절감이 있기 위해서는 장비에 대한 다른 컨셉이 필요했다. 즉, 공정을 아예 없애는 혁신적인 공법을 도입하는 것이다. 그러나 이것은 장비팀만의 힘으로는 불가능한 부분이다. 개발팀과 생산팀의 협조가 처음부터 있어야 했다.

장비3팀은 초기에 목표했던 팀의 고객설정 및 기대사항 파악, 그리고 팀의 사명, 역할과 목표를 수립하였다. 시계를 보니 벌써 10시가 가까워지고 있었다. 모두 피곤한 모습이 역력했다. 그러나 스스로의 힘으로 팀의 나갈 방향과 목표를 수립했다는 자부심이 배어나는 듯 했다. 이제 팀원들은 누가 시키지 않아도 자신의 역할과 목표를 세울 수 있게 되었다. 김 팀장은 금일 활동을 마무리했다.

"여러분 모두 수고 많았습니다. 많지 않은 시간 동안 최종의 아웃풋을 만들 수 있었던 것은 우리 팀의 저력이라고 생각됩니다. 이제 팀의 방향성을 수립하였습니다. 올해 이 방향성을 기준으로 실시해 본 뒤 내년에 다시 또 평가해 보고 보완해 갑시다. 무엇보다 중요한 것은 이 역할과 목표가 액자나 다이어리 속의 목표가 아니라 여러분의 조직생활에 기본 잣대가 되는 방향타 구실을 했으면 합니다. 마지막으로 금일 활동에 대해 소감을 들어 보도록 하겠습니다."

서로가 얼굴을 바라보면서 어서 하라는 눈치였다. 역시 이럴 때는 조급해 대리가 나섰다.

"예, 저는 오늘 활동이 쉽지는 않았습니다. 특히 안 돌아 가는 머리를 돌려서 새로운 아이디어 만들어 내느라고 머리에 쥐가 나는 줄 알았습니다. "

모두들 와 하고 웃었다. 이어서 그는 계속 말했다.

"그러나 역시 고생 뒤에는 보람이 있습니다. 이렇게 우리 손으로 팀의 사명과 목표 그리고 역할을 정립하고 보니 우리 팀의 활동이 손에 잡히는 듯합니다. 이전까지는 무엇을 해야 하는지 어떻게 하는 것이 좋은가에 대해 막연했다면 이번 활동을 통해 우리가 가야 할 방향과 원칙을 수립한 점에 의의가 있다고 봅니다. 팀장님! 감사합니다."

여기저기서 박수가 터져 나왔다. 짧은 시간이었지만 팀원들의 의사를 반영하여 결과를 만들었다는 점에서 모두 기분이 좋았다. 김 팀장은 간단하게 오늘 활동의 결과물들을 정리한 뒤 먼저 팀워크 향상을 위한 뒷풀이 행사에 끝까지 같이 할 수 있기를 당부했다. 이윽고 맥주와 안주가 나오기 시작했다. 서로 술잔을 주고 받으면서 오늘의 작업을 안주삼아 이야기했다. 팀원들과의 흥겨운 겨울밤이 그렇게 깊어 갔다.

팀 방향 설정 워크숍(Jumping Workshop)

팀 방향 설정이란 조직의 나침반을 만드는 것이다. 이 나침반은 팀원들이 우리가 어디를 가야 할지, 어떤 역할을 해야 할지, 그리고 목표가 무엇인지를 알려 주는 대시보드와 같은 역할을 한다. 그러나 많은 팀장들이 이러한 나침반을 만드는 것에 익숙하지 않다. 또한 팀장 자신이 생각한 것을 팀원들에게 전달하는 경우도 많다. 팀 방향 설정을 팀원과 함께 하는 것은 그 과정에서 서로의 생각과 가치관을 이해할 수 있기 때문이다. 이러한 합의의 과정에서 구성원들이 참여했다는 동료 의식을 느낄 수 있다.

팀 방향 설정 워크숍은 팀이 새롭게 구성되었거나 팀의 사명이나 역할이 바뀌었을 때 팀의 방향성을 정립하기 위해 실시하는 워크숍이다. 여기에서는 〈Jumping Workshop〉이라 부른다. 'Jumping' 이란 한 단계 도약하는 의미로 팀원들이 함께 도약하는 계기판을 만들자는 의미이다.

일반적으로 조직의 방향 설정이란 비전 혹은 사명의 수립을 의미한다. 먼저 비전은 조직이나 개인의 지향하는 바What를 구체화한다. 또한 사명은 개인이나 조직의 존재이유Why에 해당한다. 상황에 따라서 비전이나 사명을 요구할 때도 있고 둘 다를 정립하는 경우도 있다. 조직이 필요로 하는 상황에 따라 선택하면 된다. 일반적으로 팀 단위 수준에서는 상위 조직의 비전을 실천하기 위해 사명과 역할을 수립하는 경향이 많다. 따라서 팀 방향 설정 워크숍에서도 사명과 역할 그리고 목표 수립을 중심으로 진행한다.

다음은 팀 방향 설정 워크숍의 목표와 진행 프로세스에 대해 살펴 본다.

1. 목표

1) 팀원들이 고성과High Performance 조직 구축을 위해 팀워크의 중요성을 인식할 수 있다.

2) 팀의 사명, 역할 및 목표를 수립할 수 있다.

2. 필요한 경우

1) 새로운 문제해결팀Task-force Team이 구성되었을 때

2) 기존 조직의 사명과 목표의 변화가 필요할 때

3. 진행 프로세스

구분	단원명	주요 내용	시간
준비단계	니즈 파악	–팀 개발 필요성 및 요청 사항 파악	D-3주
	진행프로세스 협의	–팀 개발 프로세스 설계 및 개발	
워크숍 실시 (D-day)	도입	–워크숍 안내 및 Ice-breaker –왜 '팀 방향 설정' 이 중요한가?	30분
	출발! 활기찬 팀 만들기	–우리가 만들고 싶은 팀 이미지(꼴라주 활동) –고객기대 사항 파악(고객다이어그램) –팀의 사명 만들기 –팀의 역할 수립 –팀의 목표와 우선 순위 정하기	6시간
	최고 팀을 향하여	–팀 사명, 역할, 목표 발표 및 공유 –One Team Spirit 게임: 팀의 한 방향 정렬을 형상화하는 게임	1.5시간
사후관리	목표 기술서 작성	–팀 사명/역할/목표에 따라 개인별 최종 역할/ 목표/ 과제 구체화	D+1개월 이내
	조직 진단	–팀 효과성 진단 (팀장 가이드1 참조)	D+6 개월~

마음매니지먼트 원칙 2

팀 방향은 고객의 기대사항에서 출발한다.
고객의 기대사항을 충족시키는 것이
바로 팀의 사명이자 역할이다.
이러한 팀의 사명과 역할을 팀원들과 충분히 공감할 때,
힘의 벡터는 한 방향으로 강하게 나아간다.

4장

문제와 헤엄치기

면담에서 찾은 블랙홀

정작 문제가 발생했음에도 팀장이 뒤늦게 알게 되는 경우가 많다.
팀원들이 팀장에게 먼저 이야기하기를 주저하는 이유는
결과에 대한 질책이나 두려움이 앞서기 때문이다.

지난주까지 작성을 요청한 개인별 업무보고와 내년도 업무계획서 모두 들어왔다. 팀원들과의 면담에는 시간이 걸린다. 어쩌면 일주일이 모자랄 수도 있다. 우선 화요일부터 금요일까지 시간을 나누어 진행하기로 했다. 그래도 각종 회의와 업무 처리를 고려하여 하루에 4명 정도를 할당하였다.

면담은 밑에서부터 위로 올라오는 순서로 하기로 했다. 첫 대상자는 팀의 막내 이뻐요 사원부터 시작했다. 11시부터 1시간 간격으로 잡았다. 물론 1시간을 다 하지는 않았지만 정리와 다음 사람에 대한 준비가 필요했기 때문이었다. 그래도 면담을 할 때는 면담에 집중하고 싶었다. 1년에 이런 시간이 그렇게 많지 않기 때문이다. 장소는 팀회의실로 잡았다. 먼저 이뻐요 사원이 팀회의실로 들어왔다.

"안녕하세요, 팀장님!"

"반갑습니다. 앉으세요. 요즘 날씨가 많이 추워졌는데 감기나 어디 아픈 데는 없나요?"

"예, 괜찮습니다. 비교적 강한 체질이라 겨울에도 감기는 잘 안 걸려요. 안 그래도 팀장님께서 약간 목소리에 콧소리가 나는 걸 봐서는 팀장님께서 감기에 걸리신 것이 아닌가 생각됩니다."

"와, 우리 이뻐요씨가 상당히 민감하네요. 어떻게 감기 기운이 있는 걸 알았지?"

"예, 제가 센스가 좀 있는 편입니다."

"그렇죠. 일하는 데는 센스가 상당히 중요합니다. 상대방이 원하는 것, 필요로 하는 것을 재빨리 알아내고 대처하는 능력이 떨어지면 좋은 성과를 만들기가 어렵죠. 그만큼 고객중심, 타인중심의 사고가 중요합니다. 그건 그렇고 이뻐요씨가 하는 주요 업무는 어떤 것이죠?"

"저는 팀내 기획의 가장 기본이 되는 데이터 관리와 장비 전체 이력 관리, 장비 분석 지원, 팀 공통업무 등을 하고 있습니다."

"어찌 보면 팀 내 가장 기본이 되는 일이고, 손이 많이 가는 일이죠. 일하시면서 어렵거나 힘든 것은 없나요?"

"사실 우리 팀에 힘들지 않은 분은 없을 것입니다. 다만 주어진 일에 최선을 다하려고 노력합니다."

"힘이 든다는 의미지요. 압니다. 그런데 어려움 속에서 중요한 것은 그 일이 성과가 있어야 한다고 생각합니다. 혹시 일을 하면서 답답하거나 아쉬웠던 경험은 없습니까?"

"답답할 때가 많죠. 처음에 일을 줄 때, '정확하게 무엇을 어떻게 언제까지 해야 한다.' 고 하시는 것이 아니라, '이렇게 결정 났으니까 언제까지 하라.' 는 식으로 지시를 합니다. 그러면 저는 그냥 이유도 모르고 그냥 그 일을 합니다. 그러다 보니 중간에 지시 사항이 바뀌기도 하고 처음에 이야기한 것이 중간에 확인 과정에서 바뀌기도 합니다. 그럴 경우가 가장 힘듭니다."

"그렇죠, 업무지시나 명령이 명확하지 않고 범위가 보이지 않는다면 업무지시라고 할 수 없겠죠. 변명 같지만 리더도 모든 것을 알고 지시하는 것은 아닙니다. 때에 따라서는 관련 분야에 대해 조사하고 새로운 안을 만들어서 검토해 보자는 의미도 있습니다. 이처럼 상사의 지시가 불명확할 때는 다시 한 번 확인하는 습관을 들이세요. 그러면 작업 중 변경이나 중복을 최소화할 수 있을 것입니다. 이뻐요씨가 지금까지 약 2년 정도 업무를 하면서 가장 보람 있었을 때는 언제였나요?"

"보람이 없었다면 문제가 있는 것이겠지만, 솔직히 말씀드리면 보람을 느꼈던 때는 없었던 것 같습니다. 사실 누구 한 사람 제가 하는 업무에 대해 가치 있게 봐 주신 분이 없었기 때문입니다. 다들 필요한 일이라고 말씀은 하시지만, 실제로 그렇게 판단하는 분들은 많지 않았습니다. 심지어 어떤 팀장님은 '네가 그 일을 하기에는 아까운데……' 라는 말씀을 했습니다. 아깝다면 차라리 그 업무를 주지 말지, 일하라고 해 놓고 아깝다면 제가 혼란스럽습니다. 그리고 같은 남자사원에 비해 여자사원을 차별하는 때를 가끔 느낍니다. 다른 남자사원들은 보조 업무가 적고 자신의 주 업무를 하는데, 저는 공통업무인 데이터 관리, 분석 지원 등이 주 업무입니다. 사원들에게 고른 업무 분장을 해 주시면 더욱 좋겠습니다."

"이뻐요씨도 아픔이 많았겠네요. 우리나라 조직은 대체로 남성중심으로 흘러가는 경향이 많죠. 하지만 이뻐요씨도 한번 생각을 해보세요. 그 문제들의 원인이 나에게는 없고 모두 다른 사람 때문인지. 저는 믿습니다. 이뻐요씨에게도 반드시 기회는 올 거라고요. 그 기회가 올 때를 대비해서 남들보다 몇 배의 노력이 필요할 것입니다. 그때까지 아쉽고 힘들겠지만 그래도 참고 견디면 꼭 웃을 날이 올 것입니다."

"알겠습니다. 지금도 다들 잘해 주십니다. 제가 좀 과민한 성격이라서. 오해는 마시고요."

"혹시 저에게 뭐 제안할 의견은 없나요? 궁금한 점도 좋고요."

"이런 면담의 기회를 주셔서 고맙습니다. 이렇게 속 시원하게 이야기하는 것도 처음입니다. 제 의견을 끝까지 들어 주셔서 감사합니다."

"아닙니다. 솔직하게 이야기해 준 이뻐요씨께 감사합니다. 다음 기회에 또 이야기하고 오늘은 이만합시다. 수고하시구요."

"감사합니다."

이뻐요 사원이 가볍게 목례를 하고 자리에서 일어나 문을 열고 나갔다. 약간 처진 어깨가 조금은 펴진 듯하다. 김 팀장은 속으로 '저

친구도 앞으로 큰 일꾼이 되겠네. 다들 자질은 우수한 사원들이야.' 라고 생각하며 일어나 휴게실로 갔다. 자판기에서 밀크 커피 한 잔을 뽑았다. 역시 피로와 나른한 오후에는 커피가 제격이다. 다시 커피를 들고 사무실로 돌아왔다. 썰렁한 사무실에 달콤한 커피향이 은은하게 퍼졌다.

다음은 나똑똑 사원이 들어왔다. 꾸뻑 인사를 하며 건너편 자리에 앉았다. 입사 3년차로, 팀내에서는 지식과 스킬을 겸비한 전문가로 어느덧 성장해 가고 있었다. 또한 자신의 의견도 뚜렷이 제안하는 등 이제 제법 선배사원의 모습을 갖춰가고 있었다.

"나똑똑씨는 지금 어떤 일을 하고 있나요?"

"예. 저는 장비유지파트에서 컬러필터Color Filter공정의 장비를 담당하고 있습니다."

설명은 어느덧 자신이 맡고 있는 장비 전반으로 넘어가 최신 도입 기종의 장단점까지 줄줄 꿰고 있었다.

"역시 나똑똑씨는 자신의 업무에 철저하군요. 그럼 지금 맡고 있는 업무 중에서 문제나 애로사항은 무엇입니까?"

"팀장님! 솔직히 말씀드리면 현재 장비 1대가 문제가 있습니다." 나 사원은 멈칫거리면서 말했다.

"무슨 일이 있었나요? 자세히 이야기해 보세요." 김 팀장은 의자를 당겨 앉았다.

"장비 중에서 A사에서 도입한 최신 기종은 아직 신규 라인에 설

치한 때문인지 제대로 된 성능을 발휘하지 못하고 있습니다. 신규 장비인 이상 어느 정도 문제는 발생할 것이라고 생각했습니다만, 최근처럼 연속으로 불량을 양산하리라고는 예상하지 못했습니다. 제 생각으로는 장비 자체에 심각한 결함이 있는 것이 아닌가 의심해 보아야 할 듯합니다."

김 팀장은 깜짝 놀라서 다급하게 물었다.

"그런 문제에 대해서는 팀에 온 후 처음 보고를 받습니다. 혹시 이 건을 언제 보고하였나요?"

"예, 파트리더를 맡고 있는 사오정 차장님께는 보고를 하였습니다."

"그때 사 차장님은 어떤 말을 했나요?"

"일단 추세를 살펴보자고 했습니다. 일시적인 문제일 수도 있으니 문제를 확대시키지 말고 원인 분석을 보다 치밀하게 해 보라고 말씀하셨습니다."

"그때가 언제인가요?"

"2일 전입니다."

"그럼 2일 동안 불량을 방치해 두었단 말인가?"

"불량 분석을 하느라 시간이 걸렸습니다."

"불량의 원인을 찾아냈습니까?"

"아직 명확한 원인을 찾지는 못했습니다. 제품의 원료에서 발생하는 문제가 아닌 것은 분명합니다. 다른 라인의 제품은 현재 큰 문제가 없기 때문입니다. 그래서 장비의 문제라고 생각하고 현재 라인의 제품 투입을 최소화하면서 원인을 찾고 있습니다."

"나똑똑씨, 오늘은 업무가 아닌 일상적인 이야기를 하려고 면담을 하자고 했는데 뜻하지 않게 중요한 업무상 문제를 듣게 되었습니다. 대신 중요한 업무상 문제를 공유할 수 있어서 의미 있는 시간이었습니다. 혹시 그 동안 이 건에 대해 저나 아니면 다른 사람들과 이야기하려고 노력하지 않았습니까?"

"제가 속해 있는 파트 내의 선배들과는 이야기를 나눴습니다. 또 제조팀의 장비 담당자들과도 이야기를 나눴고요. 일단 장비상의 문제는 우리 팀의 소관이기에 일단 불량을 최소화하기 위해 3라인의 투입을 최소화하고 다른 라인에 물량을 늘렸습니다. 안 그래도 금일 면담을 하신다기에 이제는 말씀 드려야겠다고 생각했습니다. 죄송합니다. 팀장님! 좀 더 일찍 말씀 드렸어야 했는데, 보고의 시점을 놓친 것 같습니다."

"늦었지만 이야기해 줘서 고마워요. 일단 3라인 장비상의 어떤 부분이 문제인가를 밝히는 것이 중요합니다. 장비를 납품한 A사에는 연락을 취해 봤나요?"

"예, 지금 문제를 처리하느라 그들도 밤을 새고 있습니다."

"좋습니다. 일단 금일 3시까지 문제의 원인을 파악해 보고하기 바랍니다. 나똑똑씨가 입사한 지 얼마가 되었죠?"

"지금 3년차 입니다."

"그럼 내년엔 대리가 되네요. 조직에서 이런 문제가 처음인가요?"

"예, ……."

"물론 본인 스스로도 상부에 보고하고 문제를 해결하려고 노력하겠지만, 그래도 조직의 공식적 직속상사는 팀장입니다. 그 말은 공식적 책임선은 팀장이라는 것입니다. 다음에는 파트리더 보고와 동시에 팀장보고도 의무화합시다. 일단 이 건은 사 차장과 다시 한 번 협의토록 하겠습니다. 오늘 나똑똑씨와의 면담은 여기서 중지합시다. 우선 문제의 장비를 보러 갑시다. 먼저 눈으로 확인해 보고 문제의 원인과 대책을 세워 봅시다."

김 팀장은 책상 위에 놓인 다이어리와 펜을 집어 들고 서둘러 일어섰다. 다급한 목소리에 나똑똑씨도 함께 일어나 뒤를 따랐다. 둘은 3층에서 1층 엘리베이터를 타고 건물로 나와 옆 동의 공장으로 들어섰다. 두 사람은 아무 말도 하지 않고 서둘러 움직일 뿐이었다.

김 팀장은 걸어가면서 생각했다. '왜 사 차장은 이 중요한 문제를 보고하지 않았을까?' 그 생각이 뇌리를 떠나지 않았다. 장비3팀에 온 후 팀원들에 대한 신뢰를 얻기 위해서 워크숍이나 팀 방향 설정을 위해 사명과 목표, 역할까지 만들었는데, 정작 사명과 팀워크가 작동되어야 할 시점에서 작동하지 못했다.

어시밀레이션이나 팀 방향 설정 워크숍을 실시했으나 얼마되지 않아 아직 팀의 신뢰와 한 방향 정렬이 형성되지 못했을 수도 있다. 그러나 사명을 다할 수 없는 상황이라면 보고를 했어야 했다. 또한 몇 십억을 투자한 장비의 결함 문제를 팀장인 내가 모른다는 것이 말이 되지 않았다. '왜 그랬을까?' 라는 의문이 꼬리에 꼬리를 물고 이어졌다.

귀책

결함은 어제 오늘의 문제가 아니다.
또한 장비의 오작동도 몇 번이나 반복되었다.
그때마다 임시방편으로 '땜질'을 해 왔다.
사람들은 결함이 커질 것을 알면서도 무시해 왔다.
마치 러시안 룰렛 게임처럼 나만 아니기를 바랐다.

LCD공장은 청정환경으로 구성되어 있다. 공정 라인에 들어가기 전 수막복으로 갈아 입고 에어 샤워를 거친 후 라인에 들어간다. 라인은 일정 온도와 공조를 유지하므로 처음 들어가면 숨이 턱턱 막히고 머리가 멍해지는 현상이 일어난다. 또한 일부 라인은 유리에 화학물질을 투입하여 접착시키는 공정으로 화공약품의 매캐한 냄새가 코를 찌른다.

김 팀장은 어느덧 그 매캐한 냄새가 편안해졌다. 그 동안 자신의 손때가 묻은 라인을 떠나 사무환경에서 활동해 온 것도 꽤 시간이 흘렀다. 빠른 걸음으로 CF 3라인으로 들어섰다. 아니나 다를까, 장비팀원들이 장비제조업체 직원 2명과 뭔가를 토론하고 있었다. 장비 주변 이곳 저곳에 매뉴얼이 펼쳐져 있고 장비의 분해 조립을 거듭하고 있었다. 3라인은 멈춰져서 이틀 간 방치되어 있었다. 김 팀장은 화가 머리꼭지까지 치솟는 것을 참으며 장비 제조업체의 담당자에게 다가갔다.

"장비3팀장 김성실입니다."

"저희가 먼저 인사를 드렸어야 했는데 늦었습니다."

"아닙니다. 인사보다도 장비의 안전성이 먼저지요. 대략적인 보고는 나똑똑씨를 통해 들었습니다. 어떻습니까. 문제의 원인을 찾았습니까?"

"예, 문제는 일단 장비에서 불량을 감지하는 센서의 작동불능입니다. 그 문제의 원인을 3가지로 압축하고 있습니다. 첫째, 장비의 오작동 반복에 따른 센서의 기능불능. 둘째, 라인 셋업시 장비 훼손으로 인한 센서 작동불능. 끝으로 장비 센서의 불량입니다."

"그렇군요. 불량을 감지하는 센서가 작동하지 않는다면 치명적인 결함이네요. 그것은 센서 자체의 문제일 수도 있지만, 센서를 구성하는 부품 혹은 장비와 연결 부위 그리고 프로그래밍의 문제 등 다양한 문제와 연관되어 있겠군요. 일단 센서를 복구시키는 데는 얼마간의 시간이 소요될 예상입니까?"

"그것은 작업을 해 봐야 알 일입니다만, 보통 이와 같은 치명적 문제는 짧게는 3~4일, 길게는 한 달까지 예상됩니다. 물론 여기서 해결이 가능하면 괜찮습니다만 여기서 해결되지 않고 저희 공장에 입고시켜야 할 상황이라면 시간은 더 걸릴 수도 있습니다."

김 팀장은 공장으로 걸어오면서 직감했던 문제가 드디어 터졌구나 싶어 짧은 한숨이 흘러 나왔다. 자신이 대리 시절에도 장비 센서의 작동불능으로 일주일을 꼬박 세운 적이 있었다.

"아니 지금 뭐라고 했나요? 한 달이라고요? 말이 되는 소리를 하세요. 장비가 하루만 서 있어도 피해가 얼마인지 아십니까? 하루 24시간이면 5천만 원이 날라갑니다. 또한 그 물량을 맞추느라 다른 장비는 보수할 틈도 없이 풀가동할 수밖에 없고요."

김 팀장은 목소리가 높아졌다. 모두들 머리를 숙이고 시선을 떨어뜨린 채 자신의 잘못인 양 죄송스러워하고 있었다. 기사 2명은 눈이 퀭해 있었다. 어디서부터 이 문제를 풀 것인가? 일단 김 팀장은 장비의 센서가 있는 곳을 직접 눈으로 관찰하기 위해 장비 위로 올라갔다. 우선 장비의 안전상태를 점검했다. 전원이 들어오고 일시적으로 장비를 가동시키기 전에 안전상태를 점검해야 한다. 더욱 큰 문제는 장비를 보수하다가 다치는 경우가 종종 발생하기 때문이다. 안전사고에 대한 대책도 서둘러 세워 둬야 한다. 장비의 결함이라면 뜻하지 않은 곳에서 문제가 발생한다.

김 팀장이 제조업체 직원들과 장비의 이곳 저곳을 보는 사이에 시간이 흘렀다. 1시간이 흘러갈 무렵, 어디서 알았는지 제조업체 장비 담당 이사가 가쁜 숨을 몰아 쉬며 달려 왔다. 좀 지나서 사오정 차장도 옆에서 자리를 지키고 있었다. 어느덧 3라인 주변에는 십여 명의 사람들로 장사진을 이루고 있었다. 그 자리에서 즉석 토론이 벌어졌다.

"일단 문제가 센서의 작동불능인 것으로 밝혀졌지만, 이 장비의 어느 센서에서 작동이 불능인지를 파악해야 합니다. 우선 장비를 작동시키는 것이 최우선 과제입니다. 그 다음 누구의 과실인지를 판명하는 것입니다. 장비를 고쳐 놓지 않은 상태에서 누구의 잘못을 따진다는 것은 의미가 없습니다. 시간은 3일 드리겠습니다. 그 동안 장비를 원상 복구시켜야 합니다. 만약 지금부터 고장 난 센서를 찾지 못하거나 여기서 수리가 불가능하다고 판단되면 3일 내에 새로운 장비로 대체시키고 이 장비는 수리공장으로 보냅니다. 이건에 대해서 A사에서는 어떻게 생각하십니까?"

"예, 제 생각도 동감입니다." A사 이기자 이사가 씩씩거리며 대답했다.

"먼저 장비를 다시 작동시키는 것이 급선무입니다. 저희 회사에서도 장비 수리를 위해 동원 가능한 인력을 총동원하겠습니다. 다만 문제는 이 장비가 시제품이라 동일한 장비가 완성되려면 시간이 걸린다는 것입니다."

"제가 알기로는 이 장비와 동일한 모델을 3대 더 발주한 것으로 알고 있습니다만……"

"예, 그런데 그것이, 장비투자 확정이 지연되어서 아직 제조에 들어가지 못했습니다."

"그래요? 그러면 이 문제가 터지기 전에 이 장비에 대한 결함으로 투자를 연기한 것은 아닌가요? 사 차장, 어떻게 된 것인가요?"

"예, A사 장비의 결함은 어제 오늘의 문제가 아니구요. 센서의 오작동도 벌써 5번째입니다. 그때마다 임시적인 땜질을 해 왔습니다만 오늘 같이 문제가 커질지는 몰랐지요."

"사 차장, 나는 이 장비의 문제를 이야기한 것이 아니라 장비투자가 왜 연기되었느냐 하는 겁니다." 어느덧 김 팀장의 목소리가 올라가고 있었다. 사오정 차장도 약간 볼멘 목소리로 대답했다.

"장비투자가 일부 지연된 것은 사실이지만, A장비 대신 다른 장비를 검토하고 있는 중이라서 아직 발주가 나가지 못했습니다."

"뭐라고요! 아직 발주가 나가지 못했다고요. 아니 저번에 보고할 때는 신규 장비에 대해 발주가 완료되었다고 하지 않았나요. 그때 보고는 거짓 보고였나요?"

김 팀장은 더 이상 따질 수가 없었다. 여기는 협력회사 외에도 생산팀, 품질팀의 구성원들이 함께 있었기 때문이다.

"사 차장, 이 문제는 별도로 이야기합시다." 김 팀장은 짧게 내뱄었다.

"일단 이 장비에 대한 문제를 사전에 다들 인식하고 있었네요. 좋습니다. 결국은 장비 제조업체에도 대체 장비가 없다면 여기서 고치는 수밖에 없네요. 또한 완전하게 복구가 불가능하면 더 이상 A사와는 거래가 힘들 수도 있겠습니다."

김 팀장은 본래의 자기 모습과 달리 협박조로 나갔다. 이 때 A사의 이 이사가 황급히 나섰다.

"김 팀장님, 좀 지나친 말씀 같습니다. 아직 문제의 원인이 분명하게 파악되지 않은 상황에서 저희 회사 쪽의 귀책으로 몰고 가시면 안 된다고 봅니다. 사실 그 동안의 센서 문제 역시 귀사의 장비 담당자들과 제조 작업자들이 장비를 잘못 다루거나 과도하게 사용한 결과로 발생한 것으로 판명되었습니다."

"아니 이기자 이사님! 지금 장비사고가 우리 회사의 유지관리의 문제라고 보는 것입니까?" 김 팀장은 얼굴이 붉으락 푸르락 험상궂게 굳어져 갔다. 그러나 김 팀장은 곧 냉정을 찾았다. 아니 문제해결이 시급했기 때문에 더 이상 감정에 묶여 있을 수 없었다.

"좋습니다. 제가 말씀 드린 것은 금일 이 순간부터 장비에 대한 수리가 완료되지 않으면 귀사나 저희는 한 운명이라는 것입니다. 잘잘못은 문제를 해결한 후에 따져도 좋을 것입니다. 일단 장비3팀에서는 오늘부터 2교대로 본 문제가 해결될 때까지 인력을 투입합니다. 사 차장님 파트원들 작업 일정 다시 확인해 주시고요. 물론 A사에서도 동일하게 보수에 매진해 주시기 바랍니다. 그리고 사 차장님은 3라인의 장비문제발생 보고서를 금일 오후 5시까지 작성해서 보고하시기 바랍니다. 오후에 공장장님에게 보고하도록 하겠습니다."

"알겠습니다."

사 차장은 짧게 대답했다. 그리고 불만스런 눈으로 나똑똑 사원을 돌아봤다. 나 사원은 계속 고개를 떨구고 있었다. 점심시간이 다가왔다. 장비 사고에 관한 소문은 금새 퍼져 나갔다.

긴급 보고

"뭐라고? 2일이 지났는데 다시 3일의 말미를 달라고!
앞으로 2일을 더 주겠네. 그 안에 고쳐 놓으세요.
그렇지 못하면 옷 벗어!"

생산3팀장인 이혜승 팀장이 어느새 3라인으로 들어와 있었다.

"김 팀장! 이게 어찌된 일이야. 3라인의 센서가 작동불능이라니? 그러면 지금까지 양산한 제품들이 죄다 불량이라는 거잖아? 안 그래도 2일 전부터 검수팀의 누출불량 클레임이 계속 들어 오고 있었는데 3라인의 제품에서 다량으로 발생한 거였네. 이렇게 장비가 계속 불량을 토해 내는 동안 김 팀장은 뭐했어?"

이 팀장은 김 팀장을 부하 다루듯이 소리를 쳤다. 김 팀장은 잠시 머뭇거렸다. 이 사태를 어떻게 수습할 것인가? 팀장으로 부임한 지 한 달 만에 이런 문제가 발생하다니 재수가 없어도 한참 없었다.

"이 팀장님, 문제의 원인을 파악했으니 최단 시간 내에 문제를 해결하도록 하겠습니다. 3일간의 말미를 주시길 바랍니다. 대신 3라인의 물량은 다른 라인으로 분산해 주시면 고맙겠습니다."

“김 팀장, 새롭게 팀장으로 부임한 지 얼마 되지도 않았는데 이런 문제가 터져서 운이 없다고 생각할 수 있지만, 이 건은 팀장의 관리 소홀 때문이오. 문제에 대한 책임소재는 그 다음에 따지지요. 그러나 팀장으로서 문제의 대처가 늦었다는 책임은 져야 할 거야!”

“예, 알겠습니다. 우선 물량의 분산을 부탁드립니다. 본 건에 대한 공장장님 보고는 금일 오후 5시에 하도록 하겠습니다. 그때까지만 좀더 기다려 주십시오.”

“김 팀장, 참으로 한가한 소리를 하고 있네. 3라인이 하루 멈추면 손실액이 얼만지 몰라? 지금 당장 공장장님께 보고를 해야지. 안 그러면 내가 가서 보고하도록 하겠소.”

이 팀장은 돌아서 나가려고 했다. 김 팀장은 이 팀장의 소매를 붙잡고 사정했다.

“이 팀장님, 알겠습니다. 지금 가서 보고 드리도록 하겠습니다.”

화가 꼭지까지 올랐지만 다른 사람들이 모두 모인 곳이어서 우선은 화를 참아야만 했다. 김 팀장은 이 팀장을 손으로 끌며 자리를 떴다. 나가면서 김 팀장은 정황 설명하기에 바빴다. 우선 이 팀장의 오해를 푸는 것이 시급했다.

공장을 나와 옷을 갈아 입고 공장장실로 올라갔다. 다행히 이 팀장도 동행해 주었다. 비서에게 긴급보고 건으로 왔다며 지금 시간 되시는지 확인해 달라고 했다. 들어오라는 연락이 왔다.

"김 팀장 그리고 이 팀장, 이렇게 생산과 장비의 양 팀장님이 무슨 일로 긴급히 나를 찾는가요?"

"상무님 식사하시러 갈 시간인데 긴급보고 건이 있어 이렇게 찾아뵈었습니다."

"그래요 김 팀장, 무슨 일이 있긴 있는 모양이네요. 평소 김 팀장 답지 않게. 말씀해 보시죠."

김 팀장은 서둘러 의자에 앉았다. 이 팀장은 옆자리에 앉으며 팔짱을 끼고 콧방귀를 씩씩거리고 있었다. 먼저 이야기를 시작한 것은 김 팀장이 아니라 옆에 있던 이 팀장이었다.

"상무님! 지금 CF 3라인의 신규 장비가 센서 작동불능으로 멈추었습니다."

"뭐야, 라인이 멈춰? 대체 몇 시간 동안 그런 문제가 발생한 것인가요?" 박 상무가 화들짝 놀라며 김 팀장을 보며 말했다.

"몇 시간이 아니라 2일 동안 멈춰 서 있습니다." 이혜승 팀장이 끼어 들었다. 초를 뿌렸다.

"뭐라! 3시간도 아니고 2일이라고. 이 보시오 김 팀장! 이게 무슨 소리야. 2일이나 지나서 이렇게 허겁지겁 보고를 하다니. 지금 당신 정신이 있는 거요, 없는 거요!"

"죄송합니다. 상무님! 뭐라 할 말이 없습니다."

"2일 동안 김 팀장은 뭐하고 있었던 거야. 그래 2일쯤이면 문제의 원인을 파악해서 조치하고도 남을 시간인데. 이제 보고를 하는 모양을 보면 아직 고장이 수리되지 못한 상태인가?"

"예, 상황을 설명드리면……."

"상황은 무슨 상황, 당신 지금 정신이 있는거야! 빨리 장비 원상 복귀 시킨 후에 상황을 설명해!"

"문제는 그렇다 치고 해결까지 얼마간의 시간이 필요한가?"

"약 3일의 시간을 주십시오." 고개를 숙이며 이야기했다.

"뭐라고, 2일이 지났는데 다시 3일의 말미를 달라고. 말이 되는 소리를 해야지. 앞으로 2일을 더 주겠네. 그 안에 고쳐 놓으세요. 그렇지 못하면 옷 벗어." 박 상무는 탁자를 탁치며 돌아 섰다.

"상무님, 2일은 너무 짧습니다. 문제가 센서 작동불능이면 공장에서 센서를 가지고 있지 않는 이상 수리는 무리입니다."

이 팀장이 거들려고 했으나, 불에 기름을 부은 격이었다.

“이 팀장, 당신도 마찬가지야. 2일 전에 발생한 문제를 왜 생산팀은 사전에 불량 통보를 하지 않은 거야. 담당자들끼리 서로 남의 탓하는 사이에 대량 불량이 발생한 것 아니냐고. 이 팀장 자네도 마찬가지야. 2일 내에 같이 해결하지 못하면 자네도 마찬가지로 옷 벗을 각오해!”

박 상무는 문을 쾅 하고 닫으며 나가 버렸다. 김 팀장은 면목이 없었다. 상무님의 신뢰를 회복하는 길은 2일 내에 문제를 해결하는 길밖에 없다. 정말 직장생활을 하면서 이런 일은 한두 번 있을까 말까 한 일이었다. 그런데 그 일이 지금 벌어진 것이다. 김 팀장은 사무실로 돌아가는 길에 이 팀장께 미안하다고 사과를 했다. 그러나 이 팀장은 아무 대답없이 자신의 사무실로 돌아갔다. 아직도 두 사람 사이에는 찬 기류가 흐르고 있었다.

사일로스

좋은 일에는 벌떼 같이 달려들지만 어렵고 문제가 있는
가시밭 길에는 누구도 손을 내밀어 주지 않는다.

김 팀장은 정신이 없었다. 아침에 팀원과 면담할 때의 고요한 분위기는 어디 가고 정신없이 문제에 빠진 자신을 발견했다. 어디에서 시작할 것인가? 조용히 생각에 잠겼다. 어디선가 '돌아가라. 옛날의 경험 속에서 문제를 풀어 봐' 하는 영혼의 속삭임이 들렸다. 힘들 때 내면의 소리에 귀를 기울이면 자신의 내면 깊숙한 곳에서 메아리가 들려 온다.

문득 김 팀장은 사무실 구석에 놓여 있는 캐비닛의 맨 아래칸을 열었다. 캐비닛 한 켠에 놓여 있는 노트 묶음을 찾았다. 김 팀장은 노트 속에서 잃어버린 과거의 시간 속으로 빠져 들어갔다.

대리 2년차 시절 노광기의 센서가 작동하지 않아 일주일 동안 밤을 샌 적이 있었다. 그때도 장비 생산업체는 문제를 해결하지 못했고, 결국은 센서를 교체해야만 했다. 그러나 센서를 수리하기 위해서는 센서 주문을 해야 하고 최소 한 달이 소요된다. 그때까지 센서의 작동을 임시로 가능하게 해야 했다. 죽은 센서의 수명을 임시로 늘려야 했다. 가히 하늘의 도움이 없었다면 센서의 작동 재기는 불가능했다.

그때도 문제의 원인은 센서 작동불능이었다. 5개의 센서 중에서 3번 센서의 작동불능을 찾았고, 임시로 해결책을 수립하기 위해 마지막 5번 센서를 교체해서 3번에 달았다. 적어도 1번에서 4번까지 불량을 감지할 수 있다면 5번까지 거치지 않아도 불량을 최소화할 수 있다. 모든 기계가 그렇듯이 같은 기능을 수행하더라도 순서에 따라 중요성이 달라진다. 3번 센서의 기능이 과부하 되거나 이물이 쌓이게 되면 기계는 작동을 멈추게 된다. 작동이 멈추기 전에 간파하여 조치하는 것이 최선의 예방책이다. 문제가 터지면 걷잡을 수 없는 것이 기계의 속성이다. 더구나 대체 부품을 가지고 있지 않는 장비일수록 사전 보전활동이 무엇보다 중요하다.

김 팀장은 과거의 타임머신에서 돌아와 현재의 문제를 응시했다. 오전에 보았던 노광기의 센서와 그때의 센서 작동불능 그림을 비교해 보았다. 같은 원인인지는 확신이 서지 않았다. 우선 센서 수리가 가능한 문제라면 큰 문제는 아니다. 그러나 센서 수리가 안 된다면 교체하는 수밖에 없다. 만약 5개의 센서 중에서 3개 이상 불능이라면 이 장비는 사용할 수 없다. 적어도 2개 이하의 불능으로 판명되어야 한다. 김 팀장은 갑자기 무릎을 탁 치며 수화기를 들었다. 그리고 이청명 대리에게 전화를 걸었다. 이 대리는 이전까지 CF 라인을 맡고 있다가 이제는 Cell 라인의 장비를 담당하고 있다.

"이 대리 고생이 많습니다. 지금 어디에 있나요?"

"예, CF공정 3라인 노광기에 문제가 발생했다고 해서 거기에 모두 집결해서 센서 고장의 원인을 찾고 있습니다."

"3라인 노광기는 작년까지 이 대리가 담당하던 장비라고 했지?"

"예, 그렇습니다. 당시 신규로 셋업할 때 제가 담당하던 장비입니다."

"그럼 지금부터 3라인 노광기 장비의 문제해결을 위해 이 대리와 나똑똑 사원 그리고 생산3팀으로부터 2명의 장비 담당자를 차출 받아 긴급 태스크포스팀을 구성합시다. 생산3팀장에게 내가 전화로 연락을 할께요. 그리고 지금부터 전권을 이 대리에게 줄 테니 2일 내에 문제의 원인과 해결책을 찾아 보세요. 할 수 있겠습니까?"

"예, 팀장님. 한번 해보겠습니다. 그러나 저도 너무 갑작스런 상황이라 2일 안에 가능할지 모르겠습니다."

이 대리는 약간 망설였지만 소신 있게 답변을 했다.

"이 대리가 2일 안에 해결책을 찾지 못한다면 한 달은 걸려야 할 것입니다. 그때는 너무 늦어요. 우선 노광기의 센서를 모조리 테스트해서 문제의 센서를 찾으세요. 그리고 살아남은 센서가 몇 개인지를 저에게 보고하세요. 그 일은 오늘 중으로 끝마치세요. 그리고 거기 팀원들이 다 있다고 했나요?"

"예, 사 차장님 이하 전 팀원들이 총출동했습니다."

"사 차장 바꾸세요."

"예, 사오정 차장입니다."

"사 차장, 사람만 많다고 문제가 해결되는 것이 아닙니다. 지금 이청명 대리와 나똑똑 사원, 생산3팀의 장비 담당자 2명, 장비업체 개발요원 3명을 중심으로 7명의 긴급 태스크포스팀을 구성할 것입니다. 그 인원을 제외하고는 전원 자신의 업무로 돌아가게 하십시오. 그리고 장비업체도 정예 요원 3명을 제외하고는 돌려 보내십시오. 우리에게 주어진 시간은 2일입니다. 2일 내에 문제의 원인을 찾고 해결책을 제시해서 장비를 돌려야 합니다. 사 차장도 사무실로 올라오세요."

김 팀장은 거칠게 핸드폰을 끊었다. 뚜~ 하는 통화음이 사라져 갔다. 그래도 장비3팀에서 가장 기술력이 뛰어난 이청명 대리를 믿어 볼 따름이다. 10년 전 팀장이 나에게 전권을 주었듯이 그렇게 한 것이다. 위기에는 팀원들을 믿을 수밖에 없다. 그들이 해결하지 못한다면 해결할 수 없는 것이다. 팀장이란 팀원들에게 자원과 시간을 배분하여 일이 되게끔 지원하는 사람이다. 그들 스스로가 문제를 해결하지 못한다면 문제를 해결할 수 없다.

이윽고 김 팀장은 이혜성 팀장에게 전화를 걸었다.

"안녕하세요, 이 팀장님!"

"안녕 못합니다." 이 팀장의 퉁명스러운 목소리가 들려왔다. 김 팀장은 요건부터 말했다.

"팀장님! 지금 신규 장비 문제를 풀기 위해서는 생산3팀의 신규 장비 오퍼레이터의 도움과 조언이 필요합니다. 죄송합니다만 장비

담당자 2명을 일주일 정도 지원해 줄 수 없겠습니까?"

"뭐요? 장비담당자 2명을 일주일씩이나 빼 달라고요! 김 팀장 지금 정신이 있는거요 없는거요. 자기 팀의 상황이 급박하다고 함부로 사람 빼달라고 해도 되는거요. 지금 우리 팀원들이 남아 돌고 있다고 생각하는 모양인데, 우리 팀의 근무 현황판을 보세요. 현재 근무 시간 연장 근로와 조기 출근 근로가 사람마다 빼곡하게 체크되어 있소."

"아니 이 팀장님! 이거 너무 하시는 거 아닙니까? 지금 장비 작동 불능으로 하루에 5천만원씩 날아가고 있는데, 장비담당 오퍼레이터 2명을 빼는 것이 그렇게도 힘든 일은 아니지 않습니까?" 어느덧 김 팀장의 목소리가 올라가고 감정이 섞이기 시작했다.

"나도 김 팀장 힘든 건 압니다. 지금 당장 2명을 빼줄 수는 없고. 대신 1명을 보내 주겠소. 그것도 일주일이 아니라 공장장님이 말씀하신 이틀 동안이오. 어차피 그 때까지 해결하지 못하면 장비 생산 회사로 입고 시켜야 하는 거 아닙니까?"

"1명을 이틀간 지원한다는 말씀은 팀간의 문제를 서로 협력해서 해결한다는 행동원칙을 무시하는 처사라고 봅니다."

드디어 이 혜성 팀장의 목소리도 높아지기 시작했다.

"김 팀장, 듣자하니 못하는 소리가 없네. 무시하는 처사라니, 지금 나한테 협박하는 거야! 내가 안 도와주는 것이 아니라 1명을 지원한다고 이야기했잖아. 당신이 지금 우리 팀의 상황을 알고 그런 소리를 하는 거야? 생산3팀의 라인만 해도 13개 라인이야. 그것을

3교대로 계속 돌리고 있다고. 신규 라인은 아직 정식 담당자가 있는 것이 아니라 물량이 발생하면 돌려서 투입하는 곳이라고. 자기 팀에서 발생한 문제는 자기 팀에서 해결하려고 노력해야지. 어떻게 문제가 발생하면 다른 팀에 손부터 내미는 거야! 우리가 그렇게 한가한 줄 알아!"

전화기 너머로 '꽥' 하는 소리가 들려왔다. 김 팀장은 기가 막혔다. '이런 곳이 조직이구나' 하는 조직 간 보이지 않는 벽, 사일로스를 실감했다.

"알겠습니다. 팀장님! 어려운 상황에 제가 괜한 부탁을 드린 것 같습니다. 팀장님 말씀대로 우선 저의 힘으로 문제를 해결해 보겠습니다. 지원 요청은 없던 것으로 하겠습니다. 감사합니다. 그럼 이만."

김 팀장은 전화를 거칠게 끊었다. 화가 꼭지까지 났다. 좋은 일에는 벌떼 같이 달려들지만, 어렵고 문제가 있는 가시밭길에는 누구도 손을 내밀어 주지 않았다. 김 팀장은 쓴 맛을 삼키며 장비반장에게 전화를 걸었다. 장비기사 2명을 이청명 대리의 태스크포스팀에 긴급 지원토록 했다. 아쉽지만 자기 내부에서 해결할 수밖에 대안이 없었다.

7명의 긴급 태스크포스팀은 이 대리의 지휘하에 신속하게 문제의 센서를 찾는 작업에 돌입했다. 센서를 찾기 위해서는 라인을 돌려야 한다. 산출되는 전량을 불량으로 처리할 수밖에 없다. 다행히 1

번 센서와 2번 센서는 문제가 없었다. 그러나 3번 센서를 시험하는 도중 센서가 작동하지 않았다. 역시 가장 고난도 작업의 센서가 먼저 작동불능 상태에 도달했다. 이 대리도 놀라는 모습이었다. 다음은 4번 센서, 다행히 센서는 작동이 되었다. 안도의 한숨도 한 순간이었다. 마지막 5번 센서를 테스트하는 도중 5번 센서도 작동하지 않았다. 문제는 3번 센서와 5번 센서가 모두 작동불능 상태에 있다는 것이다.

재빨리 3번과 5번 센서를 장비에서 분리해서 장비업체에 수리가 가능한지 알아보도록 요청했다. 그들은 센서를 가지고 자기들 공장으로 돌아갔다. 그들 역시 남아 있는 재고가 있는지를 확인해야 했다. 다시 장비 틈 사이에 끼인 이물을 제거하고 혹시 다른 데 문제가 없는지 파악하기 시작했다. 이 때 이 대리는 팀장에게 휴대폰으로 보고를 했다.

"팀장님! 말씀하신 대로 센서 테스트 결과 3번과 5번 센서에서 문제가 발생했고 둘 다 작동불능 상태입니다. 일단 두 개의 센서를 공장에 수리를 위해 입고시켰습니다. 문제는 A사 공장에 이와 유사한 센서가 있다면 큰 문제는 없지만 센서가 없다면 큰일입니다."

"그래 수고가 많았네. 혹시 다른 쪽에 문제가 없는지 더 확인해 봐야지."

"예, 이미 지시해 놓았습니다. 팀장님 혹시 A사에 동일한 모형의 노광기는 제작하지 않지만 유사한 모델의 노광기는 제작하고 있지 않을까요? 비슷한 모델이 있다면 그 쪽 센서를 임시로 우리 쪽에

달고 사후 제작해서 그 장비에 장착한다면 문제는 쉽게 해결될 수 도 있을 듯합니다."

"좋은 생각입니다. 일단 그 쪽 노광기에 다른 문제가 없는지 확인해 주세요. 오늘은 이만 좀 쉬고 내일 아침에 봅시다."

긴급 복구

문제의 원인은 우리들 내부에 있다.
안일한 대처가 문제를 키우고 해결을 늦추게 한다.

시계는 벌써 새벽 3시를 가리키고 있었다. 김 팀장은 뜬 눈으로 밤을 지새고 새벽에 A사로 갔다. 상황이 그만큼 급박했기 때문이었다. 여기서 A사 사장을 설득해 장비의 센서를 확보해야만 했다. 사장은 7시가 되어서야 출근했다. 김 팀장은 긴급 면담을 신청했다. A사도 사태의 심각성을 간파하고 내부적으로 대책회의를 하고 있었다. 회의는 8시를 넘어 9시가 넘어서야 끝났다. 그러나 사장과 이기자 이사는 나오지 않았다.

김 팀장은 시간이 늦어지는 것에 이상한 기류를 감지했다. 비서에게 사장님과의 면담을 재차 요청했다. 드디어 A사 사장으로부터 들어오라는 허락이 전해졌다.

"죄송합니다. 사장님! 현재 자사의 장비고장 사태의 심각성을 알리고 대책을 마련하기 위해 부득이하게 찾아 왔습니다. 저는 한국전자 장비3팀장 김성실이라고 합니다."

"예, 이야기 많이 들었습니다. 반갑습니다." A사 사장은 반갑게 김 팀장을 맞아 주었다. 그는 시원한 눈매와 훤칠한 키, 온화한 미소를 가진 중년의 신사였다.

"김 팀장님, 상황이 참 다급하게 되었습니다. 며칠이라도 빨리 이 사실을 알았더라면 좀더 신속하게 대처할 수 있었을 텐데……."

"대처가 늦은 것은 자사의 잘못입니다. 이제 문제를 해결해야 하는데, 문제가 바로 센서의 작동불능입니다. 여기서 센서 고장의 원인을 따지고 싶지는 않습니다. 그것은 장비 고장을 해결한 뒤에 처리해도 늦지 않기 때문입니다. 우선 고장난 센서를 대체하는 것이 시급합니다."

"우리도 오늘 아침에 그 이야기를 듣고 대책을 협의하였습니다만 뾰족한 수가 없네요. 센서의 여유분이 있는 것도 아니고, 동일 장비 재고가 있는 것도 아니고 참 난감한 상태입니다." A사 사장은 잠시 말을 끊고 담뱃재를 재떨이에 털고 난 뒤 계속 이야기했다.

"아시겠지만 그 센서의 핵심 부품은 전량 일본으로부터 수입해 오고 있습니다. 다시 부품 발주를 내서 입고 하려면 빨라야 일주일 걸립니다. 또한 그 부품을 모아 조립을 하고 테스트를 하는데 2일이 소요됩니다. 그러나 일본에서 물량을 대어 주지 않으면 한 달 이상이 소요됩니다."

"우선 그 조치를 취해야 한다고 봅니다. 그러나 한 달의 시간은 저희에게는 돌이킬 수 없는 시간입니다. 먼저 고장난 센서를 여기 공장에 제작중인 다른 노광기 센서와 교체가 가능한지 확인해 주십시오."

"뭐요? 김 팀장님, 말씀이 지나치십니다. 현재 제작중인 노광기 5대는 대만으로 수출할 물량입니다. 3일 내에 2대 그리고 일주일 내에 3대를 최종 선적해야만 납기를 맞추는 물건입니다. 귀사도 중요하지만 대만업체도 우리에겐 중요한 업체입니다."

"알고 있습니다. 제가 A사의 영업을 막자는 것이 아닙니다. 일단 대만 업체에 최대한의 양해를 구한 뒤에 발주하자는 것입니다. 발주 지연에 따른 지연금은 저희 회사가 부담하겠습니다. 일단 약속대로 3일 내에 2대를 선적하십시오. 그리고 일주일 후에 2대를 선적하십시오. 한 대는 현재 제품 테스트에서 문제가 발생했다고 하여 일주만 연기를 요청하면 그 사이 일본으로부터 센서의 부품을 공급받아 신규 센서를 장착 선적하면 가능하다고 봅니다. 다만 납기 지연에 따른 지연금은 저희 회사에서 부담하겠습니다."

"김 팀장, 지금 그 말 책임질 수 있는가요?" A사 사장은 약간 신경질적으로 말했다.

"예, 제가 돌아가서 사장님께 말씀 드리고 허락을 받도록 하겠습니다. 우선 조치를 해 주십시오."

"김 팀장, 잠시 내부에서 검토할 시간을 주시오." 옆에 있던 이기자 이사가 중재에 나섰다. 김 팀장은 물러날 수밖에 없었다. 사무실을 나온 김 팀장은 박 상무에게 전화를 걸었다. 상황을 설명하고 우선 허락을 받아야 했다.

"안녕하세요. 상무님! 김성실입니다."

"오, 김 팀장, 고생이 많죠! 장비 문제는 잘 되고 있나요?" 박상무는 사무적인 투로 이야기했다.

"지금 장비 문제를 해결하기 위해 신규 장비 생산업체인 A사 사장과 면담 중입니다."

"뭐라고, A사 사장과 면담 중이라고. 무엇 때문에?" 박 상무의 카랑카랑한 목청 떨림이 들리는 듯 했다.

"상무님, 문제의 원인 파악 결과 CF 3라인 노광기 5개의 센서 중에서 2개의 센서가 작동불능으로 판별되었습니다. 이에 A사로부터 임시로 입수한 센서 2개를 대체하여 작동한 결과 불량 감별과 양산에 큰 문제가 없는 것으로 판명되었습니다."

"그래? 그럼 다행이네. 그런데 A사는 2개의 센서를 대체해 줄 수 있다고 하는가?"

"그것이, A사에서도 대만에 수출하는 물량의 센서라서 우리 쪽에 대체해 줄 수 없다고 합니다. A사의 선적 일정을 보니 3일 내에 2대, 일주일 내에 3대를 선적해야 한다고 합니다. 일주일 내에 4대를 선적하고 1대에 대해서는 1주일 연기를 요청하자고 제안했습니다. 2주 정도면 일본으로부터 신규 센서 부품을 공수 받아 새로운 센서를 제작 교체 투입하여 대만으로 선적하는 것입니다. 문제는 1주일 정도의 지연금이 문제입니다. 그래서 그 지연금을 우리가 대신 지급하는 것으로 제안하였습니다."

"뭐야, 우리가 지연금을 대신 지불한다고? 김 팀장 지금 정신이 있는 거야 없는 거야. 우리 물량도 아닌데 왜 우리가 지연금을 대신 지급해. 우리는 센서 교체를 요청해야지. A사의 센서 문제로 발생한 것은 A사에서 보상해야 하는 거 아니야!"

"그것이 A사에서도 제품보증 기간이 지났기 때문에 보증의 의무는 없습니다."

"그 사람들이 더 이상 우리랑 거래하기가 싫은 모양이지."

"상무님, 계약서에 보면 지연금의 액수는 그렇게 크지가 않습니다. 1일 지연시 5백만 원으로 7일이면 약 3천 5백만 원 정도입니다. 물론 적은 액수는 아니지만 자사가 보는 손해에 비하면 감수할 수 있는 금액이라고 생각됩니다."

"김 팀장, 당신 돈 아니라고 함부로 말하지 마시오. 일단 A사에는 그렇게 하겠다고 통보를 하시오. 사장님께는 내가 보고를 하겠소."

김 팀장은 전화를 끊고 회의실 복도의 모퉁이에 있는 의자에 잠시 앉았다. 어제 밤을 샌 피로가 밀려왔다. 아직 협상은 끝나지 않았다. 김 팀장은 여기서 물러날 수 없었다. 어떻게 만든 팀장 자리인데 여기서 무너질 수는 없었다. 만약 여기서 해결하지 못하고 시일이 더 걸릴 경우 회사가 입는 피해는 엄청날 수밖에 없다. 김 팀장은 다시 마음을 가다듬고 어떻게 풀어갈지를 곰곰이 생각했다. 그 때 비서실 전화벨이 울렸다. 비서는 김 팀장이 안으로 들어가도 좋다고 했다. 김 팀장은 천천히 일어나 심호흡을 했다. 마음을 가다듬고 회의실로 들어갔다.

회의실에는 담배연기가 자욱했다. 30여 분이 지났는데 담배연기가 회의실 빈 공간의 자리를 대신하고 있었다. 먼저 사장이 말문을 열었다.

"김 팀장님, 이번 거래로 우리 A사가 얻는 이득은 무엇입니까?" 역시 A사 사장은 자기 회사의 이득과 손실에 대해 고민하고 있었다.

"A사가 저의 제안을 받아들이면 얻을 것은 자사의 신뢰입니다. 만약 받아 들이지 않는다면 잃을 것도 신뢰의 상실입니다. 저는 제가 말하는 신뢰의 의미를 사장님께서 잘 아시리라 생각됩니다."

"우리는 한국전자가 중요한 고객인 것은 사실이오. 하지만 대만과 일본 회사들도 우리의 소중한 고객이오."

"저도 대만과 일본이 A사의 소중한 고객이라는 점에는 동감합니다. 그렇지만 한국전자가 없었다면 노광기의 국산화는 실현될 수 없었을 것입니다. 한국전자의 노광기가 성공적으로 작동된다는 것이 입증되지 않는다면 일본과 대만의 업체들도 A사의 노광기를 구입하려 하지 않을 것입니다."

"하하하 김 팀장, 나는 당신이 장비팀장인 줄 알았는데 지금 보니 비즈니스 협상에도 일가견이 있군요. 귀사의 사장님은 참으로 좋겠습니다. 팀장님들이 이렇게 회사를 위한 마음과 탁월한 협상능력을 가졌다면 한국전자는 틀림없이 최고의 기업이 되겠습니다." A사 사장은 호탕하게 웃었다. 그리고 말을 이어 갔다.

"조금 전 박 상무님으로부터 연락이 왔습니다. 박 상무님도 김 팀장의 말에 전권을 보태 주더군요. 역시 대단합니다. 이번 장비 고장 센서와 동일한 센서를 귀사에 보내 드리겠습니다. 그러나 조금 전에 말씀하신 지체 보상금의 두 배를 주십시오. 그것은 우리가 대만 고객에게 지불해야 할 위약금과 신용에 대한 비용입니다. 그러면 거래는 공정하다고 봅니다."

김 팀장은 잠시 머뭇거렸다. 그러나 더 나은 대책이 없는 상황에서 받아들일 수밖에 없었다. 일단 박 상무님이 전권을 위임한 이상 결단을 내려야만 했다. 김 팀장은 제안을 받아들였다.

김 팀장은 감사의 인사를 올리고 회사로 돌아왔다. 지연에 따른 부담금도 만만치 않은 액수임은 틀림없다. 그러나 한 달 동안 장비를 세워 둔다면 그 금액이 더 크기 때문에 불가피한 선택이었다.

회사로 돌아온 김 팀장은 상무님과 사장님께 보고 드릴 자료를 작성하는 한편 A사로부터 긴급 입수한 새로운 센서를 장착하여 장비를 돌려 보았다. 다행히 새로운 센서에는 큰 문제가 없었다. 불량을 판별하는 것에도 문제가 없었다. 다시 장비가 돌아가기 시작했다. 문제가 발생한 지 4일 만에 장비는 다시 원상태로 돌아갔다. 사실 위약금보다도 4일 동안 장비를 돌리지 못한 것이 더욱 뼈 아픈 현실이었다.

김 팀장은 문제의 원인을 파악하라는 지시를 이 대리에게 내렸다. 사람의 문제인지 아니면 장비 자체의 문제인지를 보고하게 했다. 그리고 사오정 차장에게는 보고가 지연된 원인에 대한 보고를 하라고 했다.

문제의 원인은 우리에게 있었다는 보고서가 올라왔다. 역시 무리한 작동과 제때에 보전작업을 시행하지 못했기 때문이었다. 장비도 사람과 같아서 너무 돌리면 탈이 나게 마련이다. 탈이 나기 전에 닦고 조이고 기름치는 일을 게을리해서는 안 된다. 특히 센서와 같이 민감한 부품은 오작동이 일어나지 않도록 운영에 주의를 기울여야 했다. 이 점에 대해서는 생산팀에도 보고서를 회람하도록 조치를 취했다.

김 팀장은 문제 발생 및 조치 보고서를 확인한 뒤 박 상무실로 갔다. 시간은 벌써 오후 2시를 가리키고 있었다. 약속한 기한이 3시간 남았다. 박 상무는 자료를 쭉 읽어 본 뒤 말없이 자리에서 일어서서 사장실로 갔다. 박 상무의 표정은 굳어 있었다. 항상 뭔가를 결정하거나 심사숙고할 때면 말이 없는 사람이었다.

사장실로부터 통보가 왔다. 본 제안은 받아들여졌지만, 보고가 늦은 점 그리고 제때에 유지보수를 하지 못한 책임에 대한 상벌위원회를 개최한다는 통보가 왔다. 상무님에게서 내일 개최될 상벌위원회에 대한 보고 준비를 하라는 지시가 하달되었다. 박 상무님의 표정에서도 무거운 분위기가 감지되었다.

사무실로 돌아오니 사오정 차장이 기다리고 있었다. 그 역시 3일 동안 제대로 자지 못한 때문인지 몹시 초췌해 있었다.

"죄송합니다. 팀장님! 미리 보고를 드리고 해결했어야 하는 일을 제때에 보고를 드리지 못해 문제를 키웠습니다."

"사 차장, 우리가 좀 더 일찍 이 문제에 대처했더라면 이렇게 까지 커지지는 않았을 텐데……."

"다른 뜻은 없었습니다. 하루 정도 장비를 세우고 해결하면 되지 않을까 생각하고 나똑똑 사원에게 문제의 원인을 파악하라고 지시했는데, 문제를 해결하기엔 아직 경험이 부족하다는 점을 간과하였습니다." 사 차장은 담담하게 이야기했다. 아직도 김 팀장과는 눈을 마주치지 않고 옆에 있는 화분을 보면서 이야기했다.

"사 차장, 당신의 마음을 이해합니다. 그러나 이 문제는 이해의 차원을 넘어 책임질 것은 책임을 져야 합니다. 단순히 보고를 늦게 한 것이 문제가 아니라 문제의 심각성을 제때에 대처하지 못했다는 것입니다. 우리 회사의 장비는 그냥 장비가 아닙니다. 아시겠지만 대당 몇 억에서 몇 십억까지 갑니다. 그러한 장비를 하루 놀리면 손실은 몇 천만원씩 난다는 것을 몰랐나요?"

사 차장은 말이 없었다. 그냥 고개만 숙인 채 바닥을 보고 있었다. 김 팀장은 단호하게 이야기했다.

"경위보고서를 작성해서 내일 개최되는 상벌위원회에 보고해야 합니다. 그 결과를 따라야겠지요. 혹시 발생할지 모르는 다른 문제를 예방하는 차원에서 아직 긴장을 놓지 마시길 바랍니다. 이 대리는 하루 쉬게 하고, 다른 사람에게 24시간 비상대기에 들어가도록 하세요."

"알겠습니다."

사 차장은 짧게 대답한 뒤 돌아서 자리로 돌아갔다. 어찌 보면 문제의 원인은 우리들 내부에 있었다. 안일한 대처가 문제를 키웠고 해결을 늦추게 했다. 아직도 풀리지 않는 사 차장과의 관계에서 김 팀장은 자신의 책임이 크다는 것을 인정하지 않을 수 없었다.

신상필벌

실수나 잘못은 발생할 수 있다.
중요한 것은 그와 같은 일을 두 번 다시 반복하지 않는 것이다.

오랜만에 화창하고 포근한 날씨다. 그 동안 한겨울의 추위가 매서웠다. 한결 가벼워진 발걸음과 외투의 무게에서 여유를 느낄 수 있다. 그러나 사오정 차장의 발걸음은 무거웠다. 오늘 상벌위원회에서 이야기를 해야 한다. 경위서는 이미 제출한 상태다. 어쩌면 이번 사태에 대한 결정은 이미 내려져 있었다. 비록 형식적인 절차라도 문제 발생에 대한 재발방지 조치는 취해져야 한다. 사오정 차장은 머리를 들어 산을 바라 보았다. 모든 나무들이 잎을 떨군 겨울에도 항상 푸르른 소나무를 보았다.

'그래 초심을 잃지 말자! 내가 이 조직에서 해가 되었다면 과감히 벗어 던질 줄도 알아야 한다. 지난 13년 동안 이 회사에서 많은 도움을 받았고 지금껏 생활해 왔지 않았던가. 다 이 회사를 위한 행동이었다.'

비록 결과가 이렇게 되었지만 후회는 없었다. 다만 '자신의 의사 결정과 조치가 조금만 빨랐으면' 하는 아쉬움이 있었다. 사오정 차장은 터벅터벅 회사 진입로를 걸어 갔다. 어느 틈에 나똑똑 사원이 다가와 인사를 건넸다.

"차장님! 면목이 없습니다. 제가 문제의 원인 파악을 일찍 했었다면 이렇게까지는 되지 않았을 텐데……."

"괜찮아, 내가 조금만 일찍 자네의 이야기를 들었으면 자네도 이런 곤경에 처하지 않았을 텐데. 미안해, 못난 상사 만나서."

"아닙니다. 차장님! 저는 이 회사에 들어와서 차장님을 친형님처럼 생각하고 따랐습니다. 다만 제가 제 역할을 다하지 못했던 것이 죄송스러울 뿐입니다."

"야, 나똑똑! 힘을 내야지. 위기는 기회이고 기회는 잡아야 기회가 되는 거야! 어쩌면 일이 이렇게 된 것은 보다 나은 성과를 만들 수 있는 기회가 될 수도 있어. 우리가 그토록 이야기해 왔던 장비에 대한 회사 차원의 관심과 지원이 한층 더 나아질 거야. 이번을 기회로 생산장비 유지관리의 중요성을 다시 한 번 생각해 보는 시간이 될 거야. 기운 잃지 말고 끝마무리 잘하자고! "

어느덧 두 사람은 엘리베이터 앞에 멈춰 섰다. 나란히 타면서 말이 없었다. 사 차장은 조금만 더 신경을 쓰고 관심을 기울였다면 하는 아쉬움이 물밀듯이 밀려왔다.

시계는 9시 40분을 가리키고 있었다. 사오정 차장과 김성실 팀장은 함께 상벌위원회에 들어갔다. 아직 위원들이 들어오지 않았다. 문득 사오정 차장이 김 팀장을 바라보며 말했다.

"팀장님, 죄송합니다. 제가 조금만 더 챙겼으면 이 정도까지 어렵게 되지는 않았을 텐데 면목없습니다."

사 차장은 말을 더듬거리며 이야기했다. 무뚝뚝한 경상도 사내의 입에서 죄송이라는 말이 흘러 나왔다. 두 사람의 마음의 동토가 조금씩 녹기 시작했다.

"아닙니다. 사 차장! 평소에 좀 더 사 차장님과 많은 대화를 나누었어야 했는데 제가 소홀했습니다."

"그렇지 않습니다. 팀장님이 새롭게 부임해 오신 지 한 달도 채 되지 않아 이런 일이 터진 것은 모두 저의 책임입니다. 제가 좀 더 업무를 잘 챙겼어야 했는데……."

둘은 그렇게 서로를 위로하며 미안해했다. 아이러니한 일이다. 평소에는 말도 잘 나누지 않던 두 사람이 위기의 순간에는 서로를 위하며 인정해 주었다. 그러나 두 사람은 아직 긴장된 마음이다. 결과가 어떻게 나올지 아무도 모른다. 다만 어떻게든 책임을 져야 하는 상황이었다.

인사담당 임원이 상벌위원회를 주재하고 부사장과 노조위원장 그리고 박 상무를 비롯한 공장장 3명이 참석했다. 먼저 인사담당 김 상무가 그 동안의 경과에 대해 설명했다. 그리고 경과에 대해 두 사람에게 확인을 요청했다. 두 사람은 사실을 인정했다. 이윽고 부사장의 질문이 이어졌다.

"김성실 팀장, 당신이 팀장으로 부임한 지 4주 만에 이런 일이 발생했습니다. 신임 팀장이라 업무 파악이 잘 되지 않았다고 할 수도 있으나, 기본적인 보고조차 제때에 이루어지지 않았다는 것이 말이 됩니까? 장비 작동불능으로 4일 동안 2억 원 이상의 생산 손실을 입었습니다. 조금만 더 일찍 문제를 파악해 조치를 취했더라면 이렇게 큰 손실은 막을 수 있었습니다. 이 문제를 어떻게 설명하겠습니까?"

"죄송합니다. 현장의 문제에 대한 파악이 부족했습니다. 이 모든 책임은 저에게 있습니다. 제가 모든 책임을 지겠습니다."

"김 팀장, 당연히 책임은 김 팀장이 져야 합니다. 그런데 팀장으로 임명된 지 얼마 되지 않아 이런 일이 발생한 것은 팀장을 보좌해야 하는 파트장인 사오정 차장의 잘못도 크다고 봅니다. 왜 사 차장은 문제가 발생한 것을 미리 알고서도 팀장에게 보고하지 않았습니까?" 부사장은 김 팀장과 사 차장을 번갈아 보며 질문을 했다. 사 차장이 고개를 들며 이야기했다.

"부사장님, 저는 팀장님께 보고를 드리기 전에 제 선에서 문제를 처리하려 했었습니다. 문제가 그렇게 심각하지 않고 하루면 해결 가능하다고 판단을 했었습니다. 안일하게 대처한 저에게 큰 잘못이 있었습니다. 모든 책임은 저에게 있습니다."

"혹시 김 팀장에게 개인적인 감정이라도 있었던 것은 아닌가요?" 부사장은 다시 사 차장의 아픈 곳을 찔렀다.

"그런 것은 없었습니다. 다만……."

"그렇지 않고서는 이틀이나 지나도록 보고하지 않은 것이 말이 되지 않아요. 이것은 팀장을 기만하는 처사라고 볼 수밖에 없습니다."

잠시 긴장이 흘렀다. 아무도 말이 없었다. 문제는 터졌고 누군가는 책임을 져야 했다. 일벌백계一罰百戒란 이 경우를 두고 하는 말일 거다. 인사담당 김 상무는 금일의 상벌위원회 소집 결과를 토대로 징계 수위를 결정하여 공고하기로 했다.

'팀원의 부주의로 회사 장비에 대한 심대한 손실을 끼친 바 이에 대해 당사 상벌위원회는 장비3팀장인 김성실 팀장에게 감봉 6개월, 사오정 차장에게 감봉 3개월, 생산팀장인 이혜성 팀장에게 경고 조치를 취한다.'

회사 공보판에 벽보가 나 붙었다. 직장생활 동안 자신의 이름이 공보판에 붙기는 처음이었다. 이것이 누구의 잘못이든 결과에 대해 책임을 져야 했다. 김 팀장은 우선 사 차장이 걱정이 되었다. 자신의 책임을 사 차장이 짊어진 듯한 느낌이었다. 또한 팀원들의 사기가 말이 아닐 것이라 생각되었다. 다시 팀원들의 마음을 다독여야 했다. 그날 김 팀장은 모든 팀원들을 회의실로 집합시켰다.

바깥은 여전히 찬바람이 불고 있었다. 하늘은 금새 흰 눈이라도 내릴 듯이 잔뜩 찌푸려 있었다. 회의실에 집합한 팀원들도 잔뜩 풀이 죽어 있었다. 그들의 처진 어깨가 모두 김 팀장 자신의 책임인 것 같아 어깨가 무거웠다. 그런데 사오정 차장이 보이지 않았다. 물어보니 오늘 출근하지 않았다고 한다. 전화도 없었다. 김 팀장은 무겁게 입을 열었다.

"여러분 뜻하지 않은 일로 불미스러운 일을 겪게 해서 미안합니다. 그것도 팀장으로 임명된 지 한 달도 채 안 되어서 이런 일이 발생해 유감입니다. 이번 사건은 누구의 잘못도 아닙니다. 제가 현장 상황을 제대로 파악하지 못한 책임입니다. 다만 늦게라도 보고를 해 준 나똑똑 사원에게 감사합니다. 이후에도 이런 일이 발생할 경우 망설이지 말고 저에게 보고해 주시기 바랍니다. 제가 존재하는 이유는 장비3팀의 문제를 해결하라고 있는 것입니다. 여러분이 문제를 발견하면 저랑 같이 해결하는 것이 저의 임무입니다. 제가 있는 한 이것을 꼭 지켜 주시기 바랍니다. 제가 모든 책임을 질 테니 여러분도 마음껏 기량을 펼쳐 보여 주시길 바랍니다. 혹시 이번 사건과 관련하여 궁금한 사항이나 질문 있으신 분은 이야기해 주세요."

일순간 긴장이 흘렀다. 어디선가 흐느끼는 목소리가 들렸다. 나똑똑 사원이었다. 누구보다 지기 싫어하지만 자신의 업무에서 발생한 문제에 대한 책임을 통감하고 있었다.

"죄송합니다. 팀장님, 저 때문에 많은 사람들이 피해를 보았습니다. 그런데 저는 아무런 벌도 받지 않았습니다. 저도 같이 책임을 물어 주십시오."

나똑똑 사원은 그만 흐느껴 울고 말았다. 김 팀장은 다가가 어깨를 두드려 주었다. 그리고 자신의 손수건으로 나 사원의 눈물을 닦아 주었다. 덩치 큰 사내의 눈물에 다들 말을 잃었다. 모두 천정을 쳐다보거나 바닥을 뚫어져라 바라볼 뿐이었다.

"나똑똑씨, 우리 모두는 당신의 마음을 잘 알고 있습니다. 그리고 자신의 업무에서 최선을 다한 당신을 좋아합니다. 아쉽게도 자신이 처리하겠다는 그 순간의 판단을 되짚어 볼 필요가 있습니다. 실수나 잘못은 발생할 수 있습니다. 중요한 것은 그와 같은 일이 두 번 다시 반복되지 않는 것입니다. 나똑똑씨, 우린 당신을 믿습니다."

팀장은 모두의 어깨를 두드려 주며 일으켜 세웠다.

"자 모두 힘내고 오늘도 열심히 해 봅시다. 자, 장비3팀!" 김 팀장이 선창을 했다.

"아자! 아자! 파이팅"

모두 큰 소리로 외치며 자신들의 자리로 돌아갔다. 김 팀장 홀로 남았다. 사오정 차장에게 전화를 걸었다. 전화는 통화음을 길게 내며 부재중이라는 메시지가 되돌아 왔다. '어디를 간 것일까?' 집으로 전화를 할까 하다가 오히려 집에서는 모르고 있는데 일을 크게 벌릴 듯하여 하루만 참기로 했다.

1시간이 지나서야 문자가 왔다. '팀장님 3일 동안 휴가를 내겠습니다.' 라는 짧은 문자였다. 잘 쉬다 오시라는 답장을 보냈다. 와서 처리할 일이 많이 있었지만 김 팀장이 생각하기엔 지금은 휴식과 정리의 시간이 필요한 듯했다. 물론 김 팀장도 억울한 마음에 분통이 안 터질 리가 없었다. 그러나 자신이 팀장인 이상 벌은 모두 자신의 책임이라고 생각했다. 더구나 자신을 믿고 따르는 후배들에게는 더할 나위 없다.

아침부터 찌푸린 하늘은 흰 눈을 내리면서 세상을 밝게 만들어 갔다. 쏟아지는 함박눈이 겨울을 재촉하고 있다. 그때 한 통의 전화가 울렸다. A사의 장비를 우리 쪽에 선 투입하고 추가로 발주를 하여 부품을 생산하기로 했다는 통보였다. 부품 교체에 대한 비용은 최소한의 부품 소싱비만 받겠다고 했다. 역시 사태의 심각성에 대해 그 쪽에도 통보가 된 모양이었다. 1월의 함박눈은 점점 더 많이 내리기 시작했다. 눈이 세상을 뒤덮어 새하얀 겨울을 연출했다.

협력 워크숍(Cooperating Workshop)

사일로Silo는 원래 곡식을 저장해 두는 원통 모양의 창고를 말한다. 여기서는 조직내 부서들이 외부와 담을 쌓고 다른 부서와의 협력이나 교류 없이 내부적 이익만을 추구하는 모습이 마치 사일로와 닮아 있다는 데서 '조직 내 부서 간 장벽' 을 뜻하는 용어로 사용되어 왔다. 또한 '사일로스Silos' 는 자기 부서의 이익만을 좇는 '사일로' 조직을 의미한다.

LG경제연구원의 연구자료에 의하면, 조직 내에서 '사일로' 현상이 발생하는 원인은 다음과 같다. 첫째, M&A 등 사업의 확장에 따른 조직의 거대화나 근무지의 지리적 분산 등에서 찾아 볼 수 있다. 이것은 조직 내부의 커뮤니케이션 활성화가 쉽지 않고 구성원들 간 교류가 위축되기 때문이다. 둘째, 과거와 비교할 수 없을 정도로 고도화/전문화된 업무 내용이 타 부서에 대한 관심 자체를 떨어뜨리는 점도 주요 요인이다. 끝으로 성과주의가 심화되면서 부서 간 지나친 경쟁 심리가 조직 이기주의를 유발하고 있어 사일로 현상을 더욱 고착화시키는 경향이 있다.

이러한 조직 내 사일로를 극복하기 위해 중요한 것이 바로 협력이다. 조직 내외의 벽을 허무는 첫 작업으로 '협력 워크숍Cooperating Workshop' 을 제안한다.

1. 필요성

첫째, 지나친 성과주의에 입각한 조직 간 이기주의 및 우월주의로 조직 간 불만 요인으로 대두. 둘째, 조직 간 상호 커뮤니케이션 부재로 인해 업무의 누수 현상과 효율성이 저하. 셋째, 팀 간 목표가 상충하거나, 인식의 차이로 인해 조직 간 갈등이 증폭될 때 필요하다.

2. 전개 방향

상호 관련된 업무를 수행하는 2개 이상의 조직을 대상으로, 이 워크숍을 통해 비산생적이며 효율성을 저해하는 업무들을 규명하고 개선하여 조직 간의 협력 풍토를 증대시킨다.

3. 기대 효과

조직 간 인식 차이 및 갈등을 해소하여 팀워크를 증진시킨다. 또한 조직 간 원활한 정보교환을 통해 역할 분담과 업무조정을 명확히 한다.

4. 진행 프로세스

구분	단원명	주요 내용	시간
준비	니즈 파악	–팀 개발 필요성 및 요청 사항 파악	D-3주
	자료 수집 및 본 세션 설계	–본 워크숍에서 공유할 각 마당별 자료수집 –본 세션 설계 및 개발	
워크숍 실시 (D-day)	도입	–워크숍 안내 및 Ice–breaker –협력 워크숍의 필요성 공유	30분
	1. 올려주기 마당	–상대 조직에서 느끼는 고마운 점 공유	1시간
	2. 받쳐주기 마당	–상대 조직에서 느끼는 애로 사항 공유	1시간
	3.도움받기 마당	–상대조직에게 도움을 받고 싶은 사항 제안 –상대조직이 제안한 도움받고 싶은 항목을 중심으로 실행계획서를 작성	2~5시간
	4. 공유 및 축하 마당	–실행계획서를 공유 및 합의 –축하 및 실행 다짐	1시간
사후관리	모니터링	–실행계획서 점검 및 보완	월1회
	조직 진단	–팀 효과성 진단 (팀장 가이드1 참조)	D+6 개월~

5장

팀워크 형성하기

내 안에 있는 문제

사람들은 자신의 생각대로 행동하기를 선호한다.
다른 사람들도 나처럼 행동하기를 원한다.
나 중심적으로 생각하고 행동하는 한 문제는 반복된다.

토요일 오후부터 몸이 오슬오슬 추워지기 시작했다. 지난 일주일 동안 장비 문제로 온 신경을 쏟고 난 다음 기력이 쇠진한 모양이다. 온 몸이 막 쑤시고 열이 났다. 김성실 팀장은 직감적으로 드디어 몸에 탈이 났다는 것을 느낄 수 있었다. 지난 일주일 동안의 과로도 과로지만 팀장을 맡은 지난 3주 동안 하루도 편히 쉬는 날이 없었다. 그만큼 의욕이 앞섰다. 그러던 중에 뜻하지 않게 발생한 장비 문제는 마음의 상심과 아울러 몸의 기운마저 빼앗아 버렸다.

김 팀장은 일하던 노트북을 덮고 자리에서 일어섰다. 갑작스런 어지럼증으로 발이 휘청거렸다. '아앗!' 속삭이듯 신음소리를 내며 책상 모서리를 잡았다. 하늘이 노래지고 몸에 열이 나고 몸살 기운이 온 몸으로 뻗치기 시작했다. 속은 더부룩하고 몸 속이 꽉 막힌 듯 답답했다. 정문을 나와 차를 탔다. 간신히 집까지 갔다. 오랜만에 아빠를 보는 아이들을 한 번 안아 주고는 어지러움에 그만 쓰러져 버렸다. 놀란 아내와 아이들이 아빠를 흔들었다. 다시 정신을 차렸다. 말로만 듣던 과로사가 이렇게 올 수도 있겠구나 하는 생각에 순간 가슴이 서늘해졌다.

속이 좋지는 않았지만 그래도 뭘 먹어야 나을 듯 싶어 저녁을 조금 먹었다.

"당신, 드디어 아프기 시작했구나. 자신이 무슨 쇳덩이라고 그렇게 혹사하더니 드디어 탈이 났네." 아내는 비아냥거리듯 위로를 했다.

모든 일을 열심히 하는 것도 중요하다. 그러나 더 중요한 것은 성과를 내는 것이다. 아무리 열심히 일해도 성과가 나지 않거나 오히려 손해를 입게 되면 열심히 한 것은 모두 수포로 돌아간다. 중요한 것은 결과이다. 결과로 말하는 세상에서 김 팀장은 지난 장비고장 사건으로 자신의 경력에 큰 오점을 남긴 것이다. 지금까지 승승장구한 자신이 이렇게 큰 상처를 입기는 처음이다. 그렇다고 자신이 관할하는 팀에서 발생한 문제이기에 자신이 책임을 지는 것은 당연한 일이라 누구 탓도 할 수 없다.

생각할수록 치밀어 오르는 화기가 몸을 탈나게 했다. 몸살이다. 몸살은 특히 몸에 화기가 뻗쳐서 발생하므로 몸과 마음을 정제하고 편안히 가지는 것이 제일이다.

밥을 대충 먹고 나자 몸의 열이 더 올라갔다. 그렇다고 이런 일로 병원에 갈 수도 없는 노릇이었다. 소파에 등을 기대고 잠시 눈을 감았다. 스르르 잠이 몰려왔다. 그래 아플 땐 자는 것이 낫는 것이다. 과로로 생긴 병은 쉬어야 한다. 쉬면서도 편히 쉬지 못하는 현대인처럼 김 팀장은 자타가 공인하는 일벌레였다. 열이 나서인지 정신이 아득해지고 세상이 희미하게 보인다.

잠시 눈을 붙인 줄 알았는데 1시간이나 지나 있었다. 애들과 아내는 조용히 옆에 앉아서 자신들의 일을 하고 있었다. 아빠의 아픔을 아는 듯 아무 소리도 내지 않았다.

미안한 마음에 김 팀장은 안방으로 갔다. 이부자리를 펴고 일찍이 자리에 누웠다. 열이 난 몸은 잠 자는 것도 평안히 내버려 두지 않는다. 선잠이 들었다. 간간히 헛소리도 했다. 잠이 들었다 눈을 떠 보니 새벽 2시였다. 모두 자는 듯했다. 김 팀장은 어지러운 몸을 일으켜 부엌으로 갔다. 갈증이 났다. 물을 한 모금 천천히 들이켰다. 마치 음식을 먹듯 천천히 씹어서 먹었다. 다시 잠자리에 들자 부스럭거리는 소리에 아내가 깼다. 아내도 선잠을 잔 모양이었다. 아내는 내 몸을 만져 보더니 비상약통에서 해열제 두 알을 꺼내 왔다. 소반에 약과 물컵을 얹어서 가져 왔다. 김 팀장의 버릇 중 하나는 약을 싫어한다는 것이다. 그래서 병원 가기도 싫어한다. 웬만해서는 병원도 안 가고 약도 잘 먹지 않는다. 그렇지만 이번에는 순순히 약을 받아 먹었다. 잠시 열을 내려 주는 것이라는 것을 알면서도 빨리 나아야만 또 일을 할 수 있기 때문이었다.

오랜만에 일요일에 집에서 쉬기로 했다. 일이 없어도 만들어 하던 김 팀장이 오늘 아침은 먹는 둥 마는 둥 다시 안방에 가서 이불을 뒤집어 쓰고 누웠다. 지역난방 아파트는 옛날 집처럼 아랫목이 없다. 미지근한 바닥이 왠지 마음에 들지 않았다. 그렇다고 전기장판을 깔고 잘 수도 없는 일이었다. 아쉽지만 이불을 뒤집어 쓰고 떨리는 몸과 마음을 달랠 뿐이었다.

누워서 지난 5주간을 곰곰이 되돌아 보았다. 들뜬 마음에 팀을 새롭게 하기 위해 동분서주했다. 팀원들과 워크숍을 통해 마음을 터놓을 기회를 만들었다. 또한 팀의 방향을 수립하기 위해 팀의 목표를 구체화했다. 아울러 팀원들과 면담을 통해 업무계획을 확정했다. 그러던 와중에 문제가 터졌다. 그 문제는 전혀 예상하지 못한 곳에서 발생했다. 하긴 대부분의 문제는 예상하지 못한 곳에서 터진다.

김 팀장은 다시 생각해 보았다. 팀원들이 사전에 조금이라도 일찍 이 문제에 대해 이야기했었더라면 이렇게 큰 손실을 입지는 않았을 것이다. 그렇다! 문제는 김 팀장 자신에게 있었다. 너무 자기위주로 팀을 운영해 왔다. 팀원들의 말에 귀를 기울였지만, 결국 자신의 목소리에 귀를 기울였다. 그는 자신을 넘지 못했다. 자기 속에서 자신의 생각대로 움직여 왔다. 다른 사람들도 자신처럼 잘 따라오리라고 생각했다. 물론 잘 따라온 사람도 있었지만, 잘 따라오지 못하고 제대로 말도 하지 못했던 나똑똑 사원 같은 팀원도 있었다. 이런 일은 다시 재발할 수 있다. 결국 나 중심적으로 생각하고 행동하는 한 이런 일은 반복될 수밖에 없다.

일은 팀원들이 한다. 팀장은 팀원의 업무수행을 돕기 위해 존재하는 사람이다. 팀장이란 팀원들이 일을 하면서 느끼는 애로사항이나 문제를 제때에 보고 받지 못하면 영원히 알 수 없는 위치에 있다. 그렇기 때문에 평상시에도 팀원의 말에 귀를 기울여야 한다.

결과는 어처구니없는 손실을 가져왔지만 김 팀장에게는 좋은 교훈을 주었다. 값비싼 사례였지만 앞으로 리더로서 갖추어야 할 소중한 경험이었다. 어떤 일이나 문제가 제때에 보고되기 위해서는 실수나 실패에 대해 감추지 않고 드러내는 분위기가 형성되어야 한다. 그러나 우리 기업의 현실에서는 잘못이나 실수는 조직생활에 치명적 결과를 가져온다.

조직생활에서 한 번 낙인이 찍힌다는 것은 무서운 일이다. '저 사람은 저래서 안돼.', '혹시나 했는데 역시 그랬군.', 좋은 일의 회자와 달리 나쁜 일은 좀처럼 잊혀지지 않는다. 자신의 발목을 잡는 족쇄처럼 자신을 따라 다닌다. 그래서 좋지 못한 일을 당한 사람들은 대부분 조직을 떠난다.

100번을 잘 하고도 한두 번의 실수나 실패로 부당하게 낙인이 찍히는 조직에서 구성원들은 눈치를 볼 수밖에 없다. 특히 이런 상황에서는 잘못이나 실패를 감당하면서까지 도전하는 사람이 나오지 않는다. 장기적 관점에서 조직의 성공은 실수나 실패를 통해 더 나은 결과를 만들 수 있는 기회를 제공하는 조직의 풍토에 달려 있다.

이번 일도 조금만 일찍 보고되었더라면 손실을 어느 정도 막을 수 있었다. 담당자 한 사람의 잘못이라기보다는 조직 전체의 동맥경화

와도 같은 현상이다. 다른 사람이었더라도 그랬을까? 아마 십중팔구 그렇게 했을 것이다. 자신의 업무에서 발생한 문제는 자기가 처리해야 한다는 조직 분위기가 변치 않으면 이런 문제는 재발될 수밖에 없다. 이런 업무풍토에서는 이런 일이 또 발생하지 않는다고 장담할 수 없다. 김 팀장은 이불을 걷어 내고 노트와 펜을 들고 적기 시작했다.

'문제는 내 안에 있다. 일하는 마인드를 혁신하라!'

사람들은 자신이 틀릴 수도 있다는 사실을 망각한다. 자신이 맞고 상대방이 틀린다고 생각한다. 이것이 바로 상호 커뮤니케이션 부족에서 발생하는 문제점이다. 이런 문제가 해결되지 않으면 갈등으로 비화되고 결국은 손실로 얼룩지게 된다. 그때는 손을 써도 너무 늦다. 아무리 발버둥쳐도 늦을 수밖에 없다.

김 팀장은 내일부터 새로 시작되는 한 주에는 일하는 마인드의 혁신을 위해 팀원들과 이야기를 나눠야 한다고 생각했다. 어느새 열이 내린 듯했다. 십 년 묵은 체증이 금방 내려앉은 기분이었다. 김 팀장은 이부자리를 개어서 장롱에 올려 놓았다. 그리고 방문을 열고 청소를 하기 시작했다. 언제 아팠느냐는 듯이 열을 내며 쓸고 닦았다.

발 밑에서 찾은 행복

행복이란 먼 곳에 있는 것이 아니라 지금 자신이 살아가고 있는 삶 속에 있다. 우리는 그것을 잊고 먼 미래의 일이나 희망을 동경하면서 살아간다.

오랜만에 날씨가 풀렸다. 대륙의 찬바람이 그 기세를 잠시 멈추고, 겨울 햇살에 그늘에 남아 있던 눈마저 조금씩 녹아가는 따뜻한 날씨였다. 차를 주차장에 주차시켜 놓고 정문을 지나 사무실로 들어갔다.

컴퓨터 전원을 넣고 이메일을 확인하니 벌써 십여 통의 메일이 쌓여 있었다. 메일마다 간단한 답장을 보내 처리를 하고, 좀 더 생각할 메일은 별도로 남겨 두었다. 삭제를 거듭하면서 메일을 읽고 있는데, 김 치국 대리가 보낸 메일이 이 아침을 기분 좋게 했다.

안녕하세요, 팀장님!
요즘 이 일 저 일로 머리가 많이 아프시죠.
그래도 힘내시고요. 잠시 머리를 식힐 겸 어제 읽었던 구절인데 마음에 들어

이렇게
메일 보냅니다. 다음은 인도의 시성 타고르가 지은 〈행복〉에 대한 글입니다.

참된 행복은 자기 안에 있습니다.
참된 행복은 자기 안에 있습니다.
어리석은 자는 행복을 멀리에서 찾고,
슬기로운 사람은 행복을 자신의 발 밑에서 찾습니다.

지난번 팀장님께 이직하겠다고 말씀드린 것 물리면 안 될까요?
팀장님 말씀처럼 저의 비전을 생각해 보았을 때 장비팀의 경험이 큰 힘이 될 것 같습니다.
저 혼자만 힘들다고 생각했는데 지난번 장비사고를 겪으면서 나는 아무것도 아니었구나 하는 생각이 들었습니다. 어려운 과정을 같이 극복하면서, 내 꿈과 고객의 요구에 적기에 대응하자는 우리 팀의 사명과도 일치함을 느꼈습니다.
경솔하게 말씀드린 것 죄송하구요.
열심히 일하도록 하겠습니다.

팀장님! 고맙습니다. ^?^

장비 문제 때문에 김치국 대리의 사직 건은 까맣게 잊고 있었다. 지난 2주 동안 장비 사고 뒷처리와 징벌위원회 건으로 정신이 없었다. 미처 따뜻하게 대해 주지도 못했는데 지난주 팀원 전체가 혼연일체가 되어 문제해결에 집중하는 과정에서 팀 구성원 간에 신뢰와 일의 의미를 다시 찾은 듯 했다. 이직을 취소하겠다는 김 대리의 이메일이 김 팀장의 가슴 한 켠에 자리한 응어리를 풀게 해 줬다.

김 팀장은 오랜만에 팀원들과 같이 저녁식사를 해야겠다고 생각

했다. 아침 미팅 때 간단하게 업무회의를 마치고 팀 전체 회식을 알렸다. 생각한 대로 갑작스런 회식 소식에 일부 팀원들이 놀라기도 했지만, 모두들 흔쾌히 받아들였다. 다만 야근 조와 급한 일이 있는 사람은 빠지고 사무실 팀원 5명이 참석했다. 휴가를 간 사 차장과 금일 야근인 이청명 대리가 빠졌다.

저녁 회식이 예견된 날은 역시 하루가 바쁘다. 저녁에 하려고 미루지 않는 것도 있지만, 그런 날에는 왠지 찾아오는 사람도 많고, 요청하는 업무도 많다. 다행히 긴급요청은 없어서 저녁 때까지 끌고 갈 일이 없어 다행이었다.

장비팀 6명이 김 팀장의 승합차에 모두 몸을 실을 수 있었다. 9인승 승합차의 위력을 발휘하는 날이었다. 회식 장소는 회사에서 조금 떨어진 식당가의 삼겹살 집으로 잡았다. 삼겹살은 먹어도 질리지 않고 푸짐하게 부담없이 모두 즐길 수 있기 때문이다. 그리고 무엇보다 좋은 것은 취하고 싶을 때 소주를 양껏 먹어도 되기 때문이다. 단골 삼겹살 집으로 들어가니 주인이 알아보고 넙죽 인사를 했다. 역시 마음씨 좋게 생긴 아저씨가 반겼다. 아저씨가 왜 요즘은 통 찾지 않았냐고 볼멘소리를 하자 이것만 과장이 그 동안 바쁜 일이 있었다고 회답하였다.

모두 자리를 잡자 불판이 올라왔다. 지글지글 돼지고기 기름으로 판을 문지르고 난 뒤 삼겹살 몇 점이 불판에 올랐다. 김 팀장은 정말 오랜만에 오는 회식자리라 생각되었다. 지난 한 주가 어떻게 지나갔는지 몰랐다. 모든 것이 순식간에 지나간 듯했다. 문제가 발생하고 처리하기 위해 동분서주했다. 그리고 문제에 대한 회사의 문책조치도 일사천리로 진행되었다. 마치 모든 일들이 예견이나 된 듯이 진행되었다.

이뻐요 사원이 이런 저런 상념에 잠긴 팀장에게 건배를 제안했다.

"팀장님 뭐하세요. 고기가 알맞게 익었어요. 다 같이 건배해야죠."

"그래, 우리 이뻐요씨가 건배 제의하지."

"자, 그럼 모두 잔을 채워 주시고요. 지난 한 주 동안 모두 마음 고생 많으셨어요. 이번 주는 좋은 일 많이 있자고 '좋은 일 많으세요'라고 건배하겠습니다."

"좋은 일 많으세요."

"좋은 일 많으세요."

모두 이구동성으로 건배를 했다. 잔을 부딪히며 오랜만에 웃음꽃이 활짝 폈다. 건배에 건배를 거듭하고 연거푸 몇 잔을 마셨다. 고기가 익어가는 만큼 먹는 속도도 빨라지기 시작했다. 상추가 동이

나고 또 상추를 가져오고 고기를 추가로 시켰다. 소주도 2병 추가로 시켰다. 얼큰하게 분위기가 올랐다. 둘 셋씩 이야기를 주고 받으면서 서로 술잔을 돌리고 있었는데 문득 김치국 대리가 팀장님께 할 말이 있다고 말했다. 소란스럽던 술자리가 순간 조용해지고 모두의 눈과 귀가 김 대리에게 쏠렸다. 김 팀장은 술잔을 내려 놓으며 이야기하라고 했다.

"팀장님, 제가 아침에 보낸 메일 기억나세요?"

"뭐였더라?"

"인도의 타고르 시인이 쓴 〈행복〉 말이에요."

"아, 기억나. 고마워, 내가 고맙다고 답장 쓰는 것을 깜박했네. 김 대리가 보낸 시 잘 읽었지."

"팀장님은 행복이 뭐라고 생각하세요?"

갑작스런 질문에 모두 웃음을 참았다. 뚱딴지 같은 질문을 너무 진지하게 했기 때문이다.

옆에 있던 조급해 대리가 웃음을 참지 못하며 핀잔을 주었다.

"야, 김 대리. 무슨 뚱딴지 같은 소리야. 술 잘 먹다가 행복은 무슨 행복이야. 그냥 살아가면 되는 거지."

"조 대리, 너 지금 나한테 반말하냐. '야' 라니 말조심해야지. 나는 지금 팀장님께 질문을 드린 거라고."

김 대리가 정색을 하며 취기로 붉어진 얼굴색이 더욱 붉어졌다. 갑자기 분위기가 찬물을 끼얹은 듯 싸늘해졌다.

"자, 그만하고. 글쎄 행복이 뭘까. 인도의 타고르는 '행복이 자기

발 밑에 있다' 고 했지?"

"예. 행복은 먼 곳에 있는 것이 아니라 자신의 발 밑에 있다고 했습니다."

"그래 멋진 표현이야. 행복이란 먼 곳에 있는 것이 아니라 지금 현재 살아가고 있는 자신의 삶 속에 있다는 뜻이지. 우리는 그것을 잊고 먼 미래의 것이나 희망을 동경하면서 살아가지. 그때 가서는 '그때가 그래도 행복했어.' 라고 과거를 생각할 때가 많지. 그게 사람이 아닐까?"

조용히 있던 이것만 과장이 오랜만에 입을 열었다.

"팀장님 말씀이 맞습니다만, 그렇게 생각할 경우 사람들이 현실에 안주해서 살아가지 않을까요? 먼 미래에 자신이 꿈꾸거나 동경하는 어떤 것을 달성하기 위해서 노력하는 삶 자체를 포기하고, 편하고 안락하게 살려고만 하지 않을까요?

이야기가 제법 물이 올랐다. 술자리에서 오랜만에 논해 보는 철학적 이야기다. 김 팀장은 취한 눈으로 좌중을 둘러보면서 재미있다는 듯이 빙긋 웃었다. 센스 있는 이뻐요 사원이 동감한다는 듯이 생긋 웃었다. 어떤 이는 재미 없다는 듯이 담배를 물거나 술잔을 비웠다. 잠시 정적이 흐르고 말을 꺼냈던 김치국 대리가 말을 이었다.

"이 과장님, 타고르 시인은 '행복이 자신에게 있지 먼 곳에 있지 않다' 고 했을 뿐입니다. 그것은 시간적 의미와 장소적 의미가 아니라, 주체적 의미에서 행복을 이야기한 것입니다."

모두 와~ 하는 탄성을 질렀다.

"주체적 의미, 시간적 의미, 그것이 뭐예요?"

이뻐요 사원이 거들었다. 이쯤 되면 대화는 더욱 물이 오른 셈이다.

"하하하, 우리의 술자리가 삶과 철학을 논하는 자리로 바뀌었네. 다같이 한 잔 하고 다시 한 번 이야기를 계속해 볼까?"

술잔이 부딪히고 여기저기서 건배를 나누었다. 건배를 하면서 서로에 대한 마음을 나눌 수 있었다. 술자리에서는 개인의 숨겨진 버릇이나 태도들이 나오기 마련이다. 김치국 대리는 여전히 진지했다. 조급해 대리는 이런 것에는 관심 없다는 듯이 여전히 다른 이야기꽃을 피웠다.

"아까 우리 이뻐요씨가 뭐라고 했더라?"

"주체적 의미와 시간적 의미가 무엇이냐구요."

"그렇지. 주체적 의미란 삶을 살아가는 자신을 말한 것이고, 시간과 공간적 의미는 그야말로 시간과 공간이라는 것이지. 그런데 이것이 행복과 어떤 연관이 있느냐 하면, 행복은 자기 자신에 있으니까 행복의 주체는 자신이라는 것이고, 그것이 시간과 공간의 차원과는 무관한 것이라는 말이지. 다시 말하면 이 과장이 말한 행복은 시간적 의미에서 현재와 미래에 초점을 두었기에 타고르 시인의 의미와는 다른 것이지. 하지만 아까 내가 한 말과는 관계가 있지. 나는 미래의 행복을 위해서 오늘의 행복을 포기하는 것은 잘못이라고 했거든. 그런 의미에서 이 과장이 반론을 제시한 것이지. 이 과장

맞나요?"

"예, 팀장님. 지금의 행복도 중요하지만 자신의 미래나 꿈을 위해서 현재를 희생하는 것은 의미 있는 것이라고 생각합니다."

"맞는 말이야. 그렇다면 미래의 꿈과 희망을 위해 힘들 수도 있는 현실이 행복일 수도 있는 거지. 문제는 행복과 꿈은 다른 것이 아니라 같은 것의 다른 측면이란 거야. 꿈을 이루어야만 행복한 것은 아닐 수도 있고, 고통스럽고 힘들 수도 있지만 꿈이나 희망을 달성하기 위한 과정이 더 행복할 수도 있지. 그렇지만 그 과정이 단지 힘만 든다면 행복을 너무 확대 해석한 것이 아닐까?"

"팀장님 이제 고리타분한 이야기는 그만하고 술 드시죠. 제가 건배제의 한 번 해도 괜찮겠습니까?"

더 이상 참지 못하고, 조 대리가 끼어 들었다. 행복에 대한 대화는 거기서 멈출 수밖에 없었다.

"좋아, 그렇게 하세요."

"자, '행복한 오늘을' 하면 '위하여' 를 외쳐 주세요."

"행복한 오늘을!"

"위하여!"

다시 술잔이 돌고 고기가 동이 났다. 아직도 김치국 대리는 이야기를 계속하고픈 것 같았다. 술을 마시면서 연신 조 대리를 째려 보고 있었다. 뭔가 둘 사이에 풀리지 않는 앙금이 있는 것이 분명했다. 김 팀장은 술이 얼큰하게 오른 상황에서도 이런 상황을 정확하게 잡아냈다. 다음에 날을 잡아서 확인해 보아야 할 사안이다.

또 한 가지 재미있는 현상은 장비기획파트는 기획파트끼리 그리고 유지파트는 유지파트끼리 술잔을 돌리고 먹는 횟수가 훨씬 많았다. 물론 같은 파트이기 때문에 편한 것도 있고 이야기의 주제도 훨씬 많을 것이다. 그래도 보이지 않는 파트 간의 벽이 있음을 김 팀장은 느낄 수 있었다. 지난주의 일이 두 파트의 벽으로 남은 것인지도 모를 일이다.

몇 주 전에 실시했던 어시밀레이션의 질문이 생각났다. '장비기획파트와 장비유지파트 사이에 보이지 않는 갈등이 있습니다.' 지난번 어시밀레이션 시간이 부족하고 아직 분위기가 무르익지 않아 미처 이야기하지 못했던 사인이었다. 이제 팀의 가장 큰 아킬레스건을 해결해야 할 때가 되었다. 조직이 성과를 내기 위해서는 파트 간의 단합이 절대적이다. 김 팀장은 내일 이 일에 대해 해결책을 모색해 보기로 했다.

김 팀장은 좌중을 돌며 술잔을 들어 팀원들에게 한 잔씩 건네주고 받았다. 아침에 보내 준 이직 취소 메일이 떠 올랐다. 김치국 대리는 벌써 취했는지 눈을 감고 머리를 조아리고 있었다. 김팀장은 미소를 머금으면서 취해 있는 김치국 대리에게 잔을 내밀었다.

"야, 김 대리, 지금 자냐?"

"아닙니다. 팀장님, 벌써 잘 리가 있습니까. 잠깐 눈을 감고 있었습니다." 김 대리가 빈 술잔을 받으면서 이야기했다.

"김 대리, 요즘 일은 할 만해?"

"예, 팀장님, 팀장님 말씀 덕분에 꿋꿋이 잘 지내고 있습니다. 고맙습니다."

"그래, 나도 자네가 아침에 보낸 메일에 하루가 즐거웠네. 내가 많이 신경 써 주지 못했는데도 좋은 결정을 내려줘서 고마워!"

"아닙니다. 경솔하게 행동한 저의 잘못이 큽니다. 저의 꿈이 한낱 꿈이 아니기 위해서는 위기 앞에 당당히 맞서 싸울 수 있는 자신감과 실력이 절실함을 깨달았습니다." 김 대리의 혀는 어느덧 꼬여가기 시작했다.

"그렇지, 어떤 어려움도 뚫고 나갈 수 있다는 확신이 들 때 자신의 비전에 한 발작 가까이 갈 수 있는 거라네. 장비엔지니어로서의 경험이 장비 개발자가 되더라도 큰 힘이 될 거야! 그리고 자네의 비전을 꼭 실현하게나. 때가 되면 다시 내게 이야기하세요. 그 때는 흔쾌히 보내드리리다."

김 대리는 김 팀장에게 한 잔 올렸다. 김 팀장은 잔을 받아 마신 뒤 두 사람은 얼싸 안았다. 김 팀장의 갑작스런 안음에 김 대리도 덩달아 어깨를 감싸 안았다. 한참 동안 두 사람은 정겹게 안고 있었다. 그날 밤은 술잔 속에 달이 떨어졌다.

진정한 **팀**

진심 어린 대화가 이뤄지지 않는 상황에서
신뢰와 팀워크가 생길 수 없다. 진정한 팀워크는
구성원들이 어떻게 커뮤니케이션 하는가에 달려 있다.

새벽에 잠이 깼다. 김 팀장은 술을 과하게 먹은 다음 날은 이상하게 아침 일찍 눈이 떠졌다. 어제의 술기운에 아직 머리가 어질어질했다. 그래도 정신만은 맑은 아침이었다. 바깥은 아직 어두웠다. 블라인드가 처진 창이 새벽의 어둠을 가리고 있었다.

김 팀장은 부엌으로 가 물 한 컵을 다 마셨다. 그래도 갈증은 풀리지 않았다. 텅 빈 거실의 고요 속에 시계소리만 간간이 들려올 뿐이었다. 다시 방으로 들어갔다. 새벽의 한기가 온 몸을 감쌌다. 정신이 확 들었다. 옷을 한두 겹 더 껴입고 차를 마신 뒤 자리에 앉았다. 조금 전 일어나기 전에 잠자리에서 문득 떠올랐던 일들을 다시 생각해 보았다.

'어떻게 하면 팀원들의 갈등을 해결할 수 있을까?'

'팀 내 보이지 않는 갈등이 서로의 마음에 상처를 만드는 원인이 된다. 결국 그것이 사람을 떠나게도 만든다.'

사실 어떤 조직이든지, 사소하든 크든 갈등을 가지고 있다. 오히려 갈등을 가지고 있지 않는 조직이 더 이상할 수도 있다. 어느 정도의 갈등은 조직 구성원 상호 간에 긴장을 유지하고 건전한 비판과 경쟁을 촉진하기도 한다. 그러나 갈등들이 증폭되면 조직의 에너지를 갉아 먹거나 커뮤니케이션의 비용을 만들어 낸다. 특히 사원들 간의 갈등이 서로에 대한 불신과 오해를 키우면 긍정적 경쟁보다는 조직 간의 벽을 만들거나 낭비를 낳는다. 결국 서로의 마음을 상하게 하여 조직을 떠나게 하는 요인이 되기도 한다. 조직 내의 갈등을 어떻게 해결하는가는 조직의 생산성 창출에 결정적인 요소이다.

김 팀장은 서재에 꽂혀 있는 책들을 살펴보았다. 그 중에서 한 권을 골랐다. 하버드대 리차드 해커먼 교수가 쓴 『성공하는 팀의 5가지 조건(원제: Leading Teams)』이었다. 일전에 팀 조직에 대한 새로운 탁견을 발견한 책이었다. 그 중에서 '효과적인 팀의 조건' 을 다시 한 번 읽었다. 해크만 교수는 5가지의 효과적인 팀 조건 중에서 첫째를 팀이 '명목만의 팀' 이 아니라 '진정한 팀' 일 것을 강조하였다.

진정한 팀이란 무엇인가? 곰곰이 생각해 보았다. 과연 우리 팀은 진정한 팀인가? 사람들만이 모였다고 팀이 될까? 서로는 팀원으로 공동체 의식과 팀 시너지를 위해 노력할까? 아니면 경쟁 속에서 자신만을 생각하는 것은 아닐까? 생각은 생각의 꼬리를 물었다.

진정한 팀이란 팀원 상호 간에 신뢰를 가지고 팀으로서 일하는 것이다. 개인의 주관적 판단만을 따라서 하는 것이 아니라 팀 전체가 생각하고 결정한 사안을 팀으로 같이 일하는 것이다. 그 성과도 같이 나누고 결과에 대해서도 책임을 같이 지는 것이 진정한 팀이다. 그런데 과연 우리 팀은 그렇게 하고 있는가? 자신에게 떨어진 일만 중요하고 다른 팀원이 어떻게 되든 말든 상관하지 않는 것은 아닐까?

지난번 장비사고에서도 팀원들이 보여 준 행동은 명백하다. 장비유지파트가 고생을 하는 동안 장비기획파트는 구경만 하고 있었다. 물론 자신들의 일은 아니었지만 장비기획파트는 기획업무를 핑계로 인력이 부족한 장비유지파트의 수습 과정을 쳐다보지도 않았다. 그들이 온다고 해서 구체적으로 일을 돕지는 못할 것이다. 그래도

사고 수습 과정에 아이디어를 보태거나 부족한 부분을 같이 하려는 자세를 보일 수도 있지 않은가? 물론 가장 큰 책임은 이 일에 대해 별도의 지시를 하지 않은 팀장의 잘못도 크다. 팀원들이 서로 협업을 한다는 것은 쉬운 일이 아니다. 더구나 경쟁이 일상화된 현재의 조직 상태에서는 팀 구성의 원래 취지가 묻히는 경우가 많다.

진정한 팀이 되기 위해서는 먼저 팀원 상호 간에 신뢰가 바탕이 되어야 한다. 그렇다면 신뢰는 어디에서 올까? 오늘날 정보기기의 발달로 인터넷과 이동전화 등 각 종 기기는 개인 간 집단 간의 대화를 오히려 가로막고 있다. 메일로 보냈다고 하면 끝이다. 사실 메일로 보내면 편하다. 그러나 메일이나 문자는 쌍방향성을 가졌다 해도 일방의 의사를 전달하는 성격이 강하다. 물론 그에 대한 반대 의견을 쓸 수 있지만 대놓고 거부하기가 어려운 경우가 많다. 또한 그 문자들 속에서 보낸 사람의 느낌이나 분위기를 감지하기 어려운 경우가 많다.

직접 눈길을 마주치고 그 사람의 표정과 감정 상태를 느낄 수 없는 대화는 온전히 그 사람의 대화에 몰입하기 어렵다. 건성으로 그 사람의 이야기를 듣거나 표현을 제대로 하지 못하는 것은 진정한 커뮤니케이션이라 할 수 없다. 진정한 대화가 되지 않는 상황에서 진정한 팀 정신과 팀워크가 생길 수 없다. 진정한 팀워크의 시작은 바로 팀 커뮤니케이션에 달려 있다.

김 팀장은 지난 1주일 동안 제대로 하지 못한 팀워크 만들기 프로그램을 이제는 실시할 때라고 생각했다. 김 팀장은 서재로 들어가

리더십 코치인 나 과장에게 메일을 썼다. 아침 이른 시간이었지만 생각났을 때 보내야 잊지 않을 듯했다.

안녕하세요. 나 과장!

그 동안 잘 지냈나요? 이른 아침이지만 요청할 것이 있어 메일을 보냅니다.

지난 일주일 동안 참 많은 일들이 있었지요. 말로 다 설명할 수는 없고요.
지난 어시밀레이션, 팀 방향 설정 워크숍에 이어 이번에는 팀 구성원 간의 갈등을 해결하고 팀워크를 증진할 수 있는 워크숍을 실시해야겠어요.
지난번 나 코치님이 이야기한 대로 팀원들 간의 갈등을 해결할 때가 되었네요. 관련 자료나 설명서를 보내 주면 큰 도움이 되리라 봅니다.

김성실 보냄

메일을 보내고 시계를 보니 벌써 5시 30분을 지나고 있었다. 어느새 부엌에서는 아내가 밥을 짓고 찬을 준비하고 있었다. 하루도 빠짐없이 아침을 준비하고 밤 늦은 시간에도 맞이해 준 아내가 새삼 고맙게 느껴졌다. 진정한 팀이란 가족에도 존재한다. 가족이란 같이 밥 먹고 잠 같이 자는 것으로 충분할까? 서로의 필요와 온기를 나누고 기쁨과 슬픔을 같이 할 수 있기 때문에 가족이 아닐까. 어떻게 하면 팀을 가족과 같이 온기가 넘치는 행복한 조직으로 만들 수 있을까?

일반적으로 가족은 혈연을 바탕으로 하며 부모와 자식으로 구성한다. 적게는 둘에서 많게는 4~5명으로 구성된다. 아버지는 아버지로서의 역할과 어머니는 어머니로서의 역할을 가진다. 때로는 이것이 바뀌는 경우도 있고 각 역할을 공동으로 수행하기도 한다. 그러나 주 역할과 부 역할로 나누어진다. 아버지는 가족을 부양하고 어머니는 자녀들을 양육하는 것이 일반적인 역할 분담이다. 부부가 이렇게 하는 데에는 자녀들과 가족을 위한 역할을 강하게 인식하고 있기 때문이다. 또한 부부 간에 이러한 역할에 대한 상호 믿음과 신뢰가 없으면 가족은 무너진다.

팀도 마찬가지이다. 팀에는 팀장이 있고 팀장을 도와 서브 역할을 하는 각 파트의 장들이 있다. 그리고 팀원들의 중간 허리 역할을 하는 사원들이 있다. 팀은 각자 역할에 맞게 일을 한다. 조직을 이끌어 가는 것은 바로 팀 정신이다. 팀 내에서 동료 간의 지나친 경쟁은 팀정신을 가로막는 요인이다. 팀원들 간에 경쟁을 조장하는 리더는 필연적으로 팀원 간의 갈등을 양산할 수밖에 없다. 팀원들은 이것을 재빠르게 눈치챈다. '아, 우리 팀장은 서로를 경쟁시켜서 평가를 하는구나!' 하는 생각을 하는 순간 팀워크는 무너진다.

팀 내 경쟁이 발생하는 가장 큰 이유 중 하나는 성과에 대한 평가 때문이다. 특히 성과주의가 강조되는 현실에서 팀원 사이의 경쟁은 불가피하다. 그러나 개인의 성과가 팀원 간의 경쟁에서 나오는 것은 아니다. 오히려 팀원 간의 협업을 통해 창출된다. 그래서 리더는 팀원들의 평가를 할 때 팀 내 협업의 정도를 반영해야 한다. 팀 업무의 공헌도를 평가하는 순간 구성원들은 조직 전체의 성과에 더 큰 관심을 기울이기 때문이다. 오랜만에 김 팀장은 자신의 팀 경영철학을 다시 한 번 구체화했다.

'그래, 팀워크는 신뢰에서 나오는 것이지 경쟁에서 나오는 것은 아니다. 팀워크는 서로 격려하고 도와주는 협력의 정신을 바탕으로 한다. 그러기 위해서는 팀원들 간의 원활한 의사소통이 이뤄져야 한다.'

팀원 상호 간의 대화는 쉽지만 잘 안 될 때가 많다. 특히 어렵고 힘든 일인 경우 업무협조를 요청하기가 쉽지 않다. 잘되어 가는 집안과 성과가 많은 조직일수록 커뮤니케이션이 원활하게 진행된다. 커뮤니케이션이 효과적으로 진행되면 비용이 적게 들고 조직의 성과도 저절로 올라간다. 커뮤니케이션은 조직 속에 흐르는 피와 같다. 흘러야 할 피가 제대로 돌지 못하고 한 곳에 뭉쳐 있다면 그 조직은 썩게 된다. 그 고인 피는 갈등과 혼란의 불씨가 되고 심한 경우에는 조직의 성과를 저하시켜 망하게 하기도 한다.

김 팀장은 회사에 오면서도 계속 마음매니지먼트 두 번째 세션인 팀워크 형성을 위한 '팀 갈등 해결 워크숍' 에 대한 생각이 떠나지 않았다. 이른 아침에 회사에 도착해 예전처럼 PC를 켜고 메일함을 열었다. 여러 통의 메일 중에서 반가운 메일이 있었다. 바로 나 코치로부터 온 답장이었다. 나 코치는 그 간의 일들은 소문을 통해서 들었다고 했다. 마음 고생이 심했음을 알고 위로의 말도 잊지 않았다. 더구나 반가운 '팀 갈등 해결 워크숍' 의 매뉴얼을 첨부로 보내 주었다. 김 팀장은 나 코치가 보내 준 매뉴얼을 읽어 보면서 '팀 갈등 해결 워크숍' 의 진행 방법을 습득했다.

보이지 않는 벽 허물기

문제는 마치 용수철과 같아서 근본적으로 해결해야만 한다.
문제를 직위로 누르면 그 순간에는 눌리지만 시간이 지나면
그 이상으로 튀어 오른다.

3일 동안의 휴가를 마치고 사오정 차장이 출근을 했다. 지난 일주일 동안 사 차장의 마음 고생은 이루 말할 수 없었다. 김 팀장은 사 차장과 함께 커피 자판기가 있는 휴게실로 갔다. 아직 이른 아침인데도 몇 사람이 앉아서 이야기꽃을 피우고 있었다. 사 차장이 커피를 뽑더니 담배를 피울 수 있는 맨 위층 휴게실로 자리를 옮기자고 했다. 좀처럼 담배를 피우지 않는 사 차장인데 아침부터 담배방(담배를 피울 수 있는 실내 휴게실)을 찾았다.

"사 차장님, 지난주에 고생 많았는데 좀 쉬었나요?"

"푹 쉬었습니다. 모든 것을 잊고서요. 쉴 수 있는 시간을 주셔서 고맙습니다."

"아닙니다. 사 차장님의 마음 고생에 비하면……."

“제가 없는 동안 별일은 없으셨고요?”

“예, 일부 라인에 문제가 있었지만 이청명 대리와 김치국 대리 그리고 나똑똑 사원이 잘 처리했습니다. 참, 다음 주 신규 로봇을 도입한답니다. 장비 반입에 따른 이물불량 (먼지와 같은 미세한 물질로 생기는 불량)에 대한 준비를 철저히 해야 할 것 같습니다.”

“예, 준비하도록 하겠습니다. 신규 장비가 도입되면 장비 안정화와 이물 등 불량문제가 발생할 여지가 큽니다.”

“참, 3일 동안 어딜 다녀오셨나요?”

“예, 오랜만에 지리산에 다녀왔습니다. 대학교 때 가본 뒤 처음으로 가 보았습니다. 바쁘게 살다 보니 마음만 있었지 가보지 못했거든요.”

“눈 덮인 겨울 지리산은 더욱 험했을 텐데, 괜찮았습니까?”

“좀 험하긴 했습니다만 겨울 등반장비와 아이젠을 준비해서 다닐만 했습니다. 날씨도 영하 10도 내외여서 낮에 산행을 하면 땀이 날 정도였습니다.”

“코스는 어디로 잡았습니까?” 김 팀장은 산행 이야기에 흠뻑 빠져 들었다.

“노고단에서 천왕봉까지 종주길을 택했습니다. 예전에 갔던 길이었지만 처음 오는 산 같았습니다. 그리고 몸도 예전같지 않아 좀처럼 스피드를 낼 수가 없었지요.”

“산을 오르면서 그 동안의 마음 고생을 좀 풀었습니까?” 김 팀장은 산행의 의미에 대해 물었다. 사 차장은 잠시 생각을 하듯 담배를 깊이 빨아 마셨다.

"산을 오르면서 그 동안의 직장생활을 되돌아 보았습니다. 즐거웠던 순간 아쉬웠던 순간이 주마등처럼 지나갔습니다. 그러나 이번 장비고장 사건을 생각하면 정말 죽고 싶은 생각마저 들었습니다. 그런 생각을 하던 차에 오후 들어 갑자기 날씨가 변하더니 눈보라가 몰아치기 시작했습니다. 장터목까지 가야 대피소를 찾을 수 있는데 길을 찾을 수가 없었지요. 길을 잃고 헤매다가 진짜 이러면 죽겠구나 하는 생각이 들었습니다."

"아이쿠! 큰일날 뻔 하셨네요. 그래서 어떻게 되었습니까?"

"한참을 헤매다 보니 어둠이 내리기 시작했습니다. 대피소까지 가지도 못하고 눈 오는 날이라 산은 더 빨리 어두워지기 시작했죠. 그 때 무엇을 느낀 줄 아십니까? '살고 싶다, 살고 싶다, 살고 싶다'는 내 마음의 간절한 울림이 들려왔습니다. 배낭을 뒤져 랜턴을 찾아 켰습니다. 다시 어두운 길을 기어 오르는데 저 멀리서 불빛이 보이기 시작했습니다. 대피소의 불빛이었습니다."

김 팀장은 묵묵히 사 차장의 이야기를 듣고 있었다. 김 팀장은 커피를 한 모금 마셨다. 그리고 사 차장은 묵은 기침을 하더니 침을 뱉었다. 그리고 다 탄 담배를 끄고는 다시 한 개비를 물었다. 사 차장은 다시 천천히 이야기를 이어 갔다.

"팀장님! 산을 오르면서 조직을 떠날까도 생각해 보았습니다. 그러나 이대로 떠나자니 그 동안의 조직생활에 너무나 아쉬움이 많았습니다. 이렇게 좋지 않은 모습으로 떠난다면 다음에 어떤 일을 해도 아쉬움과 죄송스러움이 남을 것 같았습니다."

"생각 잘 했습니다. 아직 할 일이 많으시잖아요." 김 팀장은 진심을 담아 이야기했다.

"그렇게 말씀해 주셔서 고맙습니다. 그리고 팀장님께 거짓말을 한 것이 있습니다. 지난번 장비 고장 보고를 받고 달려가 보았을 때, 쉽게 해결되지 않을 것이라는 직감이 들었습니다. 그러나 팀장님에 대한 경쟁의식 때문에 적시에 보고를 드리지 못했습니다. 저의 옹졸한 생각이 팀과 팀장님에게 큰 누를 끼쳤습니다. 정말 죄송합니다." 사 차장은 다시 한 번 머리를 숙여 김 팀장에게 잘못을 뉘우쳤다.

"아닙니다. 사 차장님! 오히려 그렇게 말씀하시니 제가 미안하네요. 팀의 일을 좀더 구체적으로 파악하고 현장에 자주 가보지 못한 저의 잘못이 큽니다. 사 차장만의 잘못이 아닙니다. 그렇게 생각하지 마세요."

"하여튼 지금까지의 옹졸함과 잘못을 털기 위해서라도 최선을 다할 겁니다."

"그래요. 우리 다같이 잘해 봅시다. 우리 팀이 더욱 강팀이 되어서 한국전자 최고의 생산성을 달성할 날을 만들어 봅시다." 어느새 두 사람은 서로의 손을 마주잡고 섰다. 분위기를 바꾸기 위해 김 팀장은 대화의 주제를 돌렸다.

"참, 사 차장님! 차장님이 안 계신 동안 팀원들과 생활하면서 파트 간에 보이지 않는 벽이 있다는 것을 느꼈습니다."

"어떤 문제라도 있었습니까?"

"특별한 문제라기보다는 모든 팀들이 가진 문제이긴 합니다만, 각 자의 업무에 치중하고 자기 파트의 입장에서 업무를 처리하다 보니 전체 팀의 관점 혹은 조직의 관점을 잊고 자신의 일에만 치중하는 경향이 있었습니다."

"예, 대부분의 조직이 그런 문제를 약간씩은 가진 것으로 압니다."

"그렇죠. 저도 그렇다고 생각합니다. 그러나 사소한 일들이 문제가 발생되면 그때 크게 부각된다고 봅니다. 우리 팀에도 이런 문제를 같이 풀고 함께 나갈 필요가 있을 듯합니다."

"팀장님, 좀 더 구체적으로 말씀해 주시죠."

사 차장은 세 번째 담배를 물었다. 거의 줄담배였다. 김 팀장은 말을 이어 갔다.

"다름이 아니라 장비기획파트와 장비유지파트 간에 의견 충돌이 잦습니다."

"제가 없는 동안 파트 간에 의견 조정이 잘되지 않은 모양입니다."

"그런 이유도 있는 것 같습니다만, 차장님이 계실 때는 장비기획파트가 일방적으로 따르는 경향이 많았는데 차장님이 없으니 그 동안 눌려 왔던 장비기획파트원들이 장비유지파트원들에 대한 감정을 드러냈다고 할까요."

"제가 주의를 주도록 하겠습니다."

"아닙니다. 차장님, 주의를 줄 것이 아니라 문제의 근본을 풀어서 해결할 필요가 있다고 봅니다. 직위로 누르면 그 순간에는 눌리지만 시간이 지나면 그 이상으로 튀어 오르는 법입니다. 마치 용수철과 같다고 할까요."

"팀장님께서는 어떻게 하실 의향이십니까?"

"팀 갈등 해결 워크숍을 실시할까 합니다. 안 그래도 지난주에 하려고 했었는데 그 사건도 있고 해서 미뤄졌지요. 금주에는 할까 합니다."

"예, 지난번에 업무계획 수립하고 역할을 정했지요. 그것이 벌써 3주가 지났네요."

"이제 우리 팀이 한 단계 더 도약하기 위해서는 팀 내부의 결속력을 높이고 팀워크를 살려야 합니다. 그래야 최소의 인원으로도 생산성을 높일 수 있습니다. 특히 팀원들 간의 반목이나 질시가 넘치면 조직은 끝장나는 것이죠."

"알겠습니다. 언제 하시려고 하는지요?"

"아무래도 금요일 오후가 좋지 않을까 싶습니다. 오후 2시부터 6시까지 워크숍을 하고 난 뒤 저녁을 먹으면 좋을 듯합니다. 제가 오늘 아침 미팅에서 워크숍 이야기를 하겠습니다."

사 차장과 김 팀장은 휴게실을 나와 엘리베이터를 탔다. 사무실에는 팀원들이 자리에 앉아 자신의 하루 일과를 챙기고 있었다. 사 차장을 보자 모두 일어나서 반갑게 인사를 했다. 그리고 안부를 물었다. 오랜만에 팀의 분위기가 화기애애해졌다. 다시 팀의 열기가 샘솟듯 솟아났다.

김 팀장은 아침 미팅을 조금 일찍 소집하여 이번 주 금요일에 있을 팀 워크숍을 안내했다. 주제는 그 동안 팀 생활이나 팀 업무를 하면서 느꼈던 애로사항을 같이 공유하고 문제를 풀자는 것이었다. 어떤 주제도 좋고 어떤 말도 좋다고 했다. 그 속에서 나오는 말은 그 자리에서만 논의되고 어떤 책임이나 문책도 없다고 했다. 팀원들은 서로 얼굴을 바라보며 무슨 일이 있느냐는 표정이었다. 김 팀장은 다른 의미는 없고 우리 팀이 잘하기 위한 길이 무엇인가를 찾기 위한 자리라고만 했다.

오후에 사 차장으로부터 메일이 왔다. 자신이 읽었던 책인데 감명 깊은 내용이 있어 보낸다고 했다.

팀장님!

지난번 산행에서 읽었던 피터 드러커의 『자기경영노트(원제: The Effective Executive)』에 나오는 한 구절입니다. 리더의 의사결정이 얼마나 중요하고 어려운가를 느끼게 해 주는 대목이었습니다.

'의사결정은 판단이다.
그것은 몇 가지 대안 가운데 하나를 선택하는 것이다.

의사결정이 올바른 것과 틀린 것 사이의 선택인 경우는 거의 드물다. 그것은 종종 그 어느 쪽도 다른 쪽보다 조금이라도 더 낫다고 말할 수 없는 두 가지 행동 경로 사이에서의 선택인 것이다.'

사 차장이 보낸 메일에서 자신의 의사결정에 대한 안타까움과 어려움을 느낄 수 있었다. 그렇지만 올바른 것과 틀린 것을 판단할 수 없다면 그 또한 리더로서의 자질이 의심스러울 수도 있다. 사 차장의 마음 고생을 느낄 수 있는 한 대목이었다. 아직 겨울인데 날이 점점 따뜻해지고 있다. 머지않아 봄이 올 것이다. 역시 자연은 거짓이 없다.

문제 바로보기

문제는 항상 있으며 시간이 가면 해결될 것이라는
마음가짐이 사태를 키운다. 또한 이건 내 일이고 저건
다른 사람의 일이라는 생각이 문제해결을 더욱 어렵게 한다.

금요일 오후 모두 점심을 먹고 5층 회의실에 모였다. 간단한 음료와 다과를 준비해 뒀다. 강의실의 책상을 모두 치웠다. 둥그렇게 의자만 놓아 두었다. 팀 갈등 해결 워크숍은 사람들이 편히 앉을 수 있는 의자와 플립차트 그리고 간편한 필기도구만을 가지고 진행한다. 김 팀장은 팀원들에게 금일 워크숍의 취지를 간단하게 소개하고 일정표를 소개했다.

"다 모이셨나요?"

"예, 장비 지원을 위해 나똑똑 사원만 현장을 지원하고 장비기획파트 3명과 장비유지파트 3명이 참가했습니다."

"오늘 워크숍은 사무실 팀원들을 대상으로 팀 내부에서 발생하는 문제나 갈등에 대해 허심탄회하게 이야기하고 해결책을 모색하는 자리입니다. 특히 오늘은 파트별로 진행하며 어떤 이야기도 좋습니다. 사전에 안내 드린 바와 같이 어떤 책임이나 문책도 없을 것입니다. 그래서 여러분도 여기서 나오는 이야기는 이 자리에서 논할 뿐이지 마음에 담지 마시길 바랍니다. 아시겠죠?"

"예, 팀장님."

"그리고 오늘 워크숍은 파트별로 진행될 것입니다. 먼저 장비기획파트가 먼저 시작하고 그 다음 장비유지파트가 진행합니다. 각 파트별로 약 30분에서 40분 정도 소요될 예정입니다. 여기에 룰이 있습니다. 먼저 한 파트가 안쪽에 원을 그리면서 앉습니다. 바깥쪽 원에는 다른 파트가 앉습니다. 이야기는 안쪽 원에서 이뤄지고 바깥쪽 원에 있는 사람은 단지 듣기만 해야 합니다. 안쪽 원에 있는 파트가 이야기를 끝낸 후, 전체 토론 시간에 바깥 원에 있는 파트원들이 질문이나 이야기를 할 수 있습니다. 답답하더라도 먼저 끝까지 듣고 전체 토론 시간에 말씀해 주시길 바랍니다."

김 팀장은 전체 팀원들에게 일어서게 한 뒤, 먼저 장비기획파트가 안쪽으로 좁은 원을 만들어 앉게 했다. 그 주변으로 장비유지파트원들이 약간 떨어져서 바깥쪽으로 둘러싸는 형태로 앉았다. 안쪽에 앉은 장비기획파트 구성원들이 약간 긴장하는 모습이었다. 김 팀장도 물병과 필기도구를 들고 안쪽 원으로 들어가 앉았다.

"장비기획파트 여러분! 이렇게 모여서 같이 이야기하는 게 오랜만인 듯싶습니다. 편안한 마음으로 이야기를 시작해 봅시다. 바깥에 있는 장비유지파트원들이 없다고 생각하시고, 우리끼리 편안한 장소에 있다고 생각하면서 이야기하면 됩니다. 개인별로 죽 돌아가면서 요즘 팀 생활에서 느낀 소감에 대해 한마디씩 이야기해 봅시다."

"제가 먼저 이야기하겠습니다."

"예, 조급해 대리."

"지난주에 발생한 장비고장 문제로 우리 팀의 사기가 많이 떨어졌다고 생각합니다. 다른 팀에서도 이런 저런 이야기가 있고 우리 팀 내부에서도 이 문제로 서로가 좀 더 챙기지 못한 것에 대해 아쉬워하는 분위기입니다."

"좋습니다. 순서대로 다음 이뻐요 사원."

"저는 지난주 일은 우리가 사전에 막을 수 있었던 일인데, 문제가 터진 뒤에도 대처가 미흡해서 문제를 더 키웠다고 생각합니다. 저는 라인에는 들어가지 않지만 다른 팀원들과 이야기하다 보면 문제 발생을 조금만 더 일찍 공유하고 대책회의를 했더라면 이 정도까지는 발전하지 않았을 거라는 생각이 들었습니다."

"예, 좋습니다. 다음 이것만 과장."

"예, 저는 조 대리나 이 사원의 말에 일리가 있지만, 그렇다고 그것을 장비유지파트만의 문제로 인식하지 않았으면 합니다. 우리는 같은 팀이니까 장비유지파트의 일에 무관심했던, 또는 알려고도 하지 않았던 장비기획파트의 잘못도 있다고 봅니다."

"예, 여러분의 이야기는 대체로 지난주에 발생했던 장비고장 사건에 대한 우리 팀의 대응방식 그리고 개인별 마음가짐에 대한 이야기를 해 주셨습니다. 지난주에 끝난 일이지만, 그 일을 통해서 우리가 버려야 할 것 그리고 고쳐야 할 것을 나눠서 이야기해 보도록 합시다. 이제부터는 자유롭게 의견을 제시하고 참여하면 됩니다. 그럼 먼저 우리가 이번 사건으로 버려야 할 것은 무엇이라고 생각합니까?

"제가 먼저 말씀 드리겠습니다."

"예, 이것만 과장 이야기하세요."

"우리가 버려야 할 것은 지금까지처럼 문제 발생 시 안이하게 대처하는 마음가짐을 버려야 할 것입니다. 문제는 항상 있는 것이고,

시간이 가면 해결될 것이라는 안이한 마음가짐이 이번 사태를 키운 것이라고 봅니다. 또한 이건 내 일이고 저건 다른 사람들의 일이야 하는 이기적인 마음도 문제를 키우는 데 한몫했다고 봅니다."

이어서 조급해 대리가 이야기했다.

"저도 우리들의 잘못된 마인드가 문제라는 생각에는 동감입니다. 그러나 그 마인드라는 것이 한번 형성되기는 쉬어도 바꾸기는 참 어렵습니다. 바로 습관이 되기 때문이죠. 담배가 몸에 해롭다는 것은 알지만 모두가 담배를 끊지는 못합니다. 저는 마인드보다도 문제가 발생하면 그것을 해결하는 시스템과 프로세스에 문제가 있다고 봅니다. 특히 고장발생 시 대처방법에 대한 현재의 매뉴얼에 대해 제로 베이스에서 다시 한 번 검토해야 합니다. 저의 경험으로는 기존의 고장대응프로세스로는 문제를 해결하기는커녕 더 키웠습니다. 이번 기회에 우리의 일하는 프로세스와 시스템을 고쳐야 한다고 봅니다."

"조 대리, 우리의 문제대응시스템을 제로 베이스에서 다시 살펴봐야 한다는 것은 무슨 의미인가요?"

"예, 이 과장님! 그것은 동일한 문제가 반복되지 않기 위해서는 먼저 잘못된 프로세스와 매뉴얼을 새롭게 고쳐야 한다는 의미에서 말씀 드린 것입니다."

이 과장이 나섰다.

"문제 발생 시 대처하는 마인드가 바뀌지 않는 상황에서는 시스템과 프로세스를 아무리 바꾸어도 똑같은 일이 발생할 가능성이 많다고 봅니다."

조 대리와 이 과장의 설전이 오고 갔다. 그 사이 바깥쪽 원에 있던 김치국 대리가 손을 들었다. 많이 답답했을 것이다. 자신들의 일 처리에 대한 다른 사람들의 입방아가 편안할 리 없었다. 그때 사오정 차장이 김치국 대리를 저지했다. 그라운드 룰에 따르면 이야기 중간에 개입할 수 없음을 잘 알고 있었기 때문이다.

"자, 장비기획파트의 의견은 없애야 할 것으로 안이한 문제 대처와 이기주의적 마인드를 지적했습니다. 그리고 문제해결에 대한 프로세스와 시스템의 문제를 제기했습니다. 물론 이것은 고쳐야 할 것이지만 없애는 것은 잘못된 방식이라고 했는데, 조금만 더 구체적으로 이야기해 주시겠어요? 조 대리!"

"문제가 발생해서 하루도 아니고 이틀이나 지나서 문제가 보고되는 시스템과 일 처리 프로세스라면 그것은 버려야 할 매뉴얼임을 이야기한 것입니다."

"조 대리, 혹시 그 매뉴얼에 대해 본 적이 있나요?"

김 팀장의 질문에 조 대리는 대답을 못했다. 김 팀장은 분위기를 바꾸듯 다른 주제로 넘어갔다.

"좋습니다. 그럼 지금부터 우리가 고쳐야 할 것이 무엇인지에 대해 이야기해 봅시다."

"제 생각으로는……."

"예. 이뻐요 사원"

“저는 아직도 우리가 이 문제를 진짜 심각하게 인식하고 있는가를 다시 한 번 생각해 보았으면 합니다. 마인드도 문제이고 시스템과 프로세스도 역시 문제라고 생각합니다. 아울러 고치거나 없애야 할 것들이 당연히 있다고 봅니다. 그 전에 문제를 문제로 인식하고 같이 해결해야 한다는 신뢰가 바탕에 깔려 있어야 합니다. 특히 조 대리님의 말씀을 듣고 보면, 이것을 사람의 문제이기보다는 시스템이나 프로세스의 문제로만 보시는 경향이 있는 듯합니다. 문제에 대한 시각의 변화가 먼저 선행되어야 한다고 생각합니다.”

“예, 우리 이뻐요 사원이 중요한 지적을 했습니다. 지금도 우리가 문제를 문제로 인식하고 그것도 공동의 문제라고 인식하고 있는가라는, 팀원들에 대한 근본적인 신뢰 문제를 제기했습니다. 좋은 생각입니다.”

이어서 조 대리가 한마디 했다.

“물론 장비유지파트의 이야기를 들어봐야겠지만, 이번 일의 1차적 문제는 장비담당자의 늦장대응입니다. 보고만 하면 그만이다, 해결은 위에서 하겠지 하는 늦장대응이 가장 큰 문제였다고 생각됩니다. 그것이 내 일이고 중요한 사안이었다면, 그런 식으로 일 처리를 하지는 않았을 것입니다.”

“저도 늦장대응에 대한 조 대리의 견해에 동의합니다. 그러나 담당자가 자기 장비에 대한 처리를 완수하기 위해 최선을 다했다는 것을 부인해서는 안 됩니다. 다만 사원이 그러한 일들을 해결하기에는 무리가 따른다는 것을 말하고 싶습니다. 저도 파트장을 맡고 있지만 문제가 터지면 난감할 때가 많습니다. 위기에 대처하기 위한 리더십이 상황에 맞게 발휘할 수 있는 훈련이 필요하다고 봅니다."

김 팀장은 그 동안의 이야기를 정리하면서 말했다.

"예, 알겠습니다. 구체적인 사항까지 들어가지는 못했지만, 우리의 문제대응시스템과 프로세스, 그리고 개개인들의 마인드와 리더십까지 다양한 의견이 쏟아졌습니다. 일단 장비기획파트의 의견은 여기까지 듣는 것으로 하겠습니다. 혹시 바깥에 있던 장비유지파트원께서 질문하고 싶거나 확인하고 싶은 사항 있습니까?"

그 동안 질문을 참고 있던 김치국 대리가 손을 들었다. 벌써 흥분되어 있는 모습이 역력했다. 김 팀장은 왠지 불길한 느낌을 떨칠 수가 없었다.

"팀장님, 저는 오늘 워크숍을 왜 하는지 모르겠습니다. 지금 지난주의 일들을 성토하는 자리인가요? 과연 우리 팀의 누가 지난주의 장비사고에서 자유로울 수 있나요? 지금 기획파트는 자기 일이 아니라고 그렇게 함부로 이야기해도 됩니까? 아니 그 일을 어떻게 장비유지파트의 잘못으로만 돌리시는 거죠? 그때 기획파트 분들은 어디에 있었습니까? 이청명 대리와 사 차장님 그리고 나똑똑 사원이 밤을 샐 때 어디에 계셨죠? 어디 한 분이라도 장비유지파트 분들에게 고생한다는 말 한마디 하셨나요?"

사 차장이 가로막고 나섰다.

"야, 김 대리, 그만해!"

"차장님, 어떻게 그만합니까. 지금 장비기획파트가 싸잡아 장비유지파트를 비난하고 있지 않습니까?"

"진정하고 자리에 앉아. 지금 혼자 흥분하고 있잖아. 여기는 대화를 하는 자리지 책임을 묻는 자리가 아니잖아. 그리고 흥분한다고 될 일이야?"

분위기는 어느덧 찬물을 끼얹은 듯 숙연해졌다. 안쪽에 있던 이 과장과 조 대리의 얼굴도 붉으락푸르락 인상이 험악해지고 있었다. 역시 예상했던 대로 서로의 불만과 갈등이 드러났다.

"김치국 대리, 사 차장님 말씀처럼 일단 자리에 앉죠. 서두에 말했듯이 오늘 우리는 서로에 대한 느낌이나 생각들을 자유롭게 이야기하자고 했습니다. 물론 그에 대한 어떤 책임이나 문책은 없습니다. 오늘 이 자리는 그 동안 서로가 서로에 대한 불만이나 조직에 대한 문제의식을 같이 공유하자는 데 의미가 있습니다. 혹시 우리의 시스템이나 프로세스에 문제가 있다면 과감히 개선의 필요성을 공유하는 자리입니다. 이해가 되십니까?"

김 팀장은 모두를 둘러본 다음 말을 이었다.

"자, 그럼 장비유지파트의 이야기를 들어 볼까요? 혹시 김치국 대리가 더 하고 싶은 말이 있다면 장비유지파트의 이야기가 끝난 후에 나머지 이야기를 들어 봅시다. 중요한 것은 지금 우리의 문제가 무엇이고 어떻게 개선해 나갈 것인가에 초점을 맞춰 주시기 바랍니다. 그리고 자리를 바꾸고 10분 동안 휴식을 취한 후에 계속 합시다."

안쪽에 있던 장비기획파트원들이 자리에서 일어나 삼삼오오 짝을 지어 나갔다. 대신 장비유지파트원들이 안으로 자리를 옮겼다. 김 팀장은 잠깐 사오정 차장과 이것만 과장을 불렀다.

"사 차장님께서 보시기에 어떻습니까? 제대로 의견들이 나오고 있는가요?"

"아직 이런 토론에 익숙하지 않다고 생각합니다. 성숙하게 자신의 의견을 개진하고 그에 대해 비판하는 것은 쉽지가 않습니다. 토론에 감정이 이입되면 건전한 토론을 하기가 어렵게 됩니다. 김치국 대리의 행동은 경솔한 면이 많다고 봅니다. 주의를 주도록 하겠습니다."

"아닙니다. 사 차장님! 저는 누구를 나무라거나 성숙하지 못하다고 탓하고 싶지는 않습니다. 어쩌면 그런 순수한 감정 표출이 자신의 감정을 있는 그대로 나타낼 수도 있고, 더욱 진지한 토론으로 나갈 수 있다고 봅니다. 그냥 좋은 말 바른 말만 하면 조직은 문제가 없는 것처럼 보이겠죠. 하지만 그런 조직은 더 이상 변화를 포기하는 징조일 수도 있습니다."

"예, 저도 그렇게 생각합니다. 조금 서툴더라도 의미 있는 결론을 도출하는 것이 중요하다고 봅니다. 다만 서로의 감정을 잘 조절하면서 해야 하는데 잘못하면 좋은 의도가 묻히고 감정만 상할 수도 있다는 생각이 들었습니다."

“그래서 제가 두 분을 모신 것입니다. 파트원들이 혹 자신의 감정을 주체하지 못할 경우에는 필요하면 개입해서 논의의 방향을 바로잡을 필요가 있기 때문입니다. 사 차장님, 필요하면 개입하시되 나무라지는 마시고요.”

“알겠습니다.” 사 차장과 이 과장은 동시에 대답했다.

두 사람에 대한 당부 사항을 전달한 뒤, 김 팀장은 주변을 둘러 보았다. 그러나 김치국 대리는 보이지 않았다. 감정이 풍부한 김 대리의 마음이 얼마나 많이 상했을까 생각하면 마음이 아려왔다. 김 팀장은 아쉬움을 접은 채로 다시 교육장으로 발걸음을 옮겼다.

팀워크 만들기

'이 문제는 나와 상관없어!' 라고 생각하는 순간 문제해결은 요원해진다.
그 일에서 내가 무엇을 해야 할지, 어떻게 하면 도울 수 있을까
하는 전체를 생각하는 마음이 팀워크를 만든다.

사람들이 다시 돌아와 자리에 앉기 시작했다. 역시 이런 워크숍에는 과자나 음료수가 빨리 동이 났다. 사람들의 집중도가 높기 때문에 단것은 효자 역할을 했다. 벌써 시간이 4시를 훌쩍 넘어가고 있었다.

"자 그럼, 현재 우리 장비3팀에 대한 생각이나 팀원 상호 간에 대한 장비유지파트의 느낌들을 자연스럽게 한 사람씩 이야기해 주시죠?"

"제가 먼저 하겠습니다. 지난 한 주는 정말 힘든 한 주였습니다. 제 직장생활 6년 동안 그렇게 진땀이 났던 적은 없었습니다. 문제가 발생한 뒤에 수습은 언제나 부담이 가는 일입니다. 그러나 팀장님, 사 차장님 그리고 우리 장비유지파트 모두 최선을 다했다고 봅니

다. 모두가 하나가 되어 내 일 남 일 따질 것 없이 열심히 해 주셨습니다. 아까 김치국 대리님이 장비기획파트에 대해서 말씀하셨지만 저는 장비기획파트 분들도 같은 마음으로 도와주셨다고 봅니다. 비록 현장에서는 뵙지 못했지만 마음으로는 같은 생각이었을 것이라고 생각합니다."

"이청명 대리님이 그렇게 말씀하면 저는 뭐가 됩니까."

김치국 대리가 무안한 듯 머리를 쓰다듬었다. 모두 와 하고 웃음을 터뜨렸다. 그리고 김 대리가 말을 이었다.

"저도 장비기획파트가 아예 나 몰라라 했다고는 말하고 싶지 않습니다. 다만 너무 극단적으로 우리 파트의 잘못으로 몰고 가기에 약간 흥분했었습니다. 양해해 주십시오."

"비 온 뒤에 땅이 굳는다고 했지요. 우리 모두 지난주의 일들을 거울 삼아 우리가 고칠 것은 고치고 보완할 수 있다면 우리 팀이 최고의 팀이 될 수 있다고 봅니다. 그러나 이 일은 누구 한 사람 어느 한 파트의 일은 아니라고 봅니다. 우리 장비3팀 모두가 혼연일체가 되어 해 나가야 가능하다고 봅니다."

"예, 사 차장님이 중요한 말씀을 해 주셨습니다. 그렇게 많지 않은 인력을 가진 우리 팀이 최고의 성과를 내기 위해서는 모두가 하나가 되는 팀워크가 무엇보다 중요하다고 봅니다. 또한 그 팀워크 역시 서로에 대한 신뢰와 믿음에서 시작합니다. 그 믿음과 신뢰는 서로가 서로에게 솔직하며, 하고 싶은 말을 하고, 이해해 줄 때 생깁니다."

김 팀장은 간단하게 소감을 정리하고 계속해서 진행했다.

"그럼 다음 주제로 넘어 갈까요? 우리가 지난주의 일들을 볼 때 무엇을 버려야 하고 무엇을 고쳐야 할 것인가에 대해 자연스럽게 토론해 보도록 하겠습니다. 먼저 무엇을 버려야 할까요?"

"저는 버리는 것이 가장 어렵다고 봅니다. 버리지 않으면 새로운 것이 들어올 수 없다는 것을 알면서도 버리지 못한다고 봅니다. 그러나 새로운 것이 들어오면 그 동안 익숙하던 행동이나 절차를 바꿔야 합니다. 귀찮은 일이죠. 그러나 이번 일을 볼 때, 이젠 버려야 한다고 봅니다. 장비고장에 대한 분석이나 해결의 프로세스는 버려야 한다고 봅니다."

진지한 목소리로 이청명 대리가 계속 이야기했다.

"기존의 고장해결프로세스는 1공장 시절에 만들어진 매뉴얼로 벌써 7년 전의 일입니다. 지금까지 장비고장이 발생했을 때 매뉴얼과 달리 임기응변 식으로 대응해 왔습니다. 실제 활용되지 못하는 매뉴얼은 새롭게 작성할 필요가 있다고 봅니다. 그래서 고장분석프로세스 개선태스크를 구성할 필요가 있다고 봅니다."

"예, 이청명 대리가 '장비고장 분석프로세스 개선태스크'의 구성을 제안했습니다. 또 다른 의견 없습니까?"

"저는 다른 팀의 일을 알려면 순환근무가 필요하듯이 우리 팀 내에서도 서로 순환근무가 필요하다고 봅니다. 너무 잦은 변경은 어렵지만 적어도 3년 이상 하면 자신이나 조직 차원에서 순환근무를 하는 것이 그 업무를 이해하고 본인의 경력도 개발할 수 있는 기회라고 봅니다. 그러면 서로에 대한 오해도 훨씬 줄어들 것이라고 생각합니다."

"김치국 대리가 좋은 제안을 했습니다. 우리 팀도 순환근무를 통해 서로가 서로의 일을 더 잘 알고 자기계발의 기회도 갖자는 의미, 좋습니다. 적극 검토하겠습니다. 혹시 사 차장님은 다른 의견 없으신가요?"

"저는 저 자신에 대한 생각을 해 보았습니다. 이번 일의 가장 큰 문제는 저 자신에게 있지 않나 싶습니다. 나똑똑 사원의 보고는 적시에 이뤄졌습니다. 문제를 듣고 깊게 생각하고 현장에 들어가 같이 해결하지 않고 나 사원에게 문제해결을 맡기겠다는 경솔함이 화를 불렀다고 봅니다. 우선 나부터 변할 필요가 있다는 생각이 들었습니다. 제가 직급도 있고 연차도 있다 보니 후배 사원들이 쉽게 의견을 말하지 못한 면도 있지 않나 싶습니다. 얼마나 오래 할지는 모르지만 그래도 후배 여러분들께서 적극적으로 의견을 개진하고 아닌 것은 아니라고 말해 주시면 적극 반영토록 하겠습니다."

"고맙습니다. 사 차장님! 어려운 말씀을 해 주신 우리 사 차장님께 감사의 박수 보내드립시다."

조용하던 회의실에 박수소리가 넘쳐 흘렀다. 한 명씩 일어서더니 모두가 일어나 기립 박수를 보냈다. 사 차장은 고맙다는 듯 일어서서 인사를 했다. 뒤에 있던 이뻐요 사원의 눈가가 촉촉히 젖어

들었다.

모두가 힘든 시기를 건너왔다. 그 동안의 긴장과 불안이 가시고 억눌렸던 감정들이 드러났다. 이제 서로에 대한 뜨거운 믿음이 모두의 가슴에 새겨지기 시작했다.

김 팀장은 모두 앉으라는 손짓을 하며 말을 이었다.

"고맙습니다. 지금 우리는 말은 하지 않았지만 서로에 대한 믿음과 뜨거운 격려의 마음으로 하나가 되었다고 생각합니다. 그리고 사 차장님이 말씀하신 것처럼 솔직한 마음과 다짐이 큰 힘이 된다고 봅니다. 어떤 일에 있어 이 같은 마음과 다짐이 있다면 그것은 큰 힘이 되고 서로에게 위로가 될 것입니다. 우리 모두 사 차장님의 그러한 마인드를 배워야 하지 않을까 싶습니다."

김 팀장은 다시 한 번 사 차장에게 감사의 시선을 보냈다.

"이제 구체적으로 이 대리가 제안했던 태스크를 담당할 사람을 선정하고 과제를 구체화하는 선에서 금일 워크숍을 정리하도록 합시다. 이번 태스크는 자발적으로 참여 의사를 밝히는 사람에게 참여의 우선권을 주겠습니다. 과제는 장비고장 분석프로세스 개선을 위해 한 달 내에 개선프로세스를 만들고, 매뉴얼까지 재정비하는 것입니다. 상근을 원칙으로 하고 인원은 2명 정도가 어떨까 싶습니다. 희망자 없습니까?"

먼저 이청명 대리가 손을 들었다.

"이번 일은 우리 장비유지파트의 명예를 걸고 바로잡아 놓도록 하겠습니다. 불량분석의 실패가 어디에 있었는지, 단순히 보고체계의 문제라고 치부하기엔 장비 자체의 문제와 운영에도 문제가 있었다고 생각됩니다. 보통의 문제라면 2일씩 걸리지 않았을 것입니다. 그것은 그 동안 많은 문제들이 노정되어 있었는데 땜질식으로 처방하다 보니 근본적인 문제를 해결하지 못한 결과가 아닌가 조심스럽게 진단해 봅니다."

다음으로 조급해 대리가 손을 들었다.

"제가 상근하면서까지 참여할 수 있을지는 우리 이것만 과장님과 상의해 보겠습니다만, 이번 건이 장비3팀 전체의 중대한 과제이기에 장비기획파트에서도 꼭 참여해 개선책을 만드는 데 일조하고 싶습니다. 우리가 남이 아니지 않습니까."

모두가 박수로 화답했다. 장비3팀의 정예 멤버가 참여했다. 태스크 기간 동안의 업무는 별도로 분장하기로 하고 일단 2명에게 장비고장분석프로세스 개선방안 수립을 맡겼다. 금번 워크숍은 일을 처리하면서 그 동안 팀 내에 쌓였던 불신과 오해를 푸는 계기가 되었다. 창 밖에는 벌써 해 그림자가 사라져 가고 있었다. 김 팀장은 오늘의 워크숍 결과를 정리하였다.

"오늘 하루 모두 고생 많았습니다. 우리의 문제나 과제가 한두 개가 아니지만 시작은 작은 것에서 출발한다고 봅니다. 조금 전 여러분께서 치열하게 고민하고 생각했던 것을 잊지 마시길 바랍니다. 혹시 서운한 것이 있었다면 여기에 묻어 두시고 다시 출발해 주시길 당부 드립니다. 아까 사 차장님이 말씀했듯이 어떤 일이나 문제든지 직간접적으로 자신에게도 책임이 있음을 잊지 맙시다. 그것이 나와는 별개라는 생각은 하지 않도록 합시다. 그래야 문제해결의 출발점을 바로잡을 수 있습니다. '이것은 나와는 다른 문제야, 나와는 상관없어.' 라고 생각하는 순간 그 문제의 해결은 요원합니다. 그 일에 대해 나는 무엇을 해야 하지, 어떻게 하면 내가 도울 수 있을까 하는 전체를 생각하는 마음, 바로 팀워크를 생각해야 합니다. 저는 오늘 워크숍을 통해 문제해결도 중요하지만 우리 팀이 하나가 되고 전체가 팀워크로 똘똘 뭉쳐 일해 나가는 팀이 될 것이라고 확신합니다. 저는 그런 신호를 이번 워크숍을 통해 느낄 수 있었습니다. 저도 부족한 것이 많습니다. 그것을 메울 수 있는 것은 바로 여러분입니다. 자, 이제 우리 모두를 위해 큰 박수를 치면서 오늘 워크숍을 마치도록 하겠습니다. 모두 수고 많았습니다."

박수를 치면서 모두 '와~' 하며 힘차게 파이팅을 외쳤다. 해가 넘어가며 하늘을 붉게 물들이고 있었다. 모두의 가슴속에 저 붉은 석양처럼 뜨거운 감정이 일렁이고 있었다.

팀장가이드5

팀 갈등 해결 워크숍(Hugging Workshop)

일반적으로 팀 갈등은 팀 간 혹은 팀 내의 상황으로 구분할 수 있다. 팀 간의 경우에는 〈팀장 가이드 4. 사일로스와 협력〉의 협력 워크숍Cooperating Workshop을 참고하길 바라며, 여기서는 팀 내의 상황을 대상으로 한다.

팀이 가지는 갈등은 조직 내 구성원들 간의 팀워크를 해치며 심할 경우에는 이직의 중요한 원인이 되기도 한다. 조직 내의 이러한 갈등을 적시에 해결하지 않을 경우 심각한 위기를 초래할 수 있다. 일부 팀장의 경우 조직 내의 문제나 갈등을 드러내는 것 자체를 꺼려하거나 두려워하는 경우가 있다. 먼저 '꺼려하는 측' 의 입장은 자칫 문제를 끄집어냈다가 해결하지도 못하고 분란만 가중시킬 수 있다는 의견이다. 다음으로 '두려워하는 측' 의 입장은 팀장이 문제에 대해 뚜렷한 해결책이 없어서 자신 없어하는 경우이다. 이 두 가지 모두 팀 갈등에 대한 바람직한 해결방안이라 할 수 없다.

몸에 난 종기가 곪고 있는 것을 방치하면 종기는 더욱 커지고 때로는 몸에 심각한 위협이 된다. 약간의 치료만 하면 가능한 것을 수술로 확대될 수도 있다. 팀 내의 갈등도 마찬가지이다. 드러내는 아픔이 있지만 치유하는 과정이 서로를 건강하게 만든다. 치유하는 과정 자체가 팀 내의 커뮤니케이션을 활성화시켜 활발한 의견 교환과 긍정적 대안을 제시한다. 팀장들이 자신감을 가지고 시도할 때 갈등 해결의 실마리가 찾아 온다.

팀 갈등 해결 워크숍은 팀 내부의 대인관계, 커뮤니케이션, 업무 관행에서 발생하는 갈등이나 문제를 나와 동료의 신뢰구축 활동을 통해 해결하며 팀워크를 증진시키는 데 목적이 있다.

팀 갈등 해결 워크숍을 여기서는 'Hugging Workshop' 이라고 부른다.

팀 갈등 해결 워크숍에서 나와 동료의 이해를 위해 심리검사 도구를 활용하면 많은 도움이 된다. 여기서는 심리학자 마이어와 브릭스가 개발한 MBTIThe Myer-Briggs Type Indicator를 활용한다. MBTI는 서로를 이해할 수 있는 유용한 도구이며, 한국MBTI연구소(www.mbti.co.kr)에서 진단지를 구입할 수 있다. 이 외에도 DISK, 에니이그램 등의 심리검사 도구를 활용할 수 있다. 이 때 전문가의 도움을 받으면 더욱 효과적이다.

1. 목표

첫째, 자신과 동료에 대한 성격 유형을 이해함으로써 서로의 업무 스타일을 이해할 수 있다.

둘째, 팀 내부의 대인관계, 커뮤니케이션에 관한 문제를 공유하고 해결안을 도출할 수 있다.

셋째, 원팀플레이One Team Play의 중요성을 이해하고 팀워크를 증진시킬 수 있다.

2. 필요한 경우

1) 팀이 새롭게 조직되었거나 팀원들이 서로를 팀원으로 인식하지 못하는 경우
2) 팀 내부의 커뮤니케이션이나 의사결정 과정에서 갈등이나 혼란이 발생할 경우
3) 팀원들이 접촉이 적거나 고립감을 느끼는 경우
4) 팀 내의 구성원들끼리 갈등과 분열이 점점 증가하는 경우
5) 팀의 일들이 팀원에 의해 해결되지 않거나 팀장에 의해 1대 1로 관리

되는 경우

3. 진행 프로세스

구분	단원명	주요 내용	시간
준비단계	니즈 파악	–팀 개발 필요성 및 요청 사항 파악	D-2주
	워크숍 설계	–팀 문제 도출 및 워크숍 방향 도출: 팀 현상 분석 진단지 활용 및 팀원 인터뷰 실시	
워크숍 실시 (D-day)	1. 열기	–워크숍 안내 및 리더(팀장) 기대사항 전달 –팀 빌딩 게임	1시간
	2. 이해하기	–나와 동료의 이해 : MBTI 검사 및 채점 : MBTI를 통한 나의 발견 : MBTI를 통한 동료의 업무스타일 이해	3시간
	3. 터놓고 이야기하기	–팀 진단 결과 소개 및 문제점 공유 –팀내 문제 상황을 대화를 통해 치유 : 어항Fishbowl 게임 활용 : 버려야 할 것/고쳐야 할 것/새롭게 할 것	3시간
	4. 팀 끌어안기	–Hugging Together : 동료에게 쓰는 편지 –당부 사항 및 마무리	3시간
사후관리	모니터링 미팅	–팀 상황 모니터링 및 결과 공유 : 문제가 해결되지 않거나 새로운 문제 발생 할 때 추가 워크숍 실시	월1회
	사후 진단 실시	–팀 효과성 진단(팀장 가이드1 참조)	D+6 개월~

마음매니지먼트 원칙 3

팀워크는 서로 격려하고 도와주는
협력의 정신을 바탕으로 한다.
그것은 상호 간의 원활한
의사소통 속에서 이뤄진다.

6장

성공 체험 만들기

노老 반장의 인사

팀원들에게 모든 것을 맡겨 둘 수는 없다.
팀장이 현장을 직접 방문하고 이상 유무를 파악함으로써
사원들도 더욱 관심을 가지게 된다.

오늘도 어김없이 차에 올라탔다. 추운 날씨 탓인지 찬 공기가 얼굴을 스친다. 손을 비비며 차의 시동을 걸었다. 차는 하얀 연기를 내뿜으며 앞으로 나아갔다. 월요일 아침은 바쁘다. 8시부터 시작하는 공장장 주재 팀장회의로 한 주를 시작한다.

김 팀장이 회사에 도착하여 시계를 보니 7시 30분이었다. 주간 생산 현황과 불량률, 장비운영 현황 등에 대한 보고서를 점검하였다. 주간업무보고서도 다시 한 번 확인했다. 김 팀장은 보고 서류를 챙겨 들고 공장장실로 들어갔다.

1월의 생산 결과가 생산물량 감소로 목표치를 달성하지 못한 것으로 나타났다. 전반적인 경기 악화는 LCD패널의 수요를 감소시켰다. 공장의 생산량도 크게 줄었다. 정규 생산량의 80% 수준이었다. 그나마 경쟁사에 비하면 양호한 수준이었다. 그러나 문제는 생산량의 감소에도 불량률이 떨어지지 않고 오히려 증가한 것이다. 특히 신규 공장인 3공장의 불량률이 증가하면서 전체 공장의 수율을 떨어뜨렸다.

3공장장인 박 공장장은 심기가 불편했다. 자신이 맡고 있는 공장이 불량으로 문책을 받았다는 것은 참을 수 없는 일이었다. 박 공장장은 전 공장에 불량률 감소를 위한 강력한 주문과 경고를 동시에 보냈다. 지금같이 물량이 감소하는 상황에서 불량률마저 높아진다면 치명적인 문제가 될 수 있다. 3공장의 생산을 총괄하는 생산3팀장인 이혜성 팀장은 고개를 들지 못했다. 지난 달 장비 사고로 불량을 높인 김성실 팀장 역시 마찬가지였다. 그러나 1월 들면서 장비3팀의 장비 기인 불량이 감소하고 장비고장 건수도 현저히 줄어들어 다소 위안이 되었다. 그날 회의는 시종일관 무거운 분위기로 끝이 났다.

김 팀장이 회의실을 나와 사무실로 들어가서 시계를 보니 10시가 넘어가고 있었다. 요즘 김 팀장의 일과에서 가장 큰 변화는 오전 회의를 마치면 어김없이 현장으로 달려가는 점이었다. 문제가 현장에서 발생한다면 해결책도 현장에 있다. 지난번 장비고장 사건을 겪으면서 자신이 현장을 더욱 자주 찾고 사람들과 이야기하는 것이 다시는 그런 사태를 발생하지 않게 하는 첩경임을 깨달았다.

생산라인에 들어가기 전에 수막복을 입는다. 수막복을 입고 에어샤워를 한 후 자동문이 열리면 그 속은 딴 세상이다. 그곳은 사람과 기계가 하나의 물결처럼 움직인다. 그 속에 있는 사람은 사람이 아니다. 또한 기계장치는 단순한 기계가 아니다. 엔지니어의 숨결이 느껴지는 또 하나의 몸이다. 유능한 엔지니어라면 로봇이 돌아가는 소리를 듣고도 로봇의 상태를 파악할 수 있어야 한다.

오전조 엔지니어들이 장비의 이상 유무를 체크하고 있었다. '그날도 이러했으리라.' 잘 돌아가던 장비가 갑자기 멈춰 섰겠지. 장비는 사람처럼 어디가 아프다고 말하지 않는다. 엔지니어는 장비 상태를 점검한 뒤 장비의 문제 여부를 신속히 파악하여 조치를 취해야 한다. 그것을 얼마나 잘 하느냐에 따라 유능한 엔지니어가 될 수 있다.

문제의 노광기 앞에 섰을 때 한 사원이 열심히 장비 상태를 체크하고 있었다. 보통 장비의 이상 유무나 일상적인 보전 활동은 장비기사들이 담당한다. 그런데 그 노광기 앞에는 나똑똑 사원이 있었다. 그날 사건 이후 아직도 완전한 안정화 상태라고 판단하지 못하기 때문에 노광기는 장비엔지니어가 체크하는 필수 항목이 되었다. 팀장은 열심히 상태를 파악 중인 나똑똑 사원의 어깨를 톡톡 두드렸다.

"수고가 많네."

"예, 팀장님! 오셨습니까."

"별 이상은 없나요?"

"예, 없습니다. 씩씩하게 잘 돌아가고 있습니다. 최근엔 불량률도 떨어지고 수율도 올라가고 있습니다. 이쯤 되면 이제 이 노광기도 안정화 단계에 들어갔다고 판단해도 되겠습니다."

"그래요, 어디 봅시다."

김 팀장은 노광기의 생산현황과 불량률을 체크해 보았다. 지난달을 고비로 불량률이 현저하게 떨어진 것이 그래프로 나타났다. 새로 장착한 센서에서 아직 이상 신호가 파악되지 않았다.

'이젠 문제 없겠지. 그래도 모른다. 한 달은 집중 점검해야 한다. 과부화가 걸리는 시점에서 이 노광기가 어떤 현상을 보이는지를 관찰해야만 안심할 수 있다.'

김 팀장은 잠시 차트에 시선을 고정시키면서 생각을 했다.

"나똑똑씨, 아직 문제가 없다고 단정짓기는 어렵지 않을까. 적어도 한 달은 지켜봐야 하지 않을까요?"

"예, 알겠습니다. 이놈이 아픈지 다 나았는지 확실히 체크하겠습니다."

"수고 바랍니다. 이 장비는 나 사원이 담당이니 문제 없도록 잘 관리합시다."

김 팀장은 나 사원의 어깨를 다독여 주었다. 장비3팀의 담당 구역을 죽 돌아보며 장비들의 상태를 다시 한 번 확인해 보았다. 물론 세부적인 것은 각 담당자들이 방어를 하지만 이렇게 팀장이 직접 챙기기 시작한 후로는 장비의 고장 건수가 눈에 띄게 줄어들었다. 역시 담당자들에게 모든 것을 맡겨 둘 수는 없었다. 팀장이 현장을 직접 방문하고 이상 유무를 파악함으로써 사원들도 더욱 관심을 가지게 되었다.

무엇보다도 기사들의 사기가 많이 높아졌다고 한다. 팀장이 자신의 근무현장에 들러 자신들과 자주 대화를 하고 문제를 직접 해결하니 신이 날 수밖에 없었다.

김 팀장은 생산라인을 나와 수막복을 벗고 옆에 있는 장비3반의 사무실로 들어갔다. 이곳은 장비기사들이 일일 업무 후 회의를 하거나 간단한 사무를 보는 공간이다. 대체로 일과의 시작과 마감에 모여서 회의를 하거나 자주보전 등 개선 활동을 할 때 주로 이용한다.

김 팀장이 문을 열고 사무실에 들어갔을 때 이 반장이 업무를 보고 있었다. 느린 타자솜씨지만 열심히 그날의 생산현황을 컴퓨터에 입력하고 있었다. 김 팀장을 본 이 반장이 일어서며 인사를 했다.

"오셨습니까, 팀장님."

40대 후반의 노老반장이었지만 그는 언제나 깍듯한 인사를 잊지 않았다. 그런 이 반장을 김 팀장은 존경하고 있었다.

"예, 반장님! 별일 없으시고요."

"예, 별일 있겠습니까. 지난주 장비 동향은 좋습니다. 오히려 개선되었다고 보는 것이 맞을 듯합니다. 아무리 봐도 팀장님께서 직접 현장을 방문해 주시니까 사원들의 군기가 꽉 잡힌 기분입니다."

"감사합니다. 다 이 반장님 덕택

이지요. 현장을 좀더 찾고 현장에서 문제를 해결해 달라는 반장님의 말씀이 많은 도움이 되었습니다."

"뭘요. 저야 제 책임을 다할 뿐입니다."

"그런데 이 반장님, 지난 1월의 전체 공장 생산 현황을 들으셨죠?"

"예, 저도 제조반의 이야기를 들었습니다. 생산물량을 채우지 못해 지난주 회의에서 사장님으로부터 질책이 있었다는 이야기를 들었습니다."

"예, 사장님이 연초부터 제품 불량에 대한 책임 추궁을 했다고 들었습니다. 그것도 그렇지만 새로운 장비가 반입되고 생산라인이 증설되면서 이물이나 먼지에 의한 불량이 증가하고 있습니다. 특히 우리 장비반도 이물관리에 집중해야 하겠습니다."

"옳으신 말씀입니다. 일단 장비에 이물이나 먼지 등이 유입되지 않도록 철저히 관리하겠습니다. 그러나 완전히 없애는 것은 불가능하므로 최소화할 수 있는 방법을 찾고 있습니다."

"그리고 2월 생산 계획량은 지난 1월보다 줄어든 목표가 부여되었습니다. 물량은 줄어들었지만 신규장비가 도입된 상황에서 불량이 발생하지 않도록 철저히 당부 드립니다. 저도 더욱 자주 현장을 방문하여 확인하고 협의토록 하겠습니다."

"알겠습니다. 팀장님! 특히 제품의 모델이 교체될 때 장비의 점검을 신속하고 정확하게 할 수 있도록 특별히 관심을 기울이도록 하겠습니다."

"고맙습니다. 이 반장님!"

좁은 공간에 간단한 집기와 회의용 탁자가 전부인 사무실을 다시 둘러 보았다. 왠지 휑한 느낌이 들었다.

"혹시 우리 장비기사들의 분위기는 요즘 어떤지요?"

"현장 장비기사들은 팀장님의 일일 방문으로 고생이 많습니다. 하하."

김 팀장과 이 반장은 큰 소리로 웃었다.

"죄송합니다. 그럴 의도는 없었는데……. 다만 좀 더 철저히 준비하고 꼼꼼하게 체크하는 것이 기본이라는 것을 새삼 깨닫습니다. 아무리 열심히 사후조치를 잘해도 사전 예방만큼 중요한 것이 없음을 깨닫고 있습니다."

"맞습니다. 팀장님! 저도 우리 장비기사들이 자신의 일에 책임감을 느끼고 또한 자부심을 가지는 것이 중요하다고 봅니다."

"혹시 사원들을 위해서 필요한 것은 없는지요?"

"한 가지 있습니다. 저기 사원들의 옷장이 작아서 개인 사물을 넣기에는 부족한 면이 있습니다. 좀더 큰 것이 있으면 개인 사물과 옷가지 등을 넣을 수 있을 것 같습니다."

"알겠습니다. 총무팀과 상의해서 조치될 수 있도록 하겠습니다."

"고맙습니다. 팀장님, 장비기사들도 좋아할 것입니다."

"예, 그럼 올라가 보겠습니다. 내일 다시 뵙도록 하겠습니다."

이 반장은 문까지 배웅을 나왔다. 그럴 필요가 없다고 해도 그는 항상 그렇게 했다. 노老엔지니어의 모습에서 겸손이 느껴지는 대목이다. 생산공장을 나와 사무실로 연결된 복도로 나왔다. 공장과 사무실은 분위기도 다르지만 공기도 달랐다. 시계를 보니 벌써 12시가 가까워졌다. 배가 출출한 것을 보니 역시 점심때가 된 모양이다. 사무실에 도착한 김 팀장은 컴퓨터를 켜고 메일을 점검했다. 일상적인 일이지만 이 일상적 활동이 제대로 이뤄지지 못했을 때 문제는 발생했다.

배의 알람은 '먹어야 산다'는 단순한 사실을 자각하게 한다. 김 팀장은 사무실에 남은 사원들과 함께 식사를 하러 갔다. 그래도 먹는 것만큼 즐거운 것은 없다. 더욱이 공장에서 일하는 사람들은 더욱 배가 고프다. 단순 사무가 아니라 생산현장을 뛰어다니며 문제를 해결하고 장비를 점검하니 배가 고플 수밖에 없었다. 언제나처럼 식당의 줄은 벌써 식당 입구까지 이어지고 있었다.

일상에서 찾은 성과

작고 일상적인 활동에서 문제해결의 실마리가 있다.
무심코 흘려 버리기 쉬운 곳에서 새로운 길은 시작된다.

점심식사를 마치고 돌아와 책상에 앉았다. 아직 팀원들은 식사를 하고 운동을 하거나 휴게실에서 휴식을 취하느라 자리를 비웠다. 텅 빈 사무실, 곳곳에 빈 자리가 보였다. PC의 전원을 끄지 않아 커서만 깜박이고 있는 컴퓨터도 있었다. 김 팀장도 눈만 껌벅거리고 있었다. 주말의 피로와 월요일의 나른함이 갑자기 몰려 들었다. PC를 보면서 잠깐 졸았나 싶은데, 묵직한 목소리가 들려왔다.

"김 팀장, 커피 한 잔 할까?"

"예?"

김 팀장은 놀라서 벌떡 일어섰다. 박 공장장이었다. 김 팀장은 정신을 가다듬고 정중하게 인사를 했다.

"많이 피곤한 모양이지?"

"아닙니다. 상무님! 잠시 졸음이 온 모양입니다."

"피곤도 하겠지. 최근 각 팀들의 근태 현황을 보니 말이 아니더군. 10시 이전에 들어간 팀장들이 없어. 팀장들이 그렇게 늦게까지 남아 있으면 팀원들이 눈치를 본대도 그러네. 일도 좋지만 가정도 생각하고 팀원들도 생각해야지. 자 커피 한 잔 하러 갑시다."

김 팀장은 박 상무를 따라 나섰다. 오랜만에 맛본 달콤한 오수가 재빨리 달아났다. '하필이면 이런 때에 박 상무가 나타날 줄이야.' 김 팀장은 혀끝을 찼다.

박 상무는 공장에서 잔뼈가 굵어진 사람이다. 이 회사가 세워지기 전부터 전자공장에서만 근무를 했다. 생산, 품질, 생산관리 그리고 해외 공장 근무 경험까지 가진 공장사람이었다. 그런 그와의 대화는 늘 업무로 시작해서 업무로 끝났다. 일 이외의 인생은 없는 사람처럼 보였다.

"비서가 식사하고 아직 안들어 왔네. 김 팀장 커피 어떻게 먹나?"

"예, 제가 하겠습니다."

"아니야, 오늘은 내 손님으로 온 거야. 설탕은?"

"그냥 블랙으로 마십니다."

"그래? 난 요즘 커피보다는 차를 마셔, 차가 편하더라고. 자 듭시다."

두 사람은 말 없이 커피와 차를 마셨다. 박 상무는 녹차의 티팩을 꺼내고 한 모금 더 마셨다. 조금은 불편한 침묵 속에서 김 팀장도 말없이 따라 마셨다.

"김 팀장."

"예, 상무님."

"지난번에 몹시 서운했지."

"무슨 말씀이신지?"

"지난번 장비사고 말이야. 문책을 안 할 수도 있었지만, 신규 공장이고 최근 잇달아 터지는 사건에 아무도 책임을 지려고 하지 않아서 어쩔 수 없었네. 성과주의는 책임과 룰이 있는 문화여야 이뤄질 수 있지. 아무도 책임을 지지 않으면 누가 상을 받고 누가 벌을 받을 수 있겠나. 자네도 앞으로 팀장 생활하면서 느낄 거야. 상을 주기보다는 벌을 주기가 더욱 어려운 법이지."

"예, 잘 알고 있습니다. 누구보다 제 잘못이 컸습니다. 오히려 잘못한 저에게 관용보다는 벌로써 따끔하게 다스린 것이 앞으로의 조직생활에 큰 도움이 될 것입니다."

"그렇게 생각해 주면 고맙고. 그렇지만 많이 서운했지."

"상무님 저도 사람이죠. 사실 마음 고생 많이 했습니다. 14년 직장생활에 이렇게 호되게 야단맞아 본 적은 없거든요. 하지만 정신이 번쩍 들더라고요. 제가 현장을 직접 챙기지 않고 팀장이랍시고 책상에 붙어 있기만 한 것은 아닌가 하는 자책도 많이 했습니다. 무엇보다 팀원들이 이번 일로 사기가 많이 떨어진 것이 무척 아쉽습니다. 유능한 팀장을 만났더라면 이 같은 일은 없었을 거라는 생각도 했습니다."

"그래서 어떻게 했나?"

"지난주에 전체 팀원들과 이야기하는 시간을 가졌습니다. 우리가 무엇을 잘못했고 어디에서부터 문제가 발생했는지를 되짚어 보았습니다. 무엇보다 가장 큰 문제는 문제를 심각하게 생각하지 못한 담당자의 마인드 문제이고, 둘째는 문제를 제대로 확인하고 조기수습을 게을리한 리더의 상황대처능력이 부족했고, 끝으로 문제 상황을 보고하지 않으면 아무도 모르는 고장 발생 및 처리시스템의 문제가 심각했습니다. 이에 대한 대책방안수립을 위한 긴급 태스크포스팀을 만들었습니다."

"김 팀장, 그런 것은 문제가 터지고 나면 꼭 하는 일 아닌가? 무슨 사고대책위원회 같은, 그런 식으로 문제가 해결될까?

"맞습니다. 상무님. 저도 그렇게 생각합니다. 이번 사태의 가장 큰 원인은 팀장인 저에게 있었습니다. 제가 현장을 제대로 파악하지 못하고 사무실에서 문제를 보고 받고서야 해결하려 했다는 것입니다. 그래서 지난주부터 현장에서 보고 받고 현장에서 해답을 찾는 시스템으로 바꾸었습니다. 오전 오후 2시간씩 4시간은 꼭 현장에서 보내고 있습니다."

"맞았어. 그게 내가 찾던 대답이야. 문제는 현장에서 발생하고 현장에서 해결해야 하는 것이지. 사무실에 틀어박혀 현장을 찾지 않으면 팀장은 아무것도 모르는 바보가 되는 거야. 일이야 사원들이 하지만 결정은 팀장이 하는 거지. 막연하게 사원들이 하는 말만 믿고 결정을 하다간 현장을 놓치는 상황이 발생하지. 처음부터 끝까지 현장 중심으로 활동을 해야 해. 더구나 공장에서는 말이지."

"저도 이번 일에서 가장 크게 깨달은 것은 바로 현장의 중요성입니다. 현장에 내려가니 오히려 사원들과 더 많은 대화를 하게 되었습니다. 사무실에 있을 때는 찾아 오지 않으면 대화하기 힘들었거든요. 하지만 제가 현장에 매일 내려 가니까 팀원들과 스스럼없이 이런 저런 대화를 주고받게 되어 사원들의 사기도 한층 좋아진 듯합니다."

"그래 이제 자네가 제대로 팀장 구실을 하는구먼. 우리가 자네를 팀장으로 앉힐 때는 팀장으로서의 자질을 중요하게 생각했어. 자네는 분명 유능한 리더가 될 거야. 그러기 위해서는 지금까지의 성공 경험은 버려야 해. 자네는 지금까지 주어진 임무와 과제는 탁월하게 수행을 했지. 그리고 사원들과의 관계도 좋았지. 그러나 리더는 다른 사람이야. 리더는 조직의 성과를 책임지고 관리하는 사람이야. 잘하는 사람에게는 상을 주고 못하는 사람에게는 채찍을 주어야 해. 그것을 제대로 하지 못하면 유능한 리더가 될 수 없는 거야. 그리고 무엇보다 초기에 어떻게 성공을 체험하는가도 중요하지. 그렇지만 너무 조급하게 생각하지 말고, 작은 일에서 시작해! 일상적이고 작은 일들이 큰 일의 밑거름이 되는 법이야."

"고맙습니다. 상무님! 일상적이고 작은 일을 소중하게 만들어 가도록 최선을 다하겠습니다."

"그래요. 김 팀장! 좋은 작품을 만들어 봅시다. 지금은 경기 악화로 생산량이 줄어든 상황이야. 그렇지만 이런 불황기에 양질의 제품을 고객사에 공급한다면 오히려 기회가 될 수 있지. 만약 이 위기를 극복하지 못한다면 재작년의 품질 위기와 재고 누적의 악순환을 다시 겪을 수 있어요."

"알겠습니다. 저도 팀장으로서 최선을 다하겠습니다."

"이 친구는 말만 하면 최선을 다하겠다는구만, 그래 최선에 최선을 다하자고."

"예, 상무님. 2시에 현장 미팅이 있어서 그만 일어나겠습니다."

"그래요, 나도 2시에 사업부 생산회의가 잡혀 있지요. 수고하세요."

김 팀장은 인사를 하고 자리에서 일어섰다. 김 팀장은 방을 나오면서 생각했다.

'어떻게 하면 일상적 활동에서 성공체험을 만들 수 있을까?'

박 상무는 그 해답을 작고 일상적인 활동에서 찾으라고 했다. 곰곰이 생각해도 묘수가 떠 오르지 않았다.

지금까지의 성공체험은 대규모 프로젝트나 과제 수행활동을 통해서나 가능했다. 그래서 모두 태스크를 선호하고, 태스크 활동을 해야 상을 받거나 좋은 결과를 만들어 낼 수 있었다. 김 팀장은 발걸음을 현장으로 옮겼다. 정확히 시간을 정한 것은 아니었지만 가급적 정시에 현장을 둘러보는 것이 규칙적인 패턴으로 자리잡는데 도움이 되기 때문이었다.

어느새 팀원들이 자신의 장비를 열심히 체크하거나 이상 유무에 대해 토론을 하고 있었다. 사오정 차장도 요즘은 사무실보다는 현장에서 더욱 자주 본다. 대화를 할 때는 회의시간이 아니면 현장에서다. 그래서 사무실의 전화를 줄여야 할 판이다. 전화를 받는 사람이 없는데 굳이 여러 대의 전화를 둘 필요가 없었다. 최근에는 사무실의 일부를 현장으로 옮기는 방안을 고민하고 있었다. 현장 옆에 있는 장비반의 사무실이 조금만 넓었으면 하는 아쉬움이 컸다.

한국전자 LCD 생산공정은 티에프티TFT라인을 거쳐 셀Cell라인, 컬러필터Color Filter라인을 거치면서 검사라인으로 구성되어 있다. 검사라인은 사람이 검사하는 유인검사라인과 사람이 하지 않고 기계가 검사하는 무인검사라인이 있다. 이 무인검사라인에서 얼마나 받쳐주느냐가 실제 품질에 상당한 영향을 미치고 있다. 사람이 검사하는 유인검사라인의 검사패턴을 분석할 수만 있다면, 모든 유인검사라인을 무인검사라인으로 대체할 수 있다. 또한 사람이 검사할 경우 발생하는 검사의 오류나 불규칙성을 최소화할 수 있다.

최근 김 팀장이 심혈을 기울이는 것이 바로 이 검사장비이다. 이 장비는 아직 국산화가 되지 않은 일본 전자회사의 제품이다. 사실 공장의 많은 장비들이 일본이나 미국, 대만의 제품들이 차지하고 있다. 그만큼 국산화율이 낮기 때문에 장비 가격도 비싸고 고장발생 시 대처가 늦어질 수밖에 없다. 지난번 노광기가 그나마 국산화를 추진했던 장비였는데, 도입 6개월 만에 보기 좋게 사고를 쳤던 것이다. 3공장의 장비는 그 동안의 LCD 공정경험을 살려서 제품의 국산화와 자동화를 가장 많이 추진한 공장이다. 특히 3공장의 모토를 '자동화, 선진화, 최고화' 라고 지은 것도 이런 이유가 있었다.

검사장비 라인은 이청명 대리와 3명의 장비기사들이 번갈아 가며 담당하고 있었다. 요즘에는 이 대리가 태스크포스팀으로 빠져 있어서 그 동안에는 담당 장비기사들이 업무를 맡아 하고 있었다. 팀원들은 팀장이 온 것을 보고 가볍게 목례를 했다. 팀장이 오더라도 일하는 도중에 자리에서 일어나서 인사를 하지 말라고 지시했기 때문이다. 매일 오는 라인에 팀원들을 번거롭게 하지 않기 위함이다.

김 팀장은 생산 현황 판에 붙어 있는 생산 현황과 불량률을 체크했다. 아직 불량률은 낮은 상태를 계속 유지하고 있었다. 또한 재작업률도 현저히 떨어지고 있었다. 검사장비는 안정화 상태에 들어간 것으로 파악해도 좋을 듯했다.

"불량과 재작업률이 현저하게 떨어지고 있네. 최근 물량 현황은?"

"지난 금요일부터 물량이 기존 투입량보다 20% 증가되어 투입되고 있습니다. 현재 검사기의 상태를 정밀 체크 중입니다만 별다른 이상 유무를 파악하지 못했습니다."

"그래? 지난주 금요일부터 20% 증가되어 투입되고 있다고. 그럼 그리스주입 시기 등은 어떻게 대처하고 있지?"

"그리스 주입은 투입제품의 모델이 교체될 때 투입하던 수작업 방식에서, 일정한 물량이 투입되면 자동으로 투입하는 그리스자동주입기로 교체하여 운영하고 있습니다."

"그렇지, 2주 전에 그리스자동주입기에 대한 보고를 받았었지. 그때는 아직 테스트 단계라고 들었는데, 교체 후의 진행현황은 어떤가?"

"아직은 완전히 검증되었다고 볼 수가 없고 좀더 상황을 지켜봐야 할 것 같습니다. 그렇지만 불량률과 재작업률은 약간씩 감소하는 추세입니다."

"그래요. 좋습니다. 그리스자동주입기의 상태를 잘 체크해 보시기 바랍니다. 그리스 하나만 잘 주입해도 장비고장의 절반을 줄일 수 있습니다."

김 팀장은 그리스자동주입기의 설계도와 부착 위치 그리고 투입주기를 꼼꼼히 살펴보았다. 그리고 투입 시기와 수동투입 여부도 점검하였다. 실험적으로 검사기 4대 중에서 2대는 자동주입기를, 나머지 2대는 수동투입 방식으로 운영하고 있었다. 나름대로 현장개선활동을 끊임없이 추진 중인 사원들이 고마웠다. 역시 누가 말을 해서 하는 활동과 스스로 하는 개선활동과는 차이가 있었다.

김 팀장은 자동주입기의 불량률과 수동주입기의 불량률 체크리스트를 보며 자동주입기의 불량률과 재작업 건수가 현저하게 낮게 발생하는 것을 알 수가 있었다. 최근의 불량률 감소와 재작업률 감소가 바로 그리스자동주입기에서 발생하였음을 알 수 있었다. 김 팀장은 사 차장에게 이런 연관 관계에 대해 어떻게 생각하느냐고 물었다. 사 차장도 동감이라는 의사를 표시했다.

김 팀장에게 문자가 왔다. 내일 생산회의에서 장비3팀이 장비고장 건수 감소와 불량률, 재작업률이 떨어지는 이유에 대해 보고하라는 메시지였다. 김 팀장은 속으로 쾌재를 불렀다. 현장에서 지난주부터 불량률이 감소하고 재작업률이 떨어진다는 보고가 올라갔기 때문이다. 사람이 작업하는 검사라인에는 불량률과 재작업률의 변동이 있다. 그러나 올라가기는 쉬워도 낮아지기는 어려운 법이다. 자동화 검사라인은 바로 이와 같은 문제를 해결하기 위한 것이다. 문득 박 상무가 당부하던 말이 떠올랐다.

'작고 일상적인 활동에서 큰 일이 발생하는 법이야. 무심코 흘려버리기 쉬운 것에서 새로운 길을 발견해야 해.'

혹시 박 상무는 이 일을 알고 있었던 것은 아닐까. 미리 알고 나를 찾아왔고 커피를 마시자고 하지 않았을까. 김 팀장은 속으로 쾌재를 부르며 사무실로 자리를 옮겼다. 어서 이청명 대리에게 이 결과에 대한 이야기를 듣고 싶었다.

성공 체험

팀장이 되면 성공 체험을 애타게 기다린다.
팀원들은 이러한 성공 체험을 통해 팀장을 신뢰하게 되고,
팀장 역시 조직으로부터 인정을 받는다.

태스크 룸은 텅 비어 있었다. 지난주 워크숍의 결정에 따라 이청명 대리와 조급해 대리에게 1개월 동안 장비고장프로세스 개선을 위한 태스크포스팀 구성을 맡겼었다. 지난주 금요일부터 사무실의 집기를 옮겨 태스크 룸으로 이동하였다. 집기라고 해야 컴퓨터와 서류 그리고 장비 매뉴얼이 고작이었다. 그런데 어찌 된 일인지 지금 자리를 비웠다. 태스크 룸은 기본적으로 4~5인이 1실을 사용하도록 구성되어 있다. 벽면에 책상이 있고 중앙에 탁자와 작은 책장이 전부다. 5평 남짓한 공간이다.

테이블 위에는 이들이 토론으로 사용한 매뉴얼과 표준서들이 널려 있었다. 책상 위에 컴퓨터에는 화면 보호기가 작동되고 있었다. 얼마 전까지 그들이 여기서 회의를 했음을 알 수 있었다. 그 사이 두 사람이 문을 열고 들어왔다.

"아니, 팀장님, 언제 오셨습니까?"

둘은 인사를 한 뒤 조급해 대리가 먼저 말문을 열었다.

"음, 금방 왔어. 그래 바쁜 모양이네."

"네, 잠시 휴게실에 다녀왔습니다."

"그래, 태스크의 실행계획은 수립했는가?"

"아직 못했습니다. 지난번 사고의 원인과 대책 과정에 대해 다시 한 번 짚어 보는 중입니다. 전체 프로세스를 단계별로 나누어 문제의 원인을 분석하고 대책을 수립하는 것으로 큰 방향은 세웠습니다."

이번에는 이청명 대리가 대답했다. 이어서 조급해 대리가 말을 거들었다.

"팀장님, 이번 기회에 불량 원인 파악과 대책 보고의 과정을 확 단축하고, 문제발생 시 자동 알람 기능이 작동하도록 시스템을 바꿔 보겠습니다."

"그래, 어떻게 하면 문제발생 알람 기능을 만들 수 있겠나?"

"아직 찾지는 못했습니다만, 기존의 불량발생 현상을 데이터화해서 일정 불량발생 시 적색 경고등이 울릴 수 있도록 방안을 강구 중에 있습니다."

조 대리가 씩씩하게 대답했다. 언제나 씩씩하고 일 처리를 빠르게 하는 것이 조 대리의 특징이었다. 다만 논리와 체계성을 갖춘다면 좋은 성과를 낼 것이다. 더구나 이청명 대리와 짝을 이루었으니 서로의 장점을 발휘하고 단점을 보완할 수 있는 좋은 기회가 될 것이다. 그러나 사실 둘 사이는 그리 좋지 않다. 엄격히 보면 팀 내의 라이벌 관계라고도 할 수 있다. 한 친구는 장비기획파트에서 또 한 친구는 장비유지파트에서 지금까지 잔뼈가 굵어졌다. 그러한 업무의 차이가 두 사람의 업무 태도에 대한 차이에도 영향을 미칠지도 모른다.

"문제발생 알람 경고등은 좋은 아이디어야. 잘만 하면 불량을 획기적으로 줄일 수 있겠어. 그리고 불량원인 파악과 대책보고의 과정 단축은 어떻게 추진할 생각인가?"

이번에는 이청명 대리가 대답을 했다.

"예, 그것에 대해 보고하기 앞서, 지금까지 업무보고가 형식적으로 되어 온 면이 많습니다. 그러나 최근 팀장님이 현장보고를 중요시하면서 팀원들의 일하는 태도가 많이 바뀌고 있습니다. 그 동안 서면으로 보고하던 방식을 실제내용 중심으로 현장에서 보여 줄 수밖에 없는 풍토가 마련되면서 더 이상 팀원들이 허위보고나 편법보고 등을 할 수가 없게 되었습니다. 이것만 계속 유지한다고 해도 문제의 절반인 보고체계 개선은 해결할 수 있는 과제입니다.

그러나 조금 전 조 대리가 이야기한, 장비의 유지관리에서 문제발생 시 사전경보시스템의 구축은 쉽지가 않습니다."

"그렇지, 쉽지 않은 문제지. 그렇지만 나는 잘할 수 있을 것이라고 믿네. 둘 다 최선을 다 해 주길 바랍니다."

"예, 알겠습니다." 이 대리와 조 대리는 서로의 얼굴을 쳐다보았다. 그리고 약속이나 한 듯이 복창했다.

"그런데 말이지. 오늘 검사장비 그리스자동주입기에 대한 보고를 받았는데 불량률과 재작업률이 감소중이라고 하더군. 그게 이 대리의 아이디어란 말이 있던데 그게 사실인가?"

"예, 저 혼자만의 아이디어는 아니고요. 저와 함께 일하는 장비기사들과 장비유지관리의 문제를 검토하다가 그리스자동주입기와 같은 것이 있으면 좋겠다는 생각을 시작하였습니다. 그리스가 일정한 시간 간격으로 자동으로 분사되면 장비의 마모를 최소화할 수 있고 그리스주입을 위한 별도의 공수를 줄임으로써 운영의 효율성을 높일 수 있습니다. 이것은 장비업체와 함께 추진한 결과입니다."

"역시 그랬었군. 이 대리! 이번 태스크도 중요하지만 이번 자동주입기도 잘 관리해 주길 바랍니다."

"예, 명심하겠습니다. 혹시 발생할지도 모르는 오작동에 최대한 유의하면서 관찰할 수 있도록 조치를 취하겠습니다."

"그런데 그와 같은 아이디어가 있다고 해도 장비업체가 순순히 그 아이디어에 따라 오도록 하는 것은 쉽지가 않았을 텐데 그것은 어떻게 해결했지?"

"그건……."

이 대리가 갑자기 말꼬리를 흐렸다. 이 사이를 조급해 대리가 치고 들어왔다.

"그건 제가 말씀 드리겠습니다. 장비업체에 대한 협의는 당시 전임 팀장님께서 하셨습니다. 전임 팀장님께서 이 장치의 필요성을 누차 강조하셨습니다. 장비의 오작동과 과도한 운영에 그리스투입 시점을 놓치는 경우가 많았습니다. 그렇다고 부품이 투입되는 시점에 그리스를 칠할 수는 없고 이중 삼중고에 시달렸습니다. 공장장님과 구매 담당께도 이 사실을 알려드렸습니다만 허락을 해 주시지 않으셨습니다. 당시 대만의 장비업체는 자신들의 장비에 대한 설계변경은 있을 수 없다는 입장이었습니다. 자신들만의 노하우라고 하더군요. 그래서 전임 팀장님이 장비구입처를 바꾸어 버린 것입니다. 검사기에 그리스를 자동으로 투입할 수 있는 국내 업체를 찾았고, 현재의 A사가 선택되었습니다. 팀장님과 업체와 무슨 일이 있었는지는 모르겠습니다만 그래도 전임 팀장님께서 그 업체에 들이신 공이 컸습니다. 물론 지난번 장비고장 사고의 원인 제공으로 아직 제품의 안정화 면에서는 다소 떨어진다고 볼 수 있습니다."

"음 그런 일이 있었구먼, 그런데 왜 아무도 아직 나에게 그 이야기를 해 주지 않았지? 하긴 자네들이 무슨 잘못이 있나, 빨리 파악하지 못한 내 잘못이 컸구먼. 늦었지만 이야기해 줘서 고맙고. 다시 한 번 A사의 대표를 만나 봐야겠구먼."

그때 이청명 대리가 갑자기 말꼬리를 잡았다.

"안 됩니다, 팀장님! A사의 대표를 만나지 마십시오. 그 회사 대표 때문에 저희 전임 팀장님이 물러났다는 말이 있습니다."

"그래? 왜 그런지 자세히 말해 주겠어요? 이 대리!"

"저도 구체적인 사실은 잘 모릅니다. 그러나 분명한 것은 A사와 전임 팀장님 사이에 불미스런 일이 있었다고 들었습니다."

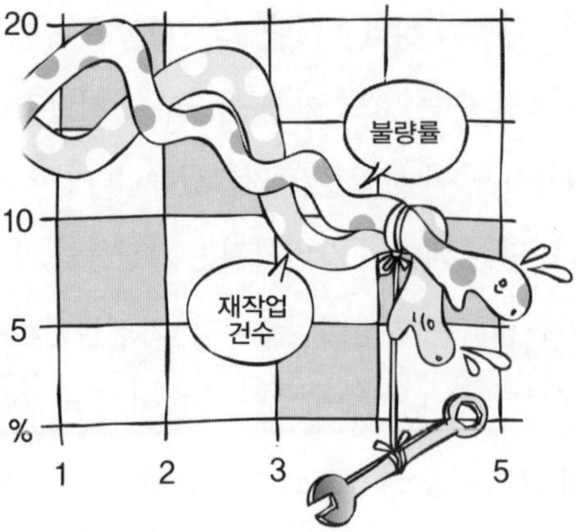

"오케이. 좋은 정보를 줘서 고마워요. 이 대리 말처럼 서두르지는 않겠어요. 다만 필요할 때가 되면 만나야겠지. 우선 검사기의 그리스자동주입기는 유심히 관찰해 주세요."

다음날 생산회의에서 김 팀장은 무인검사장비의 불량률 감소에 대한 내부 검토 결과를 보고했다. 지난주 불량률의 감소와 재작업 건수의 감소 원인으로 무인검사기의 불량률과 오작동률이 감소하여 불량률 감소와 재작업 건수가 현저하게 감소하였다고 보고했다.

박 상무는 장비3팀의 일신한 모습과 최근의 성과를 높이 평가하였다. 김 팀장은 기분이 좋았다. 자신이 팀장을 맡고 처음 듣는 칭찬이었다. 역시 팀장은 성과로 판정을 받는 법이다. 그러나 무인검사장비의 불량률 감소도, 앞으로 추가 투입될 물량을 어떻게 소화할지도 알 수 없는 일이다. 무인검사장비가 적정 물량상태에서 문제없이 돌아가 준다면 그것은 그리스자동주입기의 성과임이 분명하다. 그러나 아직 이것을 전체 공장에 알릴 단계는 아니다. 아직 시험화 단계에 있다. 또한 그 동안의 히스토리에 대해서도 다시 한 번 파악해 볼 필요가 있었다. 무엇보다 궁금한 것은 이 사실에 대해 사오정 차장이 한 마디도 없었다는 것이다. 무슨 사연이 있음이 분명했다. 회의실에서 나오는 대로 김 팀장은 사 차장을 불렀다. 그는 요즘 현장에서 살다시피 하고 있었다.

"예, 팀장님, 부르셨습니까?"

"잠시 앉으시지요. 차는 무엇으로 하시겠습니까?"

"예, 저는 되었습니다."

"다름이 아니라 무인검사기의 그리스자동주입기 건에 대해 보고를 받다가, 전임 팀장님과 무슨 관계가 있다는 이야기를 들었습니다."

갑자기 사 차장의 얼굴 표정이 무거워졌다. 분명 그도 무언가를 알고 있음이 분명했다.

"전임 팀장이셨던 박 팀장님께서 장비3팀의 가장 큰 임무는 장비가 고장없이 작동하는 것이라고 했습니다. 특히 장비가 잘 작동하기 위해서는 장비의 마모를 최소화하고 오작동을 막기 위해 정기적으로 그리스를 치는 것을 잊지 말라고 강조하셨습니다. 일반적으로 장비에 그리스를 주입하기 위해서는 장비를 멈춰야 합니다. 대체로 장비는 제품 모델의 교체 투입이나 정기점검 기간이 아니면 계속 돌아가는 것입니다. 그러다가 장비가 멈춰 서면 그때 가서야 고장 분석을 하면서 본격적인 장비 정비에 들어갑니다. 장비고장의 원인을 파악해 보면, 아직 공식적으로 보고가 되지 못했지만, 핵심 요인이 바로 그리스투입주기입니다. 담당 장비기사들이 그리스투입을 주기적으로 했는지는 보고서 기록만으로는 알 수가 없습니다. 그러나 장비는 알죠. 그 투입시기가 제때에 이루어졌는지 그렇지 않으면 시기를 한참 지나서 투입했는지 아니면 아예 투입시기를 놓친 것인지 알 수가 없습니다. 그것은 자동차 엔진 오일을 교체하는 것과 흡사합니다. 전임 박 팀장님은 이런 오류를 최소화하기 위해 그리스자동주입기를 강조하셨습니다. 이런 그의 생각은 현재 박 공장장님과도 충돌의 원인이 되었습니다. 장비업체인 대만의 업체는 우리의 제안을 거절했습니다. 장비를 팔지 않겠다는 것입니다. 그들이 검사기의 장비 대부분을 독점하던 시기였습니다. 물론 지금도 그렇고요. 무인검사장비의 필요성을 강조한 박 팀장님이 직접 업체를 만나며 무인검사장비 개발을 독려했습니다. 그 결과로 나온 것이 현재 검사3팀에 배치된 검사장비 2대입니다. 아직도 2대는 대만제이고 2대는 A사의 제품입니다."

"그것이 무슨 문제가 되었습니까?"

"그 A사와 전임 박 팀장님과의 관계에서 불미스러운 일이 있었다고 합니다. 무엇인지 정확히 아는 사람은 없지만 뒷거래가 있었다는 것입니다. 물론 전임 박 팀장님은 완강히 부인했고, 결국 퇴직을 선택하셨습니다."

"의외입니다. 박 팀장님 같은 분이 그런 구설수에 휘말렸다는 것이 이해가 되지 않네요."

"물론 알 수 없는 것이 사람 속입니다. 어떤 뒷거래가 있었는지는 모르겠습니다만 그래도 그리스자동주입기의 개발은 중요한 것입니다. 지금 팀장님께서 보시는 바와 같이 그리스자동주입기는 불량률을 최소화하고 장비의 고장을 막는데 필수불가결한 것입니다."

사 차장이 설명을 하는 동안 김 팀장은 가만히 듣고만 있었다.

"감사합니다. 그런 히스토리가 있었네요. 전임 팀장님의 사건은 안타까운 일입니다. 그에 대해 우리 팀원들이 안 좋은 감정을 가지거나 불명예스러운 누명을 쓰지 않았으면 합니다. 조직생활을 하다보면 그런 유혹이 있기도 하고 자신도 모른 채 빠지기도 하지요. 올라갈수록 자신의 판단과 처지에 냉철하게 처리할 필요가 있습니다. 저도 조심하겠습니다."

"……."

"사 차장님께서 보시기에 검사장비의 그리스자동주입기는 어떻다고 판단하십니까? 앞으로 오작동이나 문제를 일으킬지에 대해서 말입니다."

"그것은 아직 좀더 지켜 봐야 알 수가 있을 것 같습니다. 그리스자동주입기만 제대로 작동한다면 지난번 노광기 고장의 불명예를 치유할 수 있으리라 생각됩니다. 저도 문제가 발생하지 않도록 사전에 체크하고 확인토록 하겠습니다. 최근 현장에 내려가 있는 것도 주로 그리스자동주입기 때문입니다."

"고맙습니다. 사 차창님! 이번에 꼭 성공합시다. 그래서 지난번 불명예를 한 방에 날려 버리도록 합시다. 이 작은 성공체험이 팀원들 간의 신뢰와 팀워크를 다지는 선순환이 될 것입니다."

김 팀장은 갑자기 자리에서 일어나 사 차장의 손을 움켜 잡았다. 사 차장도 얼떨결에 일어나 팀장이 내민 손에 두 손을 맡겼다. 두 사람의 얼굴에는 굳은 결의가 서려 있었다.

성공하는 리더, 실패하는 리더

성공은 실패 없이 만들어질 수 없다.
시련과 위기를 극복하는 리더가 성공하는 리더가 된다.

문자가 왔다.

'환경기술3팀 최영배 팀장 퇴임 회식 저녁 7시 공장앞 경복궁 3공장 팀장 전원 참석 요망'

최영배 팀장은 김 팀장보다는 7년 위의 선배였다. 같은 대학을 나왔다고 신입사원 시절 김성실 팀장을 무척이나 예뻐하셨다. 그때 그는 초년 과장이었고 김 팀장은 신입사원이었다. 당시는 생산관리 과장으로 한창 잘 나갔다. 공장의 전체 물동량을 챙기며 생산계획이 그의 손에서 입안되었다. 영업팀과 싸우기도 했고 개발실의 고민과 현실을 누구보다 잘 알아주었던 믿음직한 형님 같은 분이었다. 그는 김 팀장 직장생활의 멘토였다. 김 팀장은 순간 허탈한 생각이 들었다.

'어제까지 같은 동료이자 선배로 살아왔는데 이제는 떠나야 하는 사람, 직장은 그렇게 월급으로 맺어진 인연이던가.'

팀장이란 무엇인가? 팀장은 팀 단위의 과업을 책임지는 중간 리더이다. 임원이 샐러리맨의 꿈이라면 팀장은 그 임원이 되기 위한 소중한 중간 다리이다. 여기서 잘 버티고 살아남아야 임원이 될 수 있다. 세월이 흐른다고 그냥 되는 것은 아니다.

또한 팀장은 팀원들이 자신의 능력을 실현할 수 있도록 동기를 부여하는 사람이다. 팀장이 팀원들을 제대로 지원해 주지 못하고 성과를 내도록 지도하지 못한다면, 그 팀은 어려움에 처할 것이다. 얼마 전 장비고장 사건은 그런 업무 태만에 대한 경고 조치였다. 그렇다면 지금 우리 팀이 효과를 내고 있는 그리스자동주입기는 팀의 성과를 입증하는 성공사례가 되어야 한다. 김 팀장은 입술이 바짝 타 들어 가는 느낌이 들었다.

시계는 벌써 6시 40분을 가리키고 있었다. 팀원들은 하나 둘 저녁식사를 위해 자리를 뜨고 없었다. 오랜만에 팀원들끼리 저녁식사를 한다며 이것만 과장이 기획파트원들을 데리고 나갔다. 요즘 장비유지파트는 장비반에 살면서 일하고 있다. 그들은 지난 장비고장 사건 이후 3개월 동안 분투의 시간을 보내고 있었다. 그러한 열정을 태우는 장비유지파트에 김 팀장은 전폭적인 신뢰를 보내고 있다.

그 역시 일과의 절반을 현장에서 그들과 함께 보내고 있었다.

김 팀장은 PC의 전원을 끄며 자리에서 일어났다. 이제 바깥 바람은 겨울을 보내고 봄을 맞이하는 듯 시원했다. 사무실을 나서는데 전화가 왔다. 장비1팀장인 이준교 팀장의 전화였다. 그와는 항상 같이 일하면서 선배처럼 모시고 있었다.

"예, 이 팀장님!"

"김 팀장, 오늘 저녁회식 갈 거지."

"예, 지금 막 나서고 있습니다."

"그래, 나도 같이 갑시다. 오늘 차를 가지고 오지 않아서."

"예, 그럼 정문 안내센터에서 뵙도록 하겠습니다. 정리하고 나오십시오."

"오케이, 좀 있다 봅시다."

어쩐 일일까? 최영배 팀장의 퇴임 회식에 이준교 팀장의 참석이라. 사실 두 사람 사이는 관계가 좋지 못했다. 생산관리팀에서 계속 근무한 최영배 팀장과 장비관리 쪽에 몸담은 이준교 팀장과는 서로가 견제하는 위치에 있었다. 보이지 않는 경쟁 관계라고 할까, 그런 사이였다. 회식장소는 차로 5분 이내에 있는 가까운 장소였다. 공장 식구들이 회식을 하는 단골장소였다. 멀리 시내로 나가지 않을 경우 공장 근처에서는 그래도 조용히 이야기하면서 편히 술을 마실 수 있는 그런 장소였다. 소고기전골이 맛있는 집이었다.

"이 팀장님! 그 동안 잘 지내셨고요. 최근엔 찾아 뵙지 못했습니다. 1공장은 여전히 실적이 좋더군요. 좋겠습니다. 팀장님! 아무래도 이 팀장님이 계시기에 그런 실적을 내지 않을까 싶습니다."

"어이구 고맙습니다. 별말씀을. 다 팀원들이 잘해 주고 전 사원들이 한마음 한 뜻으로 일해 주기 때문이라고 봅니다. 제가 한 것은 그저 그들이 일할 수 있도록 멍석을 깔아 준 것밖에 없어요."

"그게 중요한 것이죠. 참, 최영배 팀장님하고는 최근 만나셨는지요?"

"한 2주 전에 만났지요. 그때 나간다는 이야기를 하더군요. 아직 더 일해도 되는 때인데 더 늦기 전에 이모작 인생을 살고 싶다고 하더군요."

"앞으로 어떻게 지내실 계획인지 아시는지요?"

"글쎄요. 전자 부품 오퍼상을 낸다는 이야기를 들었어요. 구매와 생산관리의 경험을 살려 외국 바이어들과 부품 경쟁을 하면 승산이 있다는 이야기를 하더군요."

"그럼 계속 뵐 수는 있겠네요."

"그렇겠죠. 잘 되어야 할 텐데."

차는 경복궁 입구에 들어섰다. 경복궁의 원래 모습은 아니었지만 그래도 기단의 높이가 4단이나 되는 저택이었다. 옛날의 고풍스런 모습을 그대로 간직한 집이었다. 이곳에 공장이 들어서지 않았을 때는 그래도 이 인근에서 손꼽히는 명소였다. 그러나 공장이 들어서면서 사람들이 늘어났고, 이제는 고풍스런 조용함보다는 북적북적한 식당으로 변해 가고 있었다.

문을 열고 들어서니 벌써 열댓 명의 팀장들이 자리를 잡고 있었다. 3공장뿐만 아니라 최영배 팀장을 아는 전체 공장의 팀장들이 참석했다. 최영배 팀장의 인맥을 알 수 있는 자리였다. 이윽고 박달성 공장장이 들어왔다. 모두 일어서서 인사를 했다. 사람들이 자리를 잡으니 20여 명은 되었다. 술과 음식이 나왔다. 고기가 불판을 뒹굴면서 맛깔스런 냄새를 풍기기 시작했다. 술이 몇 차례 돌고 분위기가 화기애애해지기 시작했다. 드디어 박 공장장이 좌중을 향해 말문을 열기 시작했다.

"자, 우리 최영배 팀장의 제 2의 인생 성공을 위해서 한 잔 합시다. 아시겠지만 최영배 팀장과 저는 입사동기입니다. 저와는 둘도 없는 친구입니다. 물론 친구이기에 최 팀장이 힘든 점도 많았을 것입니다. 그러나 여러분이 모르는 것은 제가 어려울 때 우리 최 팀장이 큰 버팀목 역할을 해 주었다는 점입니다."

"고맙습니다. 박 상무님, 상무님과 함께 한 지난 20년이 무척 보람 있는 시간이었습니다. 그리고 재미도 있었지요. 건강하시고요."

"야, 최영배! 왜 말 높이고 그래, 평상시 둘이 있을 때처럼 이야기하자고. 자 모두 최영배 팀장의 성공을 기원하면서 건배합시다. 최영배 팀장의 성공을!"

"위하여~"

모두 건배 구호를 외치며 잔을 들었다. 이윽고 최영배 팀장이 일어서서 전체를 향해 입을 열었다.

“쉽지 않은 결정이었습니다. 막상 떠난다는 것이 어려웠습니다. 떠나는 것을 결정하기까지 두 달은 고민을 한 것 같습니다. 조직에 더 남아 있고 싶다는 미련도 많았습니다. 그러나 사람이 때가 되면 떠날 줄도 알아야 한다고 생각했습니다. 안 그러면 조직에서 밀려나는 서글픈 인생이 되지요. 하여튼 그 동안 믿고 맡겨 주신 박 상무님 그리고 1공장장님, 2공장장님 그리고 여기에 참석하신 팀장님 모두 고맙습니다. 막상 떠나려고 하니 고마운 일들만 생각납니다. 여기를 떠나서도 동종 업종에 종사하며 여러분의 신세를 질지도 모르겠습니다. 그러나 같은 동료였다는 이유로 일방적으로 부탁하거나 하는 일은 없을 것입니다. 분명 우리 회사에도 이득이 되고 저의 사업에도 득이 되는 방향으로 사업을 하도록 하겠습니다. 여러분도 꼭 건승하길 바랍니다. 고맙습니다.”

박수가 터져 나왔다. 그리고 다시 건배 삼창이 울려 퍼졌다. 든 사람은 몰라도 난 사람은 안다고 그 빈 자리는 떠난 사람보다 남아 있는 사람이 더 잘 아는 법이다. 환경기술팀장을 끝으로 최영배 팀장은 떠나간다. 비록 임원의 꿈은 이루지 못했지만 후회 없는 조직생활을 했다고 소감을 밝혔다.

우리는 그를 한결같은 사람으로 기억한다. 누구보다 성실했으며 회사에 대한 애착이 깊었던 분이었다. 회사 돈 한 푼이라도 가볍게 사용하지 않으신 분이었다. 항상 자기 돈 쓰듯이 하라고 하셨던 분이었다. 또한 생산관리는 생산을 위해서만 존재하는 것이 아니라 회사의 전체 이익을 위해서 일해야 한다고 말씀하셨다. 조금 손해를 보더라도, 우리가 좀 더 일하더라도 우리가 일하자고, 받쳐 주자고 강조하셨던 분이었다. 그래서 공장 구성원들에게는 원성을 들을 때도 많았다. 왜 우리가 개발일정 때문에 생산일정을 촉박하게 가져야 하느냐고, 영업은 영업대로 물량 빼라고 하는데, 우리가 개발일정을 고려해 주면 생산은 죽음이다. 연장에 조출(잔업을 위한 조기 출근)을 해도 물량을 맞추지 못할 때가 많았다. 그래도 김 팀장은 제대로 된 제품을 고객에게 주는 것이 더욱 중요하다고 했다. 어설픈 제품을 주면 그 당시 고객은 고마워할지 모르지만 돌아서서는 욕하거나 다시는 재구매를 하지 않는다고 했다. 그런 그의 생각이 맞았다. 지난 한국전자의 성공 뒤에는 최 팀장과 같은 뚝심 있고 고객을 위하는 마음을 가진 사람들이 많았기 때문이었다.

어느덧 술잔은 돌면서 파도를 탔다. 드디어 몇몇 사람들은 술 마시기를 포기한 듯 술이 사람을 먹고 있었다. 술은 이제 수단에 불과했다. 최영배 팀장도 얼큰하게 취하고 있었다. 너무나 많은 사람들이 한 잔을 권하면서 그 앞에는 벌써 술잔이 수북하게 놓여 있었다. 김성실 팀장은 그래도 한 잔 올려야만 했다. 그러면서 듣고 싶었던 이야기도 있었다.

"선배님! 제 잔도 한 잔 받으셔야죠."

"오, 김성실 팀장, 내 사랑하는 후배구먼!"

"예, 선배님, 기억나시죠. 제가 이 회사에 입사했을 때, 동문 후배가 들어왔다고 좋아하셨지요. 제가 선배님처럼 제대로 잘하지 못한 것 같습니다."

"아니야, 김 팀장! 자네는 꼭 성공할 거야."

어느새 최영배 팀장의 혀는 꼬여 있었다. 그러나 목소리만은 또랑또랑했다.

"자네는 첫째 조직 전체를 볼 줄 알아. 우리 팀, 내 것을 생각하는 팀장이 대부분인데, 자네는 달라. 회사 전체를 보고 이야기하고 판단할 줄 알지. 둘째, 사람이 적이 없어. 그만큼 다른 사람의 마음을 이해할 줄 알지. 그래도 줏대를 잃으면 안돼. 셋째, 실력이 있지. 자

네는 장비 전문 스페셜리스트로 성장해도 손색이 없을 정도지. 자네는 준비된 팀장이지만 아직도 리더십은 시험 상태야. 지난번 장비고장 사건을 잊지 말라고. 내가 그때 공장장님께 말씀을 드렸지. '김 팀장은 성공밖에 모르고 살았다. 실패의 쓴맛을 제대로 느끼게 해 줘야 한다' 고 그랬지. 너무 서운하게 생각하지 말라구."

"알고 있습니다. 그때 선배님은 제 어깨를 치시면서 그렇게 말씀하셨죠. 실패를 해 봐야 성공의 참 맛을 안다고! 그때는 많이 원망스러웠습니다. 팀원들로부터도 볼 낯이 없었고요. 정말 말은 안 했지만 그 때는 무척 힘들었습니다."

"그랬을 거야. 그렇지만 자네가 그런 시련을 극복해야만 성공하는 리더가 될 수 있어. 그런 위기를 제대로 극복하지 못하고는 이 큰 공장을 이끌어 갈 수가 없지. 자네 아나? 저 박 공장장이 어떻게 임원이 되었는지. 나와 다른 점은 박 공장장은 사고를 치면서 산전수전 다 겪었다는 거야. 편한 길만 간 사람이 아니야. 생산관리도 나와 같이 했지만, 구매, 품질, 개발까지 두루 거치면서 자신이 직접 뛰어다니면서 배우고 헤쳐 나갔지. 사고도 많이 쳤어. 회사 돈도 수억 날렸을 거야. 물론 그 덕택에 수천 억을 벌어 올 수 있었지만. 무슨 말인지 알겠나? 수억이 아까운 것이 아니라 그런 실패를 통해서 수천 억을 벌어 올 수 있다는 거야. 그게 사업이고 비즈니스야. 성공은 실패 없이는 만들어질 수 없는 것이지."

"……."

"김 팀장은 어떤 팀장이 되고 싶은가? 나처럼 나만 챙기는 팀장이 되겠는가? 아니면 박 공장장처럼 회사 전체를 챙기는 사람이 되고 싶은가?"

"예? 좀 어렵습니다. 선배님."

"어렵기는? 직장생활을 자네 자신을 위해서 할 것인가 아니면 이 조직을 위해서 할 것인가를 선택해야 한다는 뜻일세."

"아직 잘 모르겠습니다. 저는 저를 위하는 것이 회사와 조직을 위하는 것이라고 생각해 왔습니다."

"그렇지, 팀장이 될 때까지는 그것이 가능할지도 모르지. 그러나 임원이 되기 위해서는 자신이 아니라 조직을 위해서 사는 사람이 되어야 해. 그렇지 않으면 그 타이트한 일정과 의사결정을 할 수 있겠나. 일신을 위해서라면 그렇게 무리한 삶을 살기는 어렵지. 나를 버리고 조직과 전체를 생각하기에 가능한 것이지. 나는 그렇게 생각하네. 자, 술 한 잔 받으라고, 지금 제사 지내는 거야? 한 잔 더 해야지."

술이 돌고 돌았다. 정신도 같이 돌고 돌았다. 시간은 채 2시간도 되지 않았는데 모두 취한 상태였다. 다시 자리에 돌아오니 밥이 나와 있었다. 그러나 밥 생각이 없었다. 안주도 별로 먹지 않았는데도, 배가 고프지 않다. 분명 정신은 취해 가는데 눈만은 더욱 또렷해지고 있었다. 모두 마지막 잔을 부어 건배를 했다. 그리고 그 동안 감사의 뜻으로 감사패와 선물이 전달되었다. 그는 앞으로 일주일간의 휴가를 가진 뒤 다음 주 월요일 떠난다고 했다.

모두 최영배 팀장의 새 출발이 성공하기를 기원하면서 박수를 쳤다. 최 팀장은 자리에서 일어나면서 약간 비틀거렸다. 옆에서 박 공장장이 부축해 주었다. 둘은 같이 2차를 가기로 했다고 한다. 역시 동기는 편안하고 좋은 사이다.

김성실 팀장도 대리운전을 신청했다. 술을 적게 마신 몇몇 팀장은 술 취한 일부 팀장들과 함께 떠났다. 서둘러 차들이 빠져 나갔다. 아직 대리기사가 오지 않은 몇몇 팀장은 담배를 물었다. 다들 자신의 처지를 한탄하듯 푸념들이 들려왔다. 자신들도 최영배 팀장과 같이 될 날이 며칠 남지 않았다는 뜻이었다.

김성실 팀장은 밤 하늘의 별들을 보았다. 저 하늘에 별은 항상 저 자리에 있다. 저 별들 중에 자신의 별이 있을 것이다. 저 별처럼 자신도 항상 밤하늘을 비추는 별이 되고 싶은 마음이 들었다. 갑자기 최영배 팀장의 이야기가 생각났다. '전체를 위한 삶을 살 것인가 아니면 나를 위한 삶을 살 것인가' 를 결정해야 한다. 그 둘은 같으면서도 서로 다르다. 자신이 어떤 것을 선택할지는 아직도 확신이 서지 않았다. 김 팀장은 다시 밤 하늘의 별을 바라보았다. 그 속에서 자신의 별을 찾고 싶었다. 영원히 빛나는 별을 찾고 싶었다.

성과 공유회

위기를 극복하는 힘은 팀원들과의 신뢰를 바탕으로 한 팀워크에서 나온다.
또한 각 조직마다 부여된 사명과 역할을 어떻게 개개인의
역할과 목표로 승화시킬 수 있느냐에 달려 있다.

지난 겨울은 추웠다. 몸은 한파 속에 있었지만 마음만은 따뜻한 훈풍으로 팀원들과 지내려고 했다. 예전과 달리 일찍 시작한 조직개편 그리고 팀장 발령, 팀을 하나로 만들기 위한 워크숍 그리고 장비 사고, 사고는 그 자체로 역기능을 만들었지만, 팀이 하나로 뭉치는데 큰 역할을 했다. 시련 속에서 핀 꽃이 온실 속의 꽃보다 아름답다. 추운 겨울의 바람과 눈보라 속을 꿋꿋이 딛고 선 꽃이 강하면서 부드러운 꽃을 피울 수 있다.

계절은 어느덧 겨울을 지나 꽃과 나비가 너울대는 4월이다. 아침부터 행사장은 분주했다. 행사 진행 스탭들이 회의장을 분주히 움직였다. 플래카드를 걸고, 회의장의 음향과 스크린을 점검했다. 그리고 발표 순서별로 프리젠테이션 연습을 실시하고 있었다. 김 팀장도 약간은 떨리는 목소리로 장비3팀의 1/4분기 성과 결과를 설명

했다. 그때 경영혁신팀장의 농담 어린 말이 들려 왔다.

“야, 김 팀장, 언제 그렇게 멋진 팀을 만들었지? 이렇게 빨리 팀을 고속 성장의 궤도로 올려 놓은 팀장은 지금까지 없었을 걸.”

“고맙습니다. 팀장님! 과찬의 말씀입니다. 그냥 팀원들이 열심히 따라 준 결과라고 생각됩니다.” 김 팀장은 머리를 쓰다듬으면서 겸연쩍어 했다.

“그 비결이 궁금하네. 그런데 사전 프리젠테이션을 듣고 보니 너무 평범한 것 아니야. 뭔가 드라마틱한 것이 있었을 법도 한데!”

“드라마틱한 것은 없었습니다. 그저 평범한 방법을 통해 성과를 만들어 냈을 뿐입니다.”

“그렇지, 혁신이나 성과 창출은 특별한 것이 아니지. 평범한 일상 활동을 얼마나 잘 하느냐에 달려 있지. 김 팀장! 본 대회에서 발표 잘 하세요.”

“예, 감사합니다.” 김 팀장은 다시 한 번 머리 숙여 감사의 인사를 전했다.

오전 10시, 전사원이 참석한 가운데 드디어 1/4분기 성과 공유회가 실시되었다. 경영혁신팀장이 1/4분기의 경영실적을 발표하였다. 지난 4/4분기 보다 올해 1/4분기의 경영실적은 떨어졌다. 1/4분기의 계절적 비수요기가 작용한 것도 있었지만 전반적인 경기 하강에 따라 매출이 급격하게 줄어들었다. 그래도 경쟁사에 비하면 우리 회사가 상대적으로 선방을 했다. 어쩌면 적자로 돌아서지 않고 영업이익 흑자 기조를 계속 유지한 것에 만족해야 했다.

다음으로 각 부문별 '경영성과 공유회'가 있었다. 영업/개발/생산부문별로 우수 성과팀이 발표되었다. 생산부문에서 전 분기 대비 최고의 실적을 올린 팀은 장비3팀이었다. 그 순간 김 팀장의 심정은 지옥과 천당을 오가는 느낌이었다. 그 동안의 시간들이 주마등처럼 스쳐 지나갔다. 팀원들의 신뢰와 팀워크를 이끌어 내기 위해 수행했던 워크숍들, 장비 사고 동안 지새웠던 불면의 시간들, 그리고 일상 활동 속에서 성과를 만들기 위해 팀원들과 함께 현장을 뛰었던 순간들이 파노라마처럼 스쳐갔다.

장비3팀의 성과 실적이 발표되었다.

〈장비3팀의 1/4분기 성과 지표〉 구분

구분	지표	3/4분기	4/4분기 (A)	1/4분기 (B)	증감 (B-A)/A	부문순위
경영성과 (50%)	누적수율 (공장)	86%	85%	95%	12% 증가	2위
	장비고장 발생건수	8	9	3	67% 감소	1위
	장비기인 불량률	5%	5%	2%	60% 감소	1위
직원만족 (25%)	직무 만족도	3.4	3.5	4.2	20% 증가	1위
	이직률	5%	5%	0%	100% 감소	1위
고객만족(25%)	고객만족도	3.7	3.6	4.3	19% 증가	1위
(생산 부문) 종합 순위						1위

(직무만족도와 고객만족도는 5점 기준이며, 구분의 괄호 안은 성과반영 비율임)

한국전자는 경영성과만이 아니라 직원만족과 고객만족을 포함한 지표를 개발하여 실적에 반영하고 있다. 장비3팀의 실적은 괄목할 만한 결과였다. 경영성과, 직원만족과 고객만족에서 중하위 그룹을 형성하던 팀이 단기간에 최고 팀으로 성장한 것이다. 거기에는 뭔가 비결이 있었다. 바로 김성실 팀장의 마음매니지먼트가 결실을 맺기 시작한 것이다. 김 팀장은 성공요인을 간략히 설명했다.

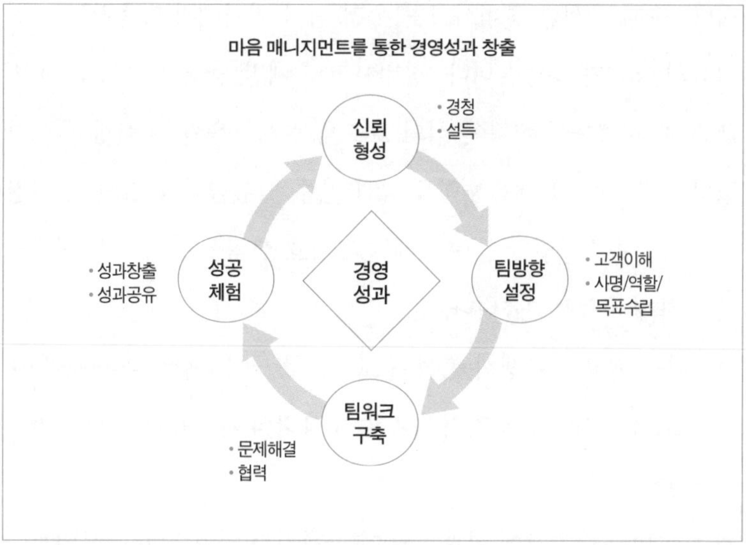

그 때 설명을 듣고 있던 사장이 질문을 했다.

"먼저 김 팀장의 뛰어난 리더십과 팀원들의 성과를 높이 평가합니다."

"예, 사장님 감사합니다." 김 팀장은 머리를 숙여 인사를 했다.

"더구나 3개월이라는 짧은 시간 동안에 거둔 성과라 더욱 의미가 깊다고 봅니다. 내가 알기로는 지난 12월의 장비사고로 팀이 많은 어려움이 있었다고 들었습니다. 어떻게 그 위기를 극복하고 이렇게 훌륭한 팀으로 거듭날 수 있었나요?"

김 팀장은 잠시 머뭇거리며 생각을 가다듬었다.

"지난 12월의 장비사고는 제가 부임한 지 4주 만에 발생하였습니다. 아직 팀원들 간의 신뢰와 팀워크가 완전하지 않은 시점이었습니다. 그때 발생한 장비사고는 우리 팀이 위기에서 탈출하는 전화위복의 계기가 되었습니다. 장비사고의 재발 방지를 위해 문제 발생 알람 경고등과 현장 중심의 보고체계 개선을 통해 불량률은 감소하고, 장비고장 대응능력을 강화할 수 있었습니다. 또한 검사장비 자동그리스주입기 등 문제해결과 상호 협력을 통해 더욱 팀워크를 강하게 구축하였습니다.

특히 장비고장 발생시 분석 프로세스를 구체화함으로써 문제 대응과 조치의 시간을 획기적으로 줄여 장비의 가동률과 고객의 만족도를 높일 수 있었습니다. 이러한 일상 활동의 성공체험이 하나 둘씩 모이면서 단기간에 성과를 높이는 계기가 되었습니다. 무엇보다 혼연일치가 되어 위기를 돌파한 우리 팀원들이 있었기에 가능하였다고 봅니다."

사장이 갑자기 박수를 치기 시작했다. 배석한 모든 사람들이 박수를 치기 시작했다. 공유회에 참석한 장비3팀원들의 가슴에는 감동의 열기가 복받쳐 올라왔다. 몇몇은 서로를 얼싸 안으며 기뻐했다. 드디어 해냈다는 자신감이 모든 팀원들의 얼굴에 웃음꽃을 피웠다.

이어서 부문별 우수상과 팀에 대한 시상이 있었다. 한 팀씩 호명될 때마다 소속 팀원 전체는 환호와 축하의 박수가 넘쳐 났다. 드디어 장비3팀이 호명되고 김성실 팀장이 시상대로 나갔다. 김 팀장은 상기된 표정으로 상패를 받았다. 그의 눈에서는 눈물이 글썽였다. 김 팀장이 상패를 들어 사원들에게 인사를 했을 때 장비3팀은 다시 한 번 환희의 도가니로 빠져 들었다.

끝으로 사장의 격려와 경영 위기 돌파에 대한 이야기가 진행되었다.

"먼저 어려운 경영환경 속에서도 뛰어난 경영실적을 올려 주신 각 부분의 최고 팀들에게 감사를 표합니다. 특히 조금 전 장비3팀의 사례는 지금의 경영위기를 어떻게 극복해야 하는가에 대한 좋은 사례입니다. 위기를 극복하는 힘은 바로 팀원들과의 신뢰를 바탕으로 끈끈한 팀워크에서 나옵니다. 또한 각 조직마다 부여된 사명과 역할을 어떻게 개개인의 목표와 역할로 승화시킬 수 있는가도 중요합니다. 그러할 때 일상적인 업무 활동에서 누가 뭐라고 하지 않아도 스스로 혁신하고 스스로 창조할 수 있는 인재들이 길러질 수 있습니다.

그 선봉에는 바로 우리 팀장들이 있습니다. 물론 우리 임원들도 마찬가지입니다. 위기에서 리더들의 솔선수범과 강인한 위기 극복의 의지가 없으면 조직은 무너지고 맙니다. 그렇게 되면 회사는 결국 파산할 수밖에 없습니다. 위기는 어느 누구의 몫만이 아닙니다. 이것은 우리 전체의 몫이라는 인식의 전환이 필요합니다. 다시 한 번 우리 임원 이하 팀장님들의 분투를 촉구합니다.

이제 2/4분기의 위기를 어떻게 극복하느냐에 따라 업계의 판도가 바뀌리라 봅니다. 한국의 작은 기업에서 세계 속의 기업으로 자리매김할 수 있느냐의 관건인 만큼 일치단결된 힘으로 지금의 난국을 돌파해 갑시다. 먼저 영업이 일선에서 싸워 물량을 확보해야 합니다. 그래야 우리가 삽니다. 그리고 개발은 다양한 모델과 코스트 혁신의 노력을 배가해 주길 당부드립니다. 지금의 상황에서 가격 경쟁력을 확보하지 못하면 고객들은 더욱 구입하려고 들지 않을 것입니다. 생산도 마찬가지입니다. 불량을 줄이고 납기를 맞추고 원가를 낮추는 고강도 혁신을 해 주시길 당부드립니다. 이 3박자가 이뤄지지 않으면 우리도 언제 추락할지 모릅니다. 지금 대만 기업들이 3박자가 틀어지면서 위기 국면으로 들어가고 있습니다. 이러한 때 확실하게 경쟁우위를 확보하고 세계 최고기업으로 거듭나야 합니다.

저는 우리 사원들이 할 수 있다고 믿습니다. 지난 1/4분기의 위기 국면을 우리는 혼신의 힘을 다해 앞으로 나갔습니다. 다른 기업들이 수세적 국면에 들어갈 때 우리는 공격적 영업을 통해 매출을 확보해 왔습니다. 그러한 성공체험들이 앞으로의 성공을 만드는 큰 경험이 되리라 확신합니다. 어려울 때일수록 사원들의 사기가 떨어지고 업무의 피로도가 가중될 수 있습니다. 각 리더들은 이러한 작은 일에도 세심한 배려와 관심을 아울러 당부드립니다. 경비는 최소화해야 하지만 필요한 경비는 사용하도록 합시다. 그를 통해 100% 이상의 효과를 끌어낼 수 있다면 뭐든 해 주시길 바랍니다. 2/4분기 모임에서도 모두 웃으면서 뵙도록 합시다. 수고 많았습니다."

모두 일제히 일어서서 박수를 치기 시작했다. 마치 전쟁터로 출전하는 전사들의 비장한 각오가 담긴 듯한 힘찬 박수가 넓은 회의장에 울려 퍼졌다. 스크린에는 사장의 얼굴부터 참가한 모든 사람들의 얼굴이 확대되어 나갔다. 사장은 일어서서 각 팀장들과 일일이 악수를 했다. 한 사람마다 당부의 말도 잊지 않았다. 또한 김성실 팀장에게는 어깨를 쓰다듬으며 다시 한 번 격려해 주었다. 김 팀장은 복받치는 감정을 누르며 악수를 하는 손에 힘을 주었다. 그리고 박달성 상무와 많은 팀장들이 축하해 주었다. 행사가 끝나고 하나 둘 사람들은 행사장을 빠져 나갔다. 그 때 뒤에서 이혜성 팀장이 김 팀장을 불렀다. 김 팀장은 뒤를 돌아보며 인사를 했다.

"김 팀장! 축하해!"

큰 키와 딱 벌어진 덩치의 이 팀장이 김 팀장을 와락 껴안았다. 김 팀장은 약간 당황했지만 따뜻한 그의 포옹을 받아들이면서 감사했다.

"고맙습니다. 이 팀장님! 생산3팀의 협조가 없었다면 오늘의 실적은 불가능했을 것입니다."

"그렇지, 우리 생산3팀의 적극적인 협력이 없었다면 불가능했을 것이야. 지난 일이지만 미안하이. 지난번 장비사고 때 적극적으로 도왔어야 했는데, 항상 그것이 마음에 걸렸어. 김 팀장! 내 마음만은 그렇지 않았다는 걸 이해해 주게. 장비사고 이후로는 우리 팀이 항상 1순위로 도와주었지 않은가! 하하."

"다 알고 있습니다. 그래도 그 때는 좀 섭섭했습니다. 그렇지만 그 일을 계기로 장비3팀과 생산3팀의 협력은 더욱 강고해졌다고 봅니다. 고맙습니다. 이 팀장님!"

두 팀장은 복도를 지나 현관문을 나왔다. 따뜻한 햇살이 눈부시게 화창한 날씨를 만들고 있었다. 겨울은 따뜻한 봄날을 만들기 위해 그만큼 추웠는지도 모른다. 오늘은 김 팀장과 장비3팀에 최고의 날이었다.

함께 달리는 자전거

곁에 있는 팀원들은 팀장의 버팀목이다.
팀은 혼자서 일하는 것이 아니라 조직으로 일한다.
팀장의 역할은 향후 조직의 방향을 밝히고 서로가 협력하여
성과를 만들도록 조율하는 것이다.

김 팀장은 부엌에서 아침을 준비하는 아내에게 다가갔다. 아내는 어제 술을 많이 마신 남편을 위해 북엇국을 끓이고 있었다. 북엇국에 김치를 풀고 훅 하고 들이 마시니 어제 먹은 술기운도 국물과 함께 목구멍으로 넘어갔다. 어제 성과 발표회를 마치고 전 팀원들과 특별 회식을 했다. 모두 많이 마셨다. 김 팀장은 술에 취하고 사람에 취한 날이었다.

김 팀장은 북엇국을 한 술 뜨며 생각했다. 이 순간까지 항상 말 없이 남편을 생각하며 묵묵히 따라 주는 아내가 오늘따라 무척이나 사랑스러웠다. 이처럼 편안한 가족은 나의 휴식처이자 뜨거운 에너지의 공급원임이 틀림없었다. 항상 고마울 따름이다.

오랜만에 집에 있는 토요일, 그런데 오늘은 애들이 학교를 가는 날이었다. 김 팀장은 오랜만에 아빠 노릇을 했다. '오늘 학교 가면

무엇을 하는지, 요즘 배우는 과목을 무엇인지, 선생님은 잘 가르쳐 주시는지' 등을 질문했다.

그때 애들은 이상하다는 듯이, 아니 조금은 귀찮다는 듯이 대답을 했다.

"뭘 하긴 뭘 해요, 공부하고 놀고 먹고 하죠."

옆에서 애들 엄마가 거든다.

"그게 무슨 말이야, 아빠가 말씀을 하시면 학교에서 어떻게 지내는지 자세하게 대답해야지."

그렇게 엄마의 나무람을 들으며, 애들은 말이 없었다. 그냥 밥만 먹을 뿐이었다. 애들에게 아빠는 자신들이 일어나기 전에 나가고 잠들면 들어오는 아빠였다. 그런 아빠가 질문을 했다. 애들은 아빠가 학교생활이나 공부에 정말 관심이나 있는 걸까 하는 의문을 가졌을지도 모른다. 김 팀장은 씁쓸한 미소를 지으며 소리 없이 수저를 들었다. 아침부터 서먹한 분위기를 누르기 위해 한 가지 제안을 했다.

"애들아, 우리 내일 축구장에 갈까? 네가 좋아하는 축구잖아."

"정말이에요? 와! 신난다."

애들은 밥 먹다 말고 어깨춤을 추었다. 금새 분위기는 풀렸다. 애들이 신이 나서 기뻐하는 모습을 보면서 생각했다.

'우리 팀원들도 어떻게 하면 신나게 일할 수 있을까?'

'그래, 사람은 똑같다. 뭔가 공동의 일을 재미있게 즐길 수 있으면 바로 그것이 재미있는 일이다.'

밥상을 물리고 애들은 내일을 기대하면서 바람처럼 문을 닫고 나갔다. 아내와 둘만의 시간이었다. 밥상을 물린 아내가 오랜만에 자전거 타러 가자고 했다. 며칠 전부터 부쩍 자전거 타기에 열을 올리고 있었다. 늦게 배운 자전거지만 운동으로 그만이다. 달리면서 따뜻한 바람을 맞으면 등에 땀이 배는 맛이 시원스럽다. 김 팀장도 흔쾌히 동의하면서 두 사람은 자전거를 들고 나갔다.

코스는 동네 인근의 산으로 가기로 했다. 큰 길은 아니지만 포장도 되어 있고, 오가는 차도 많지 않아 자전거 산책으로는 딱 좋은 코스였다. 그러나 자전거로 만나는 오르막은 힘이 든다. 김 팀장은 오르막을 끙끙거리며 따라 올라오는 아내가 안쓰러웠다. 그래도 혼자 올라와야만 했다. 자신의 동력으로 자신이 페달을 밟아야 자전거는 앞으로 간다. 문득 김 팀장은 힘들어 하는 아내를 보며 조직을 생각했다.

'자전거는 자신이 페달을 밟아야 앞으로 간다. 쉬지 않고 페달을 밟아야만 앞으로 간다. 오르막 길을 올라갈 때는 힘이 들지만 내려갈 때는 페달을 밟지 않아도 가속력으로 내려간다. 조직도 마찬가지다. 한번 동력을 일으켜 본 궤도에 올려 놓기는 어려워도 한번 가속도가 붙으면 그 힘으로 앞으로 간다. 가속도가 붙은 조직은 방향을 잘 잡아야 한다. 쉽다고 딴 짓을 하다가는 넘어지기 일수이기 때문이다. 바닥에 웅덩이가 있을 수도 있고, 코스를 잘못 잡아 벽이나 장애물에 걸려 넘어질 수도 있다.

특히 내려갈 때는 더욱 주의를 해야 한다. 가속력은 내려갈수록 더 큰 힘을 발휘한다. 속도가 너무 날 때는 만약을 대비해서 브레이크를 잡아야 한다. 너무 많이 잡으면 속력을 잃고 다시 페달을 밟을 수도 있다. 그러나 더 큰 문제는 가속력이 너무 붙으면 브레이크를 잡아도 제어가 되지 않는 데 있다. 갑작스런 장애물이 나타날 경우 큰 사고가 날 수도 있다. 이것은 조직이 잘 나갈 때 더욱 조심해야 한다는 교훈을 준다. 조직이 잘 나갈 때 만약을 대비해서 약간씩 브레이크를 거는, 스스로 제어할 수 있는 능력이 있어야 한다. 여기서 리더는 조직이 가야 할 방향과 속도를 적절히 제어하면서 효과적으로 앞으로 나가도록 이끄는 것이 중요하다.'

어느덧 아내가 옆으로 달려와 붙었다. 혼자 앞서 가는 남편이 못내 얄미웠을 것이다. 아내는 옆에 나란히 달리면서 이야기했다.

"여보 축하해요. 당신 팀이 1/4분기 우수 성과팀으로 뽑혀서."

"그래 고마워. 다 당신 덕이지. 근데 누구한테서 들었지?"

"누군 누구예요. 당신이지. 어제 밤에 술 먹고 들어와서 1등했다고 고래고래 소리질렀잖아요."

"내가 그랬나. 오랜만에 술을 많이 마셨네."

"뭘 오랜만에 마셨어요. 요즘은 먹었다면 인사불성이더구먼." 아내는 혀를 차며 말했다.

"하여튼 축하해요. 그 동안의 마음 고생, 몸 고생에 대한 보답이라고 생각해요."

"아니야 월급도 줄어 들고 당신이 고생했지. 정말 고마워요. 그런데 어떻게 월급이 30%나 줄어들었는데도 내색 한마디 하지 않았어?"

"물론 집안 살림 꾸려가면서 힘도 들었죠. 그렇지만 마음 고생하는 당신보다는 더하겠어요. 좀 덜 먹고 덜 입으면 그만이죠. 이번 일로 당신의 마음과 몸이 한결 가벼워졌으면 해요. 예전의 당신처럼 말이죠."

김 팀장은 자전거를 천천히 움직였다. 그리고 먼 산을 바라보았다. 산과 들은 벌써 봄내음이 물씬 풍겨 나는데 아직 내 마음은 한겨울의 복판에 있는 듯했다. 그만큼 여유가 없었다. 천천히 김 팀장은 이야기를 시작했다.

"사실 그 동안 당신에게는 말 못할 일들이 많았지. 팀을 새로 맡은 지 한 달만에 장비사고가 터졌어." 김 팀장은 남의 일 이야기하듯이 담담하게 말했다

"간신히 수습을 하려고 하니 이제는 회사에서 징계를 먹었지. 애들은 회사를 그만둔다고 하지 정말 몸이 3개라도 모자랐지. 그래도 어떻게 꾸역꾸역 꾸려온 것 같아."

어느새 김 팀장의 눈에는 이슬이 보일 듯 말 듯 했다. 다시 눈을

들어 산을 바라봤다. 손으로 눈을 닦으며 죄 없는 날파리를 핑계댔다.

"이 놈의 날파리가 왜 이리 많지. 눈에 한 움큼이나 들어갔네."

아내는 말없이 그런 남편의 몸짓을 바라보고 있었다. 할 말을 찾지 못했다. 말하지 않아도 아내는 느낄 수 있었다. 앞서 달려가는 남편을 보면서 지난 날들을 생각해 보았다. 남편은 어떤 밤은 쉬이 잠자리에 들지 못했다. 간혹 끊었던 담배도 다시 피는 것 같았다. 홀로 자신의 방에서 책을 뒤적이며 노트북으로 일하는 날도 많았다.

감봉 조치를 알게 된 것은 지난 1월 급여 통장을 받고서였다. 회사에서 입금을 잘못했나 하는 생각에 회사에 전화를 할까도 생각해 보았다. 그러나 술 먹는 횟수가 늘어나고 술김에 나오는 이야기를 종합해 보면 무슨 일이 있음을 직감했다. 평소와는 다른 행동들, 팀장이 되었으니 그렇겠지 생각했지만, 평소와는 다른 조바심과 행동들이 일이 터졌음을 말해 주었다.

그것이 감봉인 줄은 몰랐다. 그러나 두 번째 급여 통장을 받아 보면서 감봉임을 느끼게 되었다. 물론 남편에게 묻지는 않았다. 자존심 강한 남편이 몹시 난처해 할 듯도 싶었다. 그렇다고 살아가지 못할 액수도 아니었다. 지출을 줄이고 저금통장 1개를 깨면 해결되었다.

그러나 아내는 힘들어 하는 남편을 위해 대신 해 줄 일이 보이지 않았다. 그저 바라보고 있을 뿐. 홀로 헤쳐 나가리라는 확신은 가지고 있었다. 그것은 10여 년을 함께 살아오면서 터득하였다. 어떤 일이 있어도 넘어지지 않고 일어서 달려 왔다. 사원 때도 고비는 있었다. 회사를 그만두고 다른 곳으로 옮기려고 마음 먹었을 때도 잘 극복해 냈다. 회사에서 성과를 낸다는 것은 무척이나 부지런하고 열심히 노력한 결과였다. 물론 회사 일 때문에 가정에 소홀한 경우도 많았다. 그래도 잘 버텨온 사람이었는데. 마음 고생이 얼마나 심했으면 좀처럼 눈물을 보이지 않는 사람이 눈물을 다 보였을까. 누가 그랬던가 4월은 잔인한 달이라고. 오늘 4월의 햇살은 남편을 보기 힘들 정도로 눈부셨다.

앞서 달려가던 남편이 뒤를 돌아보며 이야기했다.

"여보, 내가 팀장으로 잘할 수 있을까?"

아내는 남편 얼굴을 보았다. 고통의 순간들에 대한 회상 속에서 자꾸만 나약해지려는 한 사내가 오버랩되었다. 아내는 말 없이 그냥 페달을 밟았다. 남편이 한 말의 의미를 생각해 보았다. 남편의 말 속에서 자신감이 사라져 감을 느낄 수 있었다. 11시가 넘어가면서 바람은 더워지기 시작했다. 아내는 자전거 페달을 힘차게 밟으며 남편 옆에 따라 붙었다. 아내는 낮으면서도 힘찬 목소리로 대답했다.

"당신은 혼자가 아니잖아요."

"그래, 옆에 당신이 있지. 애들도 있고."

"그렇죠. 당신 팀에서도 혼자가 아니라 팀원들이 있잖아요. 당신을 믿고 의지하고 함께 일하고자 하는 당신의 팀원들이 있잖아요. 그래서 이번 1/4분기에 최고 팀이 되었잖아요."

"그렇지, 아직은 나를 얼마나 신뢰하는지 모르지만, 그래도 내 말이면 다들 잘 따르지."

"당신 곁에 있는 19명의 팀원이 당신의 버팀목이에요. 팀은 혼자서 일하는 조직이 아니라 팀으로 일하는 조직이죠. 그래야 시너지도 내고 성과도 더 많이 낼 수 있죠. 당신의 역할은 가족에서도 그렇듯이 팀이 나갈 방향과 서로가 화목하게 일할 수 있도록 조율해 주는 역할이잖아요. 예를 들면 아빠와 엄마의 역할을 동시에 해야겠죠."

"아빠와 엄마의 역할이라. 내가 집에서는 잘하고 있나?"

"당신은 잘하고 있어요. 매일 애들과 함께 놀아 주는 것만 잘하는 것이라고 할 수는 없어요. 애들이 아빠가 필요할 때, 그리고 우리 가

족이 행복하게 살기 위해 당신은 나름대로 최선을 다하잖아요."

김 팀장은 말없이 아내의 이야기를 듣고 있었다. 아내는 그런 김 팀장에 대한 짙은 애정이 담긴 목소리로 나직이 이야기했다.

"그렇듯이 회사에서도 당신의 역할을 잘할 수 있을 거예요. 그리고 팀원들을 믿으세요. 잘하지 못하는 팀원도 있고 뛰어난 팀원도 있지만 모두 다 당신의 팀원들이잖아요. 당신이 함께 보듬어 안고 가야 할 사람들이죠. 팀이란 서로가 배려하면서 함께 공동의 목표를 향해 나가는 사람들이잖아요. 팀원 서로가 믿고 의지하면서 함께 할 수 있다는 자신감을 불어 준다면 어떤 일이라도 잘할 수 있을 거예요."

"야, 오늘따라 당신이 달라 보이네. 언제 그렇게 조직에 일가견이 있었어. 유창하게 설명도 하고?"

"당신 지금 비웃는 거죠. 약점 잡히면 꼭 그런 식으로 넘어가네. 회사에서도 그래요? 그러면 안돼요. 맞는 것은 맞다고 해야죠."

"이크, 또 한 방 맞았네. 하하."

김 팀장은 호탕하게 웃었다. 부부를 실은 자전거는 내리막을 지나서 평탄한 평지를 달리기 시작했다. 나란히 달리는 자전거가 더 없이 행복해 보였다. 그 옆으로 짧게 드리워진 그림자가 흔들리면서 좇아가고 있었다. 김 팀장은 아내의 말을 다시 생각해 보았다.

'그래 팀은 혼자 달리는 자전거가 아니다. 팀은 함께 페달을 밟으며 달리는 자전거와 같다. 팀장이 앞에서 조직의 사명과 역할 그리고 목표라는 방향을 잡아야 한다. 팀원은 각자에게 주어진 페달을 열심히 밟으며 서로 대화를 하면서 함께 앞으로 나가는 것이다. 오르막 길에서는 서로를 응원해 주면서 기운을 북돋워 줘야 한다. 내리막 길에서도 브레이크를 밟아야 할 곳을 서로 말해 주어 속도를 조절할 수 있어야 한다. 팀은 혼자가 아니다. 서로가 믿고 의지하면서 함께 팀이라는 이름으로 나가야 한다.'

김 팀장은 다시 앞으로 나가기 시작했다. 속도를 붙였다. 살랑거리는 봄바람과 등 뒤에서 흐르는 땀이 묘한 앙상블을 이루며 몸에 기운을 불어 넣었다. 길가에 핀 꽃 내음이 코끝을 스쳐 지나갔다. 김 팀장은 지난 5개월 동안의 일들을 되짚어 보고, 앞으로 가야 할 길을 생각해 보았다. 그 사이 산 어귀까지 왔다. 저 산은 언제나 대지를 어루만지며 강을 품고 있다. 산을 바라보면서 앞으로 어떻게 팀을 이끌고 가야 할지를 물어 보았다. 그 선문답에 저 산은 말 없이 말해 주고 있었다.

'우리는 팀으로 난다.'

산 옆 들판에서 한 무리의 기러기떼가 바람을 가르며 대지 위로 힘차게 날아오르기 시작했다.

팀장가이드6

마음매니지먼트의 프레임워크

'절이 싫으면 절을 불태우던가 아니면 중이 떠나야지.'

'직장을 떠나는 사람들의 30%는 상사와의 갈등 때문이다.'

조직을 떠나는 사람들이 늘고 있다. 이직이 일반화되고, 경력개발이 유행처럼 번지고 있다. 경기가 풀려 시장에서 요구가 있으면 언제든지 떠날 준비가 되어 있다. 더 이상 사람들은 조직에 마음을 주지 않는 시대이다.

많은 팀장들이 구성원들의 이직으로 골머리를 앓고 있을 때 문제는 발생한다. 사람들의 마음이 딴 곳에 있으니 제대로 된 업무 성과를 만들 수가 없다. 적당주의 한탕주의가 판치는 현실에서 팀장들은 어디부터 손을 써야 할까?

떠나가는 사람들의 마음을 사로잡아야 한다. 리더가 사람들의 마음을 사로잡을 수 없다면 그것은 슬픈 결과를 만들어 낸다. 성과도 사람도 모든 것을 잃고 자신감마저 잃을 경우가 많다. 성공하는 팀장이 되기 위해서는 사람들의 마음을 사로잡아야 한다. 옛말에 '모든 것은 마음 먹기에 달렸다' 라는 말이 있고, 일체유심조一切唯心造 라는 법문이 있다. 이 뜻은 '모든 것은 오로지 마음이 지어내는 것' 이라고 한다. 사람들이 어떻게 마음을 먹고 행동하느냐가 성과를 만들어 내는 핵심이라면 이제 팀장들은 사람의 마음을 매니지먼트하는 데 더 많은 심혈을 기울여야 한다.

여기서는 앞에서 다루어 왔던 마음매니지먼트의 의미를 중심으로 살펴보기로 한다. 마음매니지먼트는 동양적 의미의 '마음心' 과 서구의 경영을 뜻하는 매니지먼트Management의 합성어이다. 그렇다면 매니지먼트란 무엇인가? 경영학의 대가 피터 드러커는 그의 책 『매니지먼트』에서 다음과 같이 정의하고 있다.

'매니지먼트란 조직의 성과를 올리도록 하기 위한 도구, 기능, 기관이다. 그리고 다른 한 가지 전제로 삼아야 할 사실이 있다. 바로 매니지먼트가 성과와 일에 관한 모든 것을 책임져야 한다는 것이다.'

이러한 드러커의 정의를 토대로 매니지먼트를 다시 정의해 보면, '조직 내 사람들이 주어진 일 속에서 성과를 창출하도록 촉진시키는 활동' 이라고 본다. 사람들로 하여금 일터에 오게 할 수는 있어도 성과를 만드는 것은 그 사람들 자신이다. 개인 스스로가 성과를 만들기 위해 창조, 개선하지 않는다면 차별화된 제품이나 서비스는 만들어질 수 없다. 바로 여기에 사람들의 마음에 혼을 불어 넣는 활동이 필요하다. 그러므로 마음매니지먼트란 사람을 관리의 대상으로 보는 것이 아니라, 개인 스스로가 일에 헌신과 몰입하도록 마음으로 이끌어 가는 경영을 말한다.

마음매니지먼트의 핵심요인 4가지는 다음과 같다. 첫째, 사람들과의 신뢰 형성이다. 신뢰는 모든 활동의 기본이다. 사람의 관계에서 상호 신뢰가 형성되지 않는다면 포지션 파워에 의해 복종할 뿐 탁월한 성과를 만들어 낼 수는 없다. 신뢰를 형성하기 위해 사람들의 이야기를 정확히 듣고 이해하는 경청과 상대방에게 자신의 논리를 정확하게 전달할 수 있는 설득이 필요하다.

둘째, 팀 방향 설정이다. 팀 방향 설정은 조직의 비전이나 사명을 개인의 비전 혹은 사명과 한 방향 정렬을 하기 위함이다. 조직이 나가는 방향과 개인이 나가고자 하는 방향이 일치할 때 최고의 시너지를 창출한다. 팀 방향을 설정하기 위해서는 고객에 대한 정의와 요구를 파악해야 하며, 이를 토대로 조직이 사명, 역할과 목표를 수립해야 한다.

셋째, 팀워크의 구축이다. 팀워크는 개인의 차원을 넘어 상호 시너지를 창출하는 원동력이다. 조직의 활동을 하다 보면 개인이라면 불가능해도, 팀이라면 가능한 일들을 경험한다. 그 만큼 조직력은 성공의 중요한 요소이다. 팀워크는 조직 내 갈등이나 문제를 해결하는 과정과 개인 간, 조직 간 협력하는 과정에서 강화될 수 있다.

끝으로 성공 체험이다. 성공 체험은 조직 내 구성원들이 일상 업무 활동 과정에서 성과를 창출하고 관리하는 활동을 말한다. 성과 창출은 조직의 생존 기반이며 목적이다. 성과를 창출하지 못하는 팀은 존속과 그 기업의 장래를 보장하지 못한다. 성공 체험은 성과 창출의 선순환을 만드는 중요한 연결고리이다.

위에서 언급한 고성과 팀을 만들기 위한 마음매니지먼트의 핵심 요인 4가지 및 강화 방법과 팀 개발 활동을 구성하면 아래 표와 같다.

〈마음매니지먼트 프레임워크〉

핵심 요인	강화 방법	팀 개발 활동
신뢰 형성	-경청 -설득	-어시밀레이션Assimilation -면담
팀 방향 설정	-고객 이해 -사명, 역할 및 목표 수립	-고객다이어그램 -팀 방향 수립 워크숍
팀워크 구축	-문제 해결 -협력	-협력 워크숍 -팀 갈등 해결 워크숍
성공 체험	-성과 창출 -성과 관리	-태스크포스팀 활동 -성과 공유회

마음매니지먼트의 4가지 핵심요인은 따로 있는 것이 아니라 2장 마음매니지먼트에 나온 것처럼 순환고리이며 서로가 영향을 미친다. 이 마음매니지먼트는 〈팀장 가이드1〉에 나온 '팀 효과성' 진단을 토대로 고성과 팀을 만들기 위해 현 상태를 진단하고, 개선하기 위한 팀 개발 프로그램으로도 활용할 수 있다. 그러나 이 모델이 팀장 매니지먼트의 만능키는

아니다. 서두에 밝힌 것처럼 신임 팀장이 초기에 조직에 소프트랜딩하여 성과를 창출하는 과정까지를 대상으로 한 모델이다. 위기의 팀을 살리며 최고 성과를 창출하는 팀을 만들려는 팀장들에게 '마음매니지먼트' 모델은 효과적인 조직개발 도구가 될 것이다.

마음매니지먼트 원칙 4

성공 체험은 팀원들 간의 신뢰와 팀워크,
그리고 팀의 한 방향 정렬을 다지는
선순환 역할을 한다.